종교중독의 이해

종교중독의 이해

Understanding of Religious Addiction

김선미

전북대학교출판문화원

Understanding of Religious Addiction

목차

머리말

종교중독은 다른 중독과 마찬가지로 개인과 가정, 사회 공동체를 파괴시킨다는 점에서 그 문제가 매우 심각하다고 할 수 있다. 그런 점에서 종교중독의 선이해와 문제를 해소하고 이에 대한 목회상담학적 대안 모색에 방향을 제시하고, 이를 위해 위니캇의 대상관계 이론을 바탕으로 문제를 해결하며, 율라노프의 정신분석이론을 인용하여 종교중독의 문제점을 알리고자 한다.

종교중독은 유용한 것도 중독이 될 수 있다는 폐해를 알리는 점에서 중요하다. 그것은 오늘날이 중독의 시대이며, 특히 우리나라의 중독 인구가 천만을 상회하는 등 다양한 중독으로 현대사회가 고통받고 있음을 보여주고 있기 때문이다. 특히 이러한 시대적 배경에서 보이지 않는 숨겨진 중독의 범위가 일정 수위를 넘어서고 있음을 볼 수 있다. 더욱이 중독의 문제는 일상생활까지 은밀히 전이되는 병리적 특징까지 지니고 있다. 중독이란 이처럼 한 가지 중독에 제한되던 것이 다양한 중독 증상과 함께 사람의 정신을 파괴시켜 개인과 사회, 가정에까지 침투한다는 점에서 더 큰 문제점이 있음을 알 수 있다.

반면 종교중독은 은밀한 가운데 행해지는 것으로서 본인은 정작 질병으로 인식하지 못하는 점이 더 큰 문제로 지적된다. 이러한 점에서 종교중독(religious addiction)은 진단명이 알려지지 않은 숨겨진 질병이라는 사실을 먼저 이해해야 한다. 이것은 정신장애통계편람 DSM-IV에 등록되지 않은 숨겨진 질병이며 종교중독이 일반인들에게 알려진 것은 그리 오래되지 않았다. 종교중독은 종교적 역사와 함께 이어져 왔는데, 1990년대 즈음에야 전문가들에 의해 구체화되면서 그 실상이 드러나기 시작했다. 따라서 종교중독은 시대적 상황에서 그리 오래되지 않은 숨겨진 질병임에도 불구하고 일상적 저변으로 점차 확대되어 간다는 사실이 알려졌다. 이는 종교중독의 핵심적인 역동을 전제로 우리 삶의 의존성과 남용 그리고 자기기만적인 학대가 공존하며, 개인과 가정 나아가 사회 전반에 해악을 끼치게 된다는 사실을 알려준다.

더욱이 이로 인해 파생되는 문제는 종교중독자들뿐만이 아니라 신앙인 모두에게 해당되는 면이 있다. 진정한 신앙과는 멀어져 자칫 종교중독으로 이행될 위험성이 있기 때문이다. 다만 이러한 종교중독을 의식하지 못하고 있는 사람, 의식하기는 하지만 부정하는 사람이 있을 뿐이다. 그러면서도 대부분의 사람들은 종교중독으로 인한 부정적인 영향과 그 폐해에 대해 경험하고 있는 편이다. 종교중독으로 인한 신앙의 상실, 자기비하, 분노, 우울증, 모멸감, 위기감, 심한 경쟁의식, 심지어는 정신분열증으로까지 이행되는 등 그 피해는 사뭇 다양하다. 종교중독은 종교의 다양한 측면에서 관여되거나 존재하고 있으며, 사람의 심리 및 정신의 다방면에 걸쳐 작용하고 있다. 심지어 종교중독은 현대화가 가속화되고 기능화, 전문화된 시대에 고질병처럼 자리를 잡으며, 비교적 종교적 열정이 높은 한국과 같은 개발주도형 국가에서는 그 피해가 무시할 수 없을 정도이다.

특별히 종교중독은 존재 형성에 관여하며, 이는 생활 전반에까지 지속되는 경향이 있다는 점에서 그 위기와 이해를 필요로 한다. 이런 점에서 저자는 종교중독에 주목하게 되었는데, 종교중독은 일반적인 중독과 유사하기도 하지만 종교중독을 해소하지 못하고 생활하는 신앙인의 경우 인격 성장에 많은 저해를 가져온다. 이런 점을 고려하여 일반적인 중독 특성과 크게 다르지 않은 종교중독을 연구함으로써 신앙인의 인격성장에 도움이 됨과 동시에 대안을 도모하려는 것이다.

이 책은 필자의 신학박사학위 논문 "Research on the religious addiction and its solution plan based on the theory of D. W. Winnicott"(from a viewpoint of pastoral counseling)으로 세상에 나온 것을 다시 수정과 첨삭, 보완한 것이다. 따라서 이 책은 세계를 향한 저자의 학문적 포부와 입장이며, 진솔한 신앙고백서라고 할 수 있다. 학위논문에서 미처 밝히지 못했던 내용을 확장시켜 종교중독의 폐해를 정확히 알리고 이해를 촉구하는 것이 출간의 가장 큰 이유이다.

이 책은 또한 종교중독자들이 지닌 내면의 존재변형을 회복시키는 희망을 제시하고, 기독교 공동체가 나아가야할 종말론적 과제임도 다루고 있다. 아울러 중독을 공부하려는 상담학도, 대학원생, 그리고 치료 현장에 종사하는 전문가들에게 작은 도움이 되기를 기대한다.

2015년 연구원에서 저자 **김 선 미**

Understanding of Religious Addiction

01

중독의 이해

오늘날 우리는 중독의 시대에 살고 있다. 우리나라 각종 중독에 해당되는 중독의 인구가 천만을 상회한다는 사실이 이를 말해주고 있다. 이런 중독에 대하여 우리는 쉽게 알코올중독, 도박중독, 인터넷중독, 성중독, 마약중독, 쇼핑중독 등을 떠올린다. 그런데 중독은 이제 좋은 것으로 인식되는 것에도 그 세력을 확장하기에 이르렀다. 일중독, 운동중독, 음식중독, 음악중독, 권력중독 등이 그것이다.

이런 중독의 문제는 우리가 중독의 시대에 살고 있다는 사실을 말해준다. 제1부에서는 중독에 대한 전반적이며 정확한 이해를 도모한다.

제 1 장

중독의 기초적 이해

중독이 범람하는 시대에 사는 사람들은 다양한 형태의 중독으로 고통을 겪는다. 물질에만 접근하던 약물중독을 넘어 이제는 행위중독, 과정중독까지 그 범위나 대상을 가리지 않고 나타나고 있다. 이러한 중독은 인간의 심리적 부분을 중심으로 생물학적, 사회적, 환경적 부분까지 확장되어 우리의 일상을 파괴한다. 이처럼 심각한 중독의 현상은 인간의 가장 기본적인 자유 의지를 공격하여 병리적인 양태를 일으키고 개인의 생활영역을 중심으로 가정, 사회, 종교, 문화의 영역까지 침범하고 있음을 알 수 있다. 여기에서는 우선 중독에 대한 정확한 이해를 도모하고자 한다.

I. 중독의 이해적 전제

중독은 우리에게 일상화되어 있다. 우리나라의 중독인구가 천만 이상이라는 사실이 이를 말해주고 있다. 이제 우리가 중독을 생각하지 않고는 살아나갈 수 없음을 의미하는 것이다. 이런 점을 고려하여 중독에 대한 이해를 바르게 해야 한다.

1. 중독의 어원과 정의

중독이라는 라틴어 어원은 addicene으로 '양도하거나 굴복하는 것'을 말한다. 고대 로마 법정에서 중독자(addict)는 잡혀서 감금된 노예나 주인에게 넘겨진 사람을 뜻한다. 노예들은 어떤 사물에 대한 소유권을 잃어버린 사람이 아니라, 자기 자신들에 대한 소유권을 상실한 사람들이다. 현대적 의미로 본다면, "모든 경우는 아닐지라도 대부분의 경우 중독자들은 의식적으로 그렇게 하려는 의도 없이, 그들의 통제를 넘어 유전적이고 환경적인 요인들의 결과로써 그들 스스로 노예가 된다."

중독이란 강하게 붙잡는 속박이 그들 자신에게서 일어나 행동으로 실행되기 때문에 중독적인 행동은 자신을 대상이나 물질에 예속시켜 굴복하게 된다. 이러한 대상이나 물질에 예속된 증상은 고대 프랑스어로 아타슈(attache)라고 한다. 이는 무언가에 몰입되어 물질이나 대상이 요구하는 데로 따라가게 되기 때문에 결국 스스로 노예가 되어 대상과 물질을 버리지 못하는 2차적 병리를 겪으며 애착증상을 동반한다.

2. 중독과 애착의 문제

중독은 일반적으로 애착으로 설명되는 측면이 있다. 그것은 사람들이 쉽게 벗어나지 못하여 매달려 있다는 심리적 특성 때문이다. 이는 맞는 말이다. 그러나 이것은 중독을 이해하는 정확한 말은 아니다. 중독은 애착을 넘어서 일종의 탐닉으로 보다 더 깊은 차원의 특성과 맞닿아 있기 때문이다. 이런 점에도 불구하고 애착은 중독을 이해하는 과정의 하나가 될 수 있다.

여기에서 애착(愛着, Attachment)이란 어떤 사물과 떨어질 수 없게 그것을 사랑하고 아끼는 것으로 자기(自己)의 소견(所見)이나 소유(所有)를 지나치게 생각하는 일을 뜻한다. 이처럼 애착은 욕망을 노예로 삼아 중독 상태를 창조하는 것으로 욕망의 애착은 중독적 행위를 초래하는 숨겨진 과정(underlying process)이며 욕망의 모든 에너지를 특별한 행위들, 물질들, 사람들에게 몰입시키는 것이다. 이미지나 기억, 환상이나 이념 개념들과 심지어 어떤 감정 상태도 애착의 대상이 되어 사람들을 중독되게 하는 과정을 애착이라 할 수 있다.[1]

나아가 애착은 '못 박는다' 는 뜻으로써 어떤 일에 병적인 집착을 보이거나 예속(隷屬)되어 있는 상태를 말하며 생물학적, 심리학적, 사회학적 원인이 서로 영향을 주면서 중독현상을 일으킨다. 이와 같이 중독의 사전적 정의는 습

---

1 Francis F. Srrburger, *Addiction and Responsibility* (NY: Crossroad, 1993), 41

관적으로 열중하다가 몰두하는 것으로 생체가 음식물이나 약물의 독성에 치어서 기능 장애나 비정상적인 기능을 일으키는 것을 의미한다. 하지만 중독이라는 용어가 일반적으로 부정적인 행동에 적용되지만 긍정적인 정의로써 좋은 활동에도 포함시킬 수 있다.[2] 그것은 우리의 일상생활에 역동적인 에너지를 자극한다는 점이다.

이런 점을 고려할 때 우리는 중독(Addiction)이란 라틴어 'addictus'에서 비롯된 것으로 라틴어 어원은 addicene으로 동의하는 것, 양도하는 것, 굴복하는 것으로 정의할 수 있다. 과거에 고대 로마 법정에서 중독자(addict)는 잡혀서 감금된 노예나 주인에게 넘겨진 사람을 뜻하는데 인간이 어떻게 중독에 빠지는가에 대하여 연구한 앤 샤프(Anne Schaef)는 '중독이란 우리가 무기력해지는 어떤 과정이다.' 고 정의한다. 충동적이며 강박적이 되도록 우리를 통제한다는 점에서 중독은 우리가 포기하기를 원하지 않는 어떤 것으로써 심리적인 부작용과 고통에도 불구하고 중독에서 벗어나지 못하는 영적 전술이다. 영적 전통에서는 애착이라는 용어를 사용하고 있음을 알 수 있다.[3]

II. 중독의 일반적 이해

중독(addiction)은 일반적으로 주변에서 흔히 볼 수 있는 알코올, 니코틴과 같은 외부의 물질적 힘에 압류되는 상태로 이해될 수 있다. 그것은 마약이나 도박중독으로 인해 불쾌한 감정의 대상을 연상하기도 한다. 이러한 사실은 과거 마약중독자 등에게 사용되던 중독이 '습관적 탐닉'이라는 용어로 이해되었

2 Lawrence J, Hatterer, *The Pleasure Addicts* (New york: A.s.Barnes & Co.,1980), 17.

3 Anne Wilson Schaef, *When Society Becomes An Addict* (San Francisco: Harper &Row, 1987), 18.

기 때문이다.[4] 습관적 탐닉이란 외부 물질의 대상에 지나치게 집착하거나 탐닉하여 습관적으로 의존하게 되는 자기 통제력을 상실한 경우이다.

1. 중독의 범위와 특성

이제 중독은 단순히 우리가 알고 있는 물질중독을 넘어 행위중독까지도 포함된다는 점을 인식해야 한다. 가령 일, 연애, 권력, 음식, 운동, 대인관계, 성, 옷, 경쟁, 논쟁, 수집, 거짓말하기, 종교, 병리적 정서 등 우리 일상의 저변에 숨겨진 형태의 중독이 있다는 사실을 알아야 한다. 결국 중독이란 우리 의식과 정서를 노예화시키는 힘에 무력해지는 행동에 적용되는 용어이다.[5] 중독은 우리에게 유해한 정서와 사고, 인지와 감정을 행위로 변질시켜 일상 생활행동 과정에 통제할 수 없는 방식으로 도피하기 위한 해로운 수단이기 때문이다. 그런 점에서 중독은 양도하거나 굴복하는 것으로 그만둘 수 없는 행동 양상으로 나타나며 특히 강박적 사고에 붙들린 사람의 경우에서 살펴볼 수 있다. 이는 다른 사람에 비해 옳고 그름의 판단을 자신의 기준으로 설정한다는 점에서 그러하다.

2. 중독과 강박성의 문제

강박적 사고에 붙들린 사람은 이 세상에는 옳은 것과 그른 것 두 종류의 생각과 행동만 있다고 믿는다. 강박적 성격을 가진 사람은 매사에 비판적이고 부정적이며, 다른 사람의 의견을 좀처럼 받아들이지 않는 경향이 있다. 이러한 특징은 완고함(rigidity)으로 마음가짐이 좁고 요구 조건이 까다로워서 대인관계를 발전시키는 것이 어렵다. 또한 이러한 강박적인 죄책감은 도덕적 규율에

---

4 Grant Martin / 임금선 역, 『좋은 것도 중독이 될 수 있다』 (서울: 생명의 말씀사, 1994), 10-11.

5 Archibald D. Hart / 윤귀남 역, 『숨겨진 중독』(서울: 참 미디어, 1997), 25.

대한 엄격한 가르침으로 유연성 없는 엄격한(strict) 훈련으로 도덕적 강박성을 일으키기 때문이다.[6]

매우 도덕적이며 강박적 성격을 가진 사람이 부담스러운 이유 가운데 하나는 그들이 가진 분노의 감정 때문이다. 그들의 감정은 양면성이 심각하여 다른 감정에 대해서는 전혀 반응이 없다가도 자신이 반대를 받는 상황에서는 심하게 화를 낸다는 점이다. 이들이 보여주는 분노는 유일한 감정이면서 엄격하게 다른 사람을 통제하려고 하는 도구이다.

이처럼 엄격한 가르침은 청중들의 삶을 위축시키고 도덕적 완전함에 사로잡힌 강박관념을 일으킨다. 엄격한 율법주의는 사람을 감시하고 판단하며 율법조항에 매달린 강박적인 공동체를 만들 뿐만 아니라 기쁨과 자발성 대신 처벌을 두려워하는 사람을 양산한다. 이러한 율법주의는 사람의 죄 가운데 용서받지 못할 죄가 있는 것 같은 두려움(dread)을 갖게 한다. 강박에 붙들린 도덕으로 강요된 가치는 금방 위선으로 변하여 그런 규칙을 남에게 강요하다가 실패할 경우 벌을 받게 된다는 두려움을 준다. 이러한 완고한 도덕적 성향은 강박적 특성을 나타내며 자신의 일정한 습관을 형성하는 삶에 대한 통제력을 상실하게 된다.[7]

더욱이 이러한 중독의 예후는 병리적 현상으로 나타나게 되는데 이러한 요인은 화학물질의 경우 습관적 병리가 형성 되어 그만두고 싶지만 그만둘 수 없는 증상 요인에 조절당하기 때문이다. 화학물질에 의한 중독은 인체의 행동규정이나 습관이 강박적인 특성에 기초한다.

3. 중독과 뇌의 관련성

---

6 J. h. Jaffe, "Addictions: What does Biology have to tell?," *Int Rev Psychiatry,* 1(1989), 51

7 하재성 『강박적인 그리스도인』(서울: 이레서원, 2009), 61-68

중독은 대개 뇌의 문제와 관련시켜 언급되는 측면이 있다. 중독은 뇌를 변화시키는 물질(brain-altering substance)이 영향을 행사한다는 것이다. 이는 맞는 말이다. 실제로 인간 정신이 뇌의 중추신경과 관련되어 이루어진다는 것을 무시할 수 없기 때문이다.

뇌는 크게 대뇌(cerebrum)와 변연계, 소뇌(cerebellum) 뇌간(brainstem)으로 구성되며 대뇌피질(cerebral cortex)에 속하는 전두피질(frontal cortex)은 뇌 피질 중 가장 큰 부위로써 상 중, 하 전두회로 구성된다. 기능적으로는 운동피질(motor cortex), 전운동피질(premotor cortex), 전전두 연합피질(prefrontal association cortex)로 구분된다. 운동피질은 근육운동을 조절하며, 전운동피질은 각 근육의 협응 운동을 관장하고, 연합피질은 다양한 정보를 통합하는 곳이다. 정신 현상 발현에서 매우 중요한 구조단계인 인간은 다른 포유동물에 비하여 매우 큰 전전두피질을 가지고 있다. 전전두피질은 대뇌피질로 두뇌의 여러 부분에서 오는 정보를 통합하고, 계획을 세우고, 결정을 내리며, 새로운 생각들을 만들어 내는 기능을 한다.

변연계 영역은 파페즈(Papez)는 해마, 궁륭(fonix), 시상하부의 유두체(mammillary body)와 유두시상로(mammillo thalamic tracts)를 거쳐 시상의 전핵을 거쳐 다시 해마로 연결되는 파페즈 회로가 신피질 영역에서 오는 다양한 정보들을 모아 통합하는 곳이다. 감정을 경험하고 조절하는 데 중요한 역할을 한다.

소뇌는 감정이입, 언어의 인지 및 생상 주의 집중, 기억 기능을 포함하는 광범위한 정신 작업 수행 시 활성화되며, 소뇌가 손상되면 시간 간격을 계산하고 운동 리듬을 모방하는 능력이 결손된다.[8] 뇌를 변화시키는 중독은 인간의 의식과 마음 몸의 상태를 물질에 굴복하게 하는 변이를 일으키는 것으로 볼 수

---

8 대한신경정신의학회 『신경정신의학』(서울: 하나의학사, 1997), 18-26.

있기 때문이다.

이처럼 뇌에 영향력을 행사하는 중독은 물질의 남용과도 밀접한 관련이 있다. 물질의 남용(abuse)이란 일정한 물질의 사용이나 특성을 정도 이상 요구하는 현상이 과도하게 진행된 상태를 뜻한다. 남용이란 사회적 또는 직업상의 기능장애를 초래하는 물질의 병적 사용으로 약물을 지속적으로 사용하는 상태이다. 이러한 남용은 결국 습관성(habituation)으로 이어져 갈망(craving)이나 탐닉(addict)을 증상으로 하는 심리적 의존에 있어 계속 물질을 찾는 행동을 지속하고, 신체적 의존에 결박당해 복용을 중단하지 못하는 경우임을 볼 수 있다.[9]

이러한 중독의 증상적 병통인 중독증은 중독의 성질인 강박성에 매인 습관적 장애로 나타난다는 점을 이해해야 한다. 습관성에 매인 중독은 화학적 물질에서 정신의 작용에 이르기까지 다양하게 범위가 확산되고 사용되는 병리적 중독성(中毒性)이기 때문이다. 중독성(中毒性)이란 먹거나 들이마시거나 접촉하면 목숨이 위험하게 되거나 병적 증상을 일으키는 성질 또는 중독으로 인하여 나타나는 특성이다. 이러한 특성은 화학적인 성질을 넘어 정신적 작용에까지 이르게 된다. 중독의 증상으로 나타나는 중독증(intoxication, 中毒症)은 약물, 독물, 독소 등의 작용으로 생체의 항상성(homeostasis, 恒常性)에 장해가 가해져 생명 유지에 중대한 장애를 가져온다. 중독증이란 사회적으로 매우 부정적 이미지를 갖는데 이것은 마약중독이나 알코올 중독에서부터 시작하여 한국의 중년 남성의 반 이상이 걸렸다는 일중독, 안 겪어본 네티즌이 없다는 인터넷중독, 일부 계층에서 행해지는 벤처나 주식투자 광풍에서처럼, 이미 복잡한 현대사회의 한 단면을 지칭하는 중심 단어가 되고 있다. 다시 말해 중독적 증상은 우리의 정신적 부분까지 침투하는 사회적 환경과도 밀접한 관

---

9 D. Rosenthal, *Genetic Theory and Abnormal Behaviors* (New York: Mc Graw-Hill, 1970), 56-59.

련이 있다.[10]

III. 중독의 정신의학적 이해

중독은 내성과 금단증상, 의존증상 등을 토대로 인간 욕구의 자유를 제한하는 강박적이고 습관적인 모든 행동이다. 이러한 습관적 행위는 욕구에 대한 집착으로써 중독행동으로 이어지는 기초과정이라는 점에서 정신의학적 중독은 약물중독을 의미하며, 동일한 효과를 얻기 위해서 지속적으로 약물 사용량을 늘려 가야만 하는 '내성' 과 그 약물의 체내 농도가 어느 수준 이하로 줄어들면, 도저히 견딜 수 없는 불안, 초조, 식은 땀, 각종 신체증상이 발생하는 '금단 증상' 이라는 두 가지 생리적 의존성이 생기는 경우이다. 이러한 '내성' 과 '금단 증상' 이라는 무서운 생물학적 의존 증상들은 대뇌의 신경세포들을 완벽한 포로로 사로잡아 약물을 얻기 위해서라면 어떠한 범죄적 행위라도 서슴지 않으며 인간의 인격을 철저히 파괴하는 범죄적 행위라는 점을 기억해야 한다.[11]

그런 점에서 먼저 집착과 중독의 관계는 생각보다 복잡한 심리적 관계이다. 그 이유는 뇌는 한 번 가졌던 집착은 결코 완전히 잊지 않고 재생산을 늘 시도하려 하기 때문이다. 이것은 인간의 자유의지를 제한시켜 충동적이고 상습적인 인간의 의지와 갈망을 노예화시키는 강박적 몰입상태로 무력화시키는 중독행위이기 때문이다. 인간의 의지를 무력화함으로 정신의 나약함을 혼미하게 하여 지루함, 무기력 상태를 달래는 수단과 함께 몸과 마음과 영과 혼을 파

10 Vernon E, Johnson, *Everything you Need to Know about Chemical Depence, Vernos Johnsons's Complete Guide Families* (New York: Jason Aronson, 1990), 12-14; D. Rosenthal, *Genetic Theory and Abnormal Behavior,* 56-57.

11 고병인, 『중독자 가정의 가족치료』(서울: 학지사, 2008), 53-54.

는 특정 대상과의 병적인 거래다.[12] 이러한 병적인 거래는 겉으로 드러나는 습관적 행동에만 제한하지 않고 우리의 이미지, 기억, 공상, 아이디어, 개념, 감정 상태까지도 집착의 대상으로 침투한다. 중독은 바로 이러한 대상들에 사로잡히는 것이다. 우리 머릿속에서 끊임없이 반복되는 생각, 마음속에 사로잡혀 있는 근심이나 두려움 같은 강박적인 사고를 경험하게 한다. 더 나아가 우리의 의식 안에 사로잡혀 있는 외적인 우울함, 수줍음, 냉소 같은 특정 기분에 중독되는 것은 우리의 내면과 밀접한 정신의학적 중독으로 이해될 수 있다.[13]

이상 중독의 기초적 이해에 대하여 기술했다. 중독이 범람하는 시대에 살고 있기에 우리는 다양한 형태의 중독으로 고통을 겪고 있다. 더욱이 중독은 물질중독에만 접근하던 약물중독을 넘어 이제 행위중독 과정중독까지 범위와 대상을 가리지 않고 나타난다. 이러한 중독은 인간의 심리적 부분을 중심으로 생물학적, 사회적, 환경적 부분까지 우리의 일상을 파괴한다. 이처럼 중독의 심각성은 인간의 가장 기본적인 자유 의지를 공격하여 병리적인 양태로 나타나 개인의 생활영역을 중심으로 가정, 사회, 종교, 문화의 영역까지 침투되고 있다. 중독에 대한 정확한 이해의 필요성이 제기되는 지점이다.

---

12 Gerald G. May, M. D. *Addiction & Grace* (New York: Harper Collins Publishers, 1991), 24-25.

13 Ibid., 40-41.

제 2 장

중독의 특징적 이해

중독이 가져오는 습관적인 탐닉은 진실을 회피하는 특징을 가져온다. 이것은 중독과 밀접한 관련이 있는 남용과 함께 지속적으로 심리적 은닉을 행사한다. 그런 점에서 중독은 내성과 금단증상, 자기기만, 의지력 상실과 함께 주의력 왜곡이라는 요소를 만들어내는 내적 욕구이다. 이는 중독이 가져오는 집착이라는 본질적 요인으로 접근해야하는 이유이다.

I. 중독의 본질적 원인

중독을 이해하는 데 있어 본질적인 특징을 들어보자. 중독 증상으로 나타나는 내성, 금단증상, 자기기만, 의지력 상실, 주의력 왜곡이라는 특징적 요소를 생각해 볼 수 있다. 이러한 중독의 원인은 결핍으로 인한 내적 욕구의 갈망으로 볼 수 있으며 인식하지 않으려 애쓰거나 억압할수록 내적 욕구 에너지는 특정 사물이나 행위에 속박되어 노예화되어 간다.[14] 이러한 욕구의 대상은 집착의 물질이나 과정 등을 찾아내어 마음을 빼앗고 강박적인 삶의 지배를 당하게 만드는 요인이다. 여기에서 우리는 갈망을 중독과 비교하여 이해할 수 있다. 갈망(Craving)은 약물의 양성 강화로 인해 나타나는 현상으로, 약물 복용과 연관된 장면, 냄새, 상황과 같은 환경 내의 단서에 의해 유발되며 조건화되고 장기간 지속되는 반응을 뜻한다.

1. 갈망과 집착의 문제

집착(執着, attachment)이라는 단어는 영적 전통에서 오랫동안 사용되어 오던 단어인데 이는 고대 프랑스어 아타쉬(attache)에서 파생된 것이다. 못 박

14 대한신경정신의학회, 『신경정신의학』, 453.

는다는 의미로써 이러한 집착은 강박적인 성질을 가지고 있다.[15] 특히 강박성(Obsessive - Compulsive Disorder)은 반복적인 의례적 행위로서 강박적 사고(obsessive)와 강박적 행동(compulsive)의 두 가지 특성을 기반으로 한다는 점에서 특이하다. 이는 무의식 저변에 깔린 자신의 불안한 자아를 위장하고자 하는 방어기제로 중독의 특징적 요소로 볼 수 있으며 어떤 것에 늘 마음이 쏠려 잊지 못하고 매달리는 현상이다. 이러한 의미에서 집착은 우리가 가지고 있는 욕구를 억누를 때 대상을 찾아 자신의 본성을 찾아 헤매게 되며 욕구의 집착은 잠시나마 안정을 찾고자 집착하는 대상의 유인물이 되어 매도당하게 되는 결과를 가져온다. 이처럼 집착은 우리의 욕구를 특정 대상에 인 박아(못 박아) 중독의 증상을 조금씩 확장해 나가는 것을 볼 수 있다.

2. 중독과 신앙의 문제

우리는 곧잘 중독을 종교와 관련하여 말하기도 한다. 그것은 지나치게 종교적인, 특히 신앙적인 사람을 특정한 종교에 중독이 되었다고 말하는 경우이다. 이처럼 종교와 관련하여 말하는 중독과 신앙의 문제는 상당한 오해에서 비롯되는 측면도 없지 않다. 그것은 누군가가 열심히 신앙에 의지하는 것을 보거나 자신보다 더 신앙적일 때 질투심을 갖고 말하는 경우도 있기 때문이다.

신앙적인 의미에서 이러한 증상들 믿음이 좋고 신실한 거룩한 믿음으로 또는 성령의 충만함으로 인식될 수 있다. 이렇게 인식된 특성은 의식의 가장자리를 맴돌면서 자신의 욕구를 억압해온 실제적인 증상은 사라지지 않은 채 안전한 자리로 이동하며 계속해서 더욱더 강하고 강렬한 강화를 요구한다.[16] 심리학에서는 이러한 자리 이동을 치환(置換, displacement)이라고 하며 치

---

15 Gerald G. May, M. D. *Addiction & Grace,* 3-4.

16 강화(Reinforcement)란 보상에 의해 반복적으로 약물을 사용하는 현상이다. 대한신경정신의학회, 『신경정신의학』, 453.

환은 전치(轉置)와 같은 의미로 생각할 수 있다. 전치는 어떤 사상, 감정 소망을 더 바람직하고 수용 가능한 다른 사상, 감정 또는 소망을 바꾸어 놓음으로써 거기에 따르는 감정을 줄이기 위해 사용하는 하나의 방어기제(defense mechanism)이며, 치환은 하나의 순서를 다른 순서로 바꾸거나 대체하는 것이다. 강렬한 욕구인 치환의 자리는 스스로 자신을 강화하며 '나 여기 있어요?'라며 자신의 존재를 더욱 강화하며 팽창시킨다. 강화된 내적욕구의 과정들은 영적관계에서 완고함으로 엄숙함으로 냉담함으로 강한 능력 있는 자로 나타내어 스스로 위로받고 만족해한다. 이처럼 집착과 중독의 관계는 생각보다 단순하지 않아서 우리의 뇌가 한 번 기억하고 저장된 것은 완전히 잊지 않고 재생한다. 머릿속에 기억되어 습관화된 강박들을 쉽게 물러가지 않도록 의식 한가운데 자리 잡아 갈등을 유발하는 요인이 된다.[17]

3. 중독에서 집착의 다섯 가지의 특성

중독과 집착 상태는 중요한 다섯 가지 특성을 갖는데, 우선 중독의 노예가 된 욕구라는 가치를 떨어뜨리지 않는 초탈(超脫, detachment)의 근본 가치를 지향해야 한다는 점이다. 수 세기 동안 초탈이란 세속적인 것과 일반적인 것을 뛰어넘는 것으로 욕구로부터의 자유가 아니라 욕구의 부재(不在)라고 여겨, 초탈이 욕구의 가치를 깎아 내리며 일과 사람들의 잠재적 장점을 부정한다는 잘못 가정으로 그 의미를 왜곡시켜 왔다. 그 결과 초탈을 냉담함과 엄숙함 열정의 결핍으로 연결시켰으나 이것은 진정한 영적 이해라고 볼 수 없다. 초탈은 욕구에 대해서도, 욕구의 대상에 대해서도 그 가치를 오염시키거나 깎아내리지 않는다. 초탈은 신을 향한 우리의 근본 욕구를 드러내 그것을 자유롭게 하

---

17 Gerald G. May, M. D. *Addiction & Grace*, 3.

며 욕구가 자유를 얻으면 사랑할 수 있는 충만한 능력을 갖기 때문이다.[18]

확실히 집착은 사람들로 하여금 중독의 노예가 되도록 욕구를 강화시켜 특정한 것에 초탈(超脫, detachment)을 유발하게 만든다. 초탈은 벗어나서 뛰어넘는다는 뜻으로, 대개 세속적인 것과 일반적인 것 모두에서 자유롭게 사용된다. 초탈은 욕구로부터의 자유가 아니라 욕구의 부재(不在)이기에 수 세기 동안 사람들은 초탈이 욕구의 가치를 깎아내리며, 집착의 대상이 될 수 있는 일과 사람들의 잠재적인 장점을 부정한다는 잘못된 가정으로 의미를 왜곡시키기도 했다.

더 나아가 냉담함과 엄숙함, 그리고 열정의 결핍으로 연결해 왔는데 이것은 초탈에 대한 진정한 이해가 아니다. 오히려 집착으로 인한 초탈은 사람의 근본적인 욕구의 가치를 지향하게 만드는 요인이 될 수 있다. 이런 현상을 신앙적인 측면과 관련시켜 이해할 때 초탈은 신을 향한 인간의 근본적인 욕구를 드러내고 그것을 자유롭게 하는 사랑의 충만을 나타낸다. 욕구가 자유를 얻으면 사랑할 수 있는 능력의 관계를 갖게 만드는 것이다.

II. 중독의 특징적 원인

중독은 무엇인가에 탐닉하여 그것이 우리의 뇌를 자극할 때 습관적으로 탐닉을 계속하게 된다. 이러한 자극은 쾌락시스템을 작동시키는데 이는 통제력을 상실하여 중독으로 나아가는 특징적 요인을 발병시킨다. 이는 중독이 가져오는 또 다른 특징적 원인으로 해석할 수 있다. 이에 상응하는 특징적 요소를 살펴봄으로 중독에 대한 바른 이해가 가능해진다.

---

18 Ibid., 15.

1. 내성 耐性, Tolerance

내성이란 만족감을 느끼기 위해 반복적으로 약물을 복용하거나 행동을 반복함으로써 일정량을 초과하여 더 많은 양을 취하려는 데서 생기는 현상이다. 내성(耐性)은 처음에는 효과가 감소하나 점차 강화됨으로써 욕구의 만족감이 심리적인 결핍을 충원시킨다.[19] '내성' 은 현재의 소유나 행위에 만족하지 않고 소유나 집착의 대상을 지속적으로 필요로 하거나 더 원하는 현상이다. 내성은 애착과 집착을 번갈아 가며 소유하려는 반복적이고 습관적이면서 의례적인 강박성이 의식화되어 버린 반응이다. 외부 자극을 받으면 신체 내부 환경을 유지하기 위해 반응이 나타나며 이 자극에 대한 응답과정으로써의 현상을 말한다. 또한 내성은 중독으로 인한 남용이라는 특성으로 이해되며 이와도 밀접한 관련이 있다.[20] 정리하자면 남용(abuse)이란 약물을 지속적으로 사용하는 과도한 상태를 말하는 것으로 결국 과용으로 인해 신체에 내성이 생기는 것이다.

알코올 이외의 물질관련 장애는 진정제, 수면제, 항불안제 등으로 남자가 여자보다 세 배 더 많으며 백인이 흑인보다 두 배 더 많다. 물질(substance)은 뇌를 변화시키는 물질로 물질관련 장애는 물질사용 장애(물질의존, 물질남용), 물질유발성 장애(물질중독, 물질금단, 물질중독 섬망, 물질금단 섬망, 물질유발성 지속적 치매, 물질유발성 지속적 기억장애, 물질유발성 기억장애, 물질유발성 정신장애: 망상 동반, 환청동반, 물질유발성 감정장애, 불안장애, 성적장애, 수면장애), 분류되지 않은 물질장애로 나눌 수 있다. 내성에 민감한 정신자극제는 각성제에 해당하는 것으로, 중추신경을 자극하여 죽음과 불안감을 없애고 피로감 감소와 정신을 맑게 하는 등 집중력을 제고시킨다. 하지만

---

19 L. C. Kolb, *Modern Clinical Psychiatry,* 9th ed.(Philadelphia, London, Toronto: W. B. Saunders, 1977), 23-30.

20 D. Rosenthal, *Genetic Theory and Abnormal Behavior*(1970), 56-57.

과도하게 사용할 경우 초조, 불안, 과민상태로 인한 의심, 망상, 환청 등의 협심증과 간질증세까지 발전하여 심할 경우 혼수상태에 이를 수 있다. 내성이란 대마제제(cannabis sativa), 아편제제(opiates) 환각제(hallucinogen), 흡입제(inhalants), 니코틴(nicotine), 카페인(cafeine)과 같은 성분을 흡입할 때 생기는 외인성(外因性) 자극에서 생체 내부 환경을 유지하기 위한 생체반응이다.[21]

대마제제(cannabis sativa)나 아편제제(opiates)는 중독으로 인해 독성 반응과 과량 증후군을 유발하여 치명적인 결과를 가져오며, 환각제(hallucinogen)는 지각, 감각, 사고, 자기인식, 감정 등에 영향을 미치는 약물로써 시간에 대한 감각 변화, 망상 등을 유발하여, 환시, 환청, 환촉, 환취 등의 환각증상까지 일으킨다. 흡입제(inhalants)는 인체에 유해한 화학성분으로 구성되어 있어서 본래 목적 이외의 용도로 사용될 경우 인체에 치명적인 해를 입히게 된다. 담배 연기 속 니코틴(nicotine)엔 약 4,000여 종의 독성 화학 물질이 들어 있는 것으로 추정되는데, 작은 담배 속에 이렇게 많은 독성 물질이 들어 함유된 것은 담배가 연소될 때 중심온도가 900℃가량의 고온에서 유기물질이 분해되기 때문이다. 니코틴은 아편과 거의 같은 수준의 습관성 중독을 일으켜 마약으로 분류되며 금단 증상을 일으키는 주범이다.[22]

카페인(cafeine)은 커피의 주성분으로 가장 널리 사용되는 흥분제이다. 커피, 홍차, 콜라, 피로회복제, 감기약 등에 주로 함유되어 있으며 정신기능을 항진시켜 감각을 예민하게 하고 정신을 맑게 하며 정신적 피로를 제거해 준다. 카페인을 하루 200mg 이상 복용하면 중독 증상이 나타난다. 소량 투여 시에는 감각이 예민해지고 각성 및 사고력이 맑아지며 수다스러워진다. 다량 투여 시에는 호흡중추를 흥분시키며 심근의 기능을 항진시키므로 심박동수가 증

21 대한신경정신의학회 편, 『신경정신의학』, 452-461.

22 Ibid., 468-469.

가한다. 또한 갑자기 카페인을 끊으면 습관성으로 인해 불안감, 두통, 초조, 우울 등의 금단 증상을 보이게 된다. 이와 같이 어느 물질을 장기적으로 다량 흡수하게 될 때 생명에 치명적인 위험과 내성이 생겨 금단증상이 발생하며 이는 중독의 특징 중 첫 번째 요인이다.[23]

2. 금단증상 禁斷, withdrawal symptom

'금단증상'(禁斷, withdrawal symptom or abstinence syndrome)은 중독의 물질과 행위들이 중단될 때 나타나는 것으로 두 가지 타입이 있다. 중독 유형은 물질중독(substance addiction)과 행위중독(behavioral addiction), 또는 과정중독으로 구분할 수 있다. 행위중독은 유형의 행위중독과 무형의 행위중독으로 분류된다. 물질중독은 알코올중독, 약물중독, 음식중독 등으로 어떠한 물질을 입으로 흡입하거나 주입시키거나 섭취하는 것을 정도 이상으로 초과할 때로 본다. 행위중독, 과정중독은 어떤 행동이나 활동을 습관적으로 반복하는 것으로 무형과 유형으로 분류한다. 무형의 행위중독으로는 관계중독, 분노중독, 연애중독, 종교중독으로 외적으로 아무 형태를 나타내지 않으며, 유형의 행위중독은 도박중독, 사이버중독, 성중독, 쇼핑중독, 운동중독, 일중독 등으로 분류할 수 있다. 행위중독은 과정중독과 동일한 유형의 형태를 의미한다.

이러한 중독에 동반하는 첫 번째로는 스트레스 반응(stress reaction)이며, 두 번째로는 역 반응(rebound or backlash reaction)이다. 스트레스 반응은 어떤 물질이나 대상에 대한 반응으로 익숙한 것에 제약을 받거나 빼앗긴다고 느낄 때 생기며, 이같은 박탈감을 느낄 때 신체 내부는 민감한 반응양상을 나타낸다. 반응은 신경계의 반응으로 자율신경계에 의해 맥박과 호흡 또는 극도의

---

23 Ibid. 469.

두려움과 공포를 동반한 불안감과 정서불안 증세를 드러낸다. 두 번째로 나타나는 역반응은 반동반응으로 역행하는 상태이다. 반동반응은 정반대 증상의 상태로 반응하는 것이다. 예를 들어 습관적으로 섭취하거나 주입하거나 만끽하던 대상이나 물질을 정지하였을 때 오는 신체의 무기력함, 나른함, 정서적 궁핍함, 정서적 처절함으로 이어지는 우울증상(depression)의 반응을 말한다.[24] 이런 우울증과 가장 밀접하게 관련된 키워드는 슬픔이다. 우울증은 슬픔의 병리적인 상태라고 말할 수 있다. 슬픔을 이해하는 것은 우울증 이해에 기본이 된다. 슬픔의 기능은 무엇인가? 슬픔은 일반적으로 부정적인 감정으로 여겨지지만 오히려 우리 인생에 있어 중요한 역할을 담당한다.

슬픔이나 우울은 인간이라면 누구나 타고나면서부터 자연스레 느끼는, 즉 실존적으로 예비된 운명적 정서이다. 슬픔이나 우울은 존재의 근원으로 돌아가려는 즉 존재의 근원과 합일하려는 목적을 지닌 생존 반응이다. 그러나 보통 우울, 슬픔은 'why me?' 라는 분노에 찬 형태로 삶의 의미 없는 호소로 나타나곤 한다. Depression의 DSM 진단체계로는 우울한 기분, 흥미저하, 체중변화, 수면장애, 정신운동 초조, 활력상실, 무가치감, 죄책감, 사고력 저하, 자살 등의 형태로 나타낸다.[25] 금단증상이란 약물의 사용을 줄이거나 중단하였을 때 나타나는 요소로서 신체 내 유기체와의 관계에서 발생하는 상호작용의 결과로 볼 수 있다. 이런 의미에서 금단증상의 결과는 사회적 환경과의 밀접한 관계 안에서 영향을 받는다.

3. 자기기만 self deception

자기기만은 스스로를 부인(denial)하고 합리화(rationalization)하는 방어기

---

24 D. Rosenthal, *Genetic Theory and Abnormal Behavior*(1970), 56-57.

25 한국목회상담협회, "우울증, 정신과 영혼의 어둔 밤" 「우울증과 영성」, 2(2008), 8-14.

제로 자신을 보호하는 거짓된 행동이다. 합리화는 개인이 수용할 수 없는 다른 동기들을 무의식적으로 감춘 상태에서 특정행동이나 태도를 정당화시키기 위해 합리적이고 의식적인 설명을 하는 정신과정이다.[26] 반면 부인은 특정 사건이 지닌 의미를 무의식적으로 부인하려는 원시적 방어기제로서 고통스러운 현실을 인정하거나 직면을 회피함으로서 불안이나 불쾌한 감정으로부터 자신을 보호하기 위한 시도이다. 만성적인 열등감을 회피하고 그 대신에 자신이 전지전능하다는 과대한 환상에 빠지는 경우 부정의 기제를 통하여 자신을 보호한다. 이러한 자기기만은 자신을 스스로 통제할 수 있다는 환상 가운데 빠진 경우이다. 이는 스스로를 파괴하는 행동으로, 정직하지 못한 자신을 정직한 자신으로 인식하고 싶어 하는 자기기만의 행위이다. 내가 할 수 있는 것은 무엇이든 할 수 있다고 믿는다는 의미에서, 이미 중독된 자신의 통제력을 인정하지 못하고 전환(conversion), 전치(recover) 등으로 중독을 계속 유지하려는 하나의 술책인 것이다.

4. 의지력 상실 loss of willpower

의지력 상실은 중독자가 스스로 자괴감에 빠지는 경우이다. 이는 중독자 자신의 의지로 해결하려 하나 그러면 그럴수록 의지력은 상실되고 실패를 거듭하게 되면서 양가적인 감정을 갖게 되는데, 중독자 스스로 자신의 의지로 해결할 수 없음을 인식하고 깨달을 때 중독의 치료가 시작된다고 확신하는 것이다. 그러나 자신의 의지로 할 수 있다고 하는 것은 하나의 생각일 뿐, 이미 물질이나 대상에 중독된 신체의 내부에 생긴 내성으로 인해 스스로 통제력을 상실하기 때문이다.[27]

---

26 Gerald G. May, M. D. *Addiction & Grace,* 27-28.

27 Ibid., 28.

5. 주의력 왜곡 distortion of attention

주의력 왜곡을 궁극적 관심의 왜곡이라고 부른다. 왜냐하면 중독에서 비롯된 모든 방어기제들은 교묘한 계략과 술책을 동반하는데 이는 우리의 궁극적인 관심을 이탈시키는 목적을 가지고 있어, 집중하고 있는 우리의 관심을 왜곡시키려하기 때문이다. 한 마디로 이를 우상숭배라 할 수 있다. 영적 우상숭배의 형태를 띤 궁극적 관심(the ultimate concern)이란 신의 뜻이 아닌 다른 중독 행위를 우선시하는 행위이기 때문이다. 내성, 금단증상, 자기기만, 의지력 상실, 주의력 왜곡은 어떠한 신이 자신이 되었는지를 판단하는 기준이다. 왜곡된 편견과 관련하여 다음과 같이 질문해 볼 수 있다.[28]

> 첫째, 권력과 통제는 충분하다고 느끼는가, 아니면 좀 더 필요하다고 느끼는가?(내성) 금단에 따른 역행이나 반동반응(극도의 불안정과 세상이 끝난 것처럼 상처받기 쉬운 느낌들)을 경험한 적이 있는가?(금단증상) 소유, 권력 혹은 인간관계와 관련하여, '나는 그것을 가질 수도 있고 버릴 수도 있어' 혹은 '나는 그것을 통제할 수 있어' 라고 생각해 본 적이 있는가?(자기기만) 소유, 인간관계에 부여하고 있는 중요성을 줄여야겠다는 결심을 해본 적이 있는가?(의지력 상실) 언제 그리고 어디에서, 소유, 권력, 인간관계에 대한 관심이 나의 주의력을 빼앗고 있는가?(주의력 왜곡)[29]

이러한 특징은 중독의 본질적인 이해와 함께 특징적인 원인 중심적으로 고찰한 것이다. 중독의 본질적인 요소는 유형이 어떤 것이든 간에 변하지 않고 고정화되어 계속 나타나는 특성을 가진다. 이러한 중독의 뿌리는 결핍으로 인한 내적 욕구의 갈망을 억압할 때 생긴다. 이를 인식하지 않으려 애쓰거나 억

---

28 Ibid., 28-31.

29 Gerald G. May, M. D. *Addiction & Grace,* 34-36.

압하면 할수록 내적 욕구 에너지를 억눌러 특정 사물이나 행위에 속박되어 노예화되어 간다. 중독은 무언가에 탐닉하여 그것이 뇌를 자극하여 습관적인 탐닉을 계속하게 만든다. 이러한 자극은 쾌락시스템을 작동시키는 결과를 가져오는데, 이는 통제력을 상실하여 중독으로 나아가는 특징적인 요인을 발병시키기 때문이다.

제 3 장

중독의 내용적 이해

중독이 우리에게 주는 만족은 개인이 추구하고자 하는 욕구를 채우는 데에 있다. 이것은 내면의 욕구에 자리 잡고 있는 불안이라는 대상이 언제든지 작동을 개시할 준비를 하고 있다고 볼 수 있다. 이러한 이해는 우리의 심리적 공허함을 중독이 주는 집착이라는 병리적 내용으로 바라보게 한다.

I. 중독과 대상의 문제

중독은 대체로 강한 충동의 결과물이라고 말할 수 있다. 중독은 우리의 생각과 공허감을 매개로 물질(약물, 음식, 술)과 대상(사람: 의존성), 사상(종교)으로 써 갈망을 채우려는 강박관념에 예속된 충동이기 때문이다. 이러한 시각에서 중독은 대상선택이 중요하다.

1. 대상선택의 이해

대상선택(Object choice)이란 학문적으로는 정신분석학에서 이해되는 단어이다. 이는 한 사람이 다른 사람을 심리적으로 중요한 사람으로 생각하게 되는 과정을 말하는데, 이것은 본능적 욕동(Drives)이 하나의 대상에 부착되는 남근-오이디푸스 단계에서 일어난다는 점에서 어느 정도 욕구의 만족을 의미한다. 이러한 대상선택은 주로 의식적이지만 무의식적 요인에 의해 영향을 받기도 한다. 이러한 점에서 볼 수 있는 성인의 애정 대상은 유아기나 아동기 때 만족을 주었던 애정 대상과 비슷한 특징을 보이기도 하는데 프로이트는 이러한 대상을 의존적 대상 선택(anaclitic object choice)과 자기애적 대상 선택(narcissistic object choice)이라고 칭한다.[30]

두 가지 유형의 대상 선택은 모두 과대평가 측면에서 나타나는데, 마치 부모

---

30 미국정신분석학회 편 / 이재훈 외 역, 『정신분석용어사전』(서울: 한국심리치료연구소, 2002), 107-108.

를 과대평가했던 것과 같이 이러한 유형은 공격적 관심보다 리비도적 관심을 더 많이 쏟는다. 이는 이상화된 대상에 대한 기억 흔적이 미래 대상의 모델로써 작용할 수 있다는 것을 뜻한다. 내부 대상 역시 동일시를 위한 모델로 사용될 수 있는데, 동일시는 대상의 속성을 자신이 취함으로써 자기표상을 수정하는 하나의 과정이다. 동일시는 일종의 대상상실과 관련이 있으며 동일시는 실제 외부 대상의 죽음 또는 이 대상과의 분리, 주체의 내부 세계에서 발생한 애정의 상실, 신체의 일부 혹은 신체기능의 상실과 관련된다. 프로이트는 대상 혹은 대상의 애정 상실에 대한 두려움은 자아로 하여금 위협을 느끼게 하며, 이는 불안을 가중시킨다고 보고 있다. 특히 불안과 관련된 애도는 대상 상실에 대한 정신적 반응이지만 주체가 상실한 대상과의 관계에서 심각한 갈등이 있을 경우 병리적 반응으로 나타난다. 병리적 반응으로는 우울증, 조증적 도피, 정신적 신체적 질병을 통해 상실한 대상과 동일시하기 등이 발생한다.[31]

2. 대상관계론의 기초로서 대상

일반적으로 대상은 나 이외의 모든 것을 말한다. 유아는 성장하면서 많은 대상을 만나게 된다. 이런 대상은 유아의 인격을 형성하는 요인이 된다. 이때 나타나는 대상(Object)은 본능적 욕동이 목적을 달성하는데 필요한 수단을 가리키는 용어로써, 프로이트는 대상이라는 용어를 다음과 같은 의미로 전달한다. 첫째, 주체와 구별되는 실제로 만질 수 있는 사람이나 사물, 둘째, 다른 사람이나 사물에 대한 정신적 이미지, 셋째, 실제 사람이나 경험적 내용과는 구별되는 이론적 구성물이다. 또한 대상은 몇 가지로 구분될 수 있으며 대상은 주체 또는 자기와 구별되며, 주체 또는 자기에게 심리적 중요성을 갖는다. 대상은 생물이거나 무생물일 수 있다. 외부에 대상이 있는 경우 주체의 마음

---

31 Ibid., 110.

속에 존재하는 대상은 내적 대상이며, 때때로 대상 표상이라 불린다. 이것은 실제로 있거나 주체에 의해 상상된 대상의 다양한 속성들 신체적, 지적, 정서적 혼합물을 의미한다.[32]

이런 대상은 대상관계론에서 이해되기도 한다. 이러한 대상은 통제할 수 없는 욕구의 갈망으로 인해 억압된 내면의 분출로 시작하여 무엇인가를 남용하며 자신의 상태를 인정하지 않는 거부(denial)와 부정(disavowal)의 태도를 통해 어떤 대상이나 물질에 자신을 맡기는 심리적 방어기제이다. 부정은 무언인가 알지만 인식하지 못하는 방어기제로 어떤 것을 아는 체험을 하나 동시에 그것에 대해 인식하지 못하는 데서 부정이라는 의식이 존재한다.[33]

특히 대상 개념은 프로이트의 본능 이론의 맥락 안에서 발전하였는데 그는 본능의 목표가 대상을 통해 에너지를 방출하거나 쾌락을 얻는 것이라는 점에서 찾는다. 최초의 대상은 부분 대상(part object)으로 어머니의 젖가슴이며 어머니의 젖가슴은 양육을 통해 생존을 가능케 해주기 때문에 구강기 동안 리비도는 젖가슴을 향한다. 이후 발달은 전체 대상에 리비도가 집중되는 것과 관련된다. 결국 대상에의 에너지 집중(object cathexis)은 다른 사람의 정신적 표상에 리비도적 욕동이나 공격적 욕동을 투자하는 것을 말한다. 대상 리비도(object libido)는 대상에 집중된 리비도 에너지를 말하며, 대상사랑(object love)은 통합된 전체 대상에 대한 자기의 복합적인 감정과 태도를 일컫는다. 대상의 개별 특성을 나타내는 표상은 대상관계(object relations)와 대상과의 관계라는 용어가 교환적으로 사용되며 이는 대상에 대한 개인의 태도와 행동을 가리킨다.

---

32 미국정신분석학회 편 / 이재훈 외 역, 『정신분석용어사전』, 106.

33 Allen M Siegel / 권명수 역, 『하인즈 코헛과 자기심리학』(서울: 한국심리치료연구소, 2002), 323.

3. 대상에서 그 범위의 문제

대상관계라는 용어는 정신적 이미지를 말하는 것일 수도 실제 사람을 말하는 것일 수도 있다. 외적인 것과 내적인 것을 구분하기 위하여 대상과의 관계는 주체와 실제 다른 사람 사이의 상호작용, 즉 대인관계를 일컫는 말로 사용되며, 대상관계는 마음속 표상과 관련된 심리적 현상을 일컫는 말로 사용된다. 대상관계(object relations)는 대상과의 관계(object relationship)에서 보고되는 경험이나 관찰된 행동에 의거하여 추론되며 이 둘 모두는 개인 발달사의 산물인 무의식적 환상의 영향을 받는다.[34] 대상관계에서의 분리는 모순된 행동의 원인일 수 있고 이는 불안을 기저로 행동하는데, 강박 행동적 충동은 강박적인 행동이 습관화되어 심리적 의존(psychological dependence)을 충족시키기 위한 반응으로 표출된다.[35]

이처럼 강박성 인격장애(obsessive-compulsive personality disorder)인 강박장애와 강박성 인격장애는 비슷하지만, 특정 장애에서 다른 장애로 발달하는 것은 아니다. 강박장애는 강박사고(obsession), 의식행동(ritual)과 관련된 장애이나, 강박성 인격장애는 경직된 행동양식과 연관되고 훨씬 더 자아 동질적이다.[36]

이러한 행동양상은 집착이라는 병리적 증상을 나타내며 자신도 모르게 서서히 중독된다. 다만 대상 혹은 대상의 속성을 내재화하는 것은 정신의 구조와 기능 발달에 있어 매우 중요하다. 즉 초기 유아기의 생물학적 욕구충족 대상인 생후 2-3개월을 시작으로 생후 8-12개월에 볼 수 있는 낯선 불안과 분리

34 미국정신분석학회 편 / 이재훈 외 역, 『정신분석용어사전』, 107.

35 G. E. Vaillant, Alcoholism and Drug Dependence, in the Harvard Guide to Modern Psychiatry(1978), 45-46.

36 대한신경정신의학회 편, 『신경정신의학』, 378-79.

불안 이후, 분리-개별화 단계, 남근-오이디푸스 단계, 잠재기, 청소년기, 성인기에 이르기까지 생애 전체에 걸쳐 진행된다. 이 과정에서 가장 중요한 것은 대상 항상성을 획득하는 것이다. 대상 항상성은 대상이 없거나 화가 났을 때에도 대상에 대한 리비도적 집중이 지속될 수 있도록 대상이 항구성을 획득하는 것이다.[37] 이런 시각에서 중독의 유형으로는 물질중독과 행위중독, 과정중독, 숨겨진 중독 등을 들 수 있다.

II. 중독의 유형

중독이 만연한 시대, 그 종류적 다양성은 실로 우리를 놀라게 한다. 그것은 중독이 우리 일상생활의 다양한 범주에서 너무도 빈번히 일어나는 현상이기 때문이다. 이러한 중독의 내용은 우리가 알고 있는 물질중독 외에도 과정중독과 숨겨진 중독이라는 병리를 발견하는 것으로 이해할 수 있다. 이런 점을 고려하여 중독의 몇 가지 유형에 대하여 알아보기로 하자.

1. 물질중독 substance addiction

물질중독은 어떠한 물질을 신체에 섭취하거나 주입시키는 것으로 여기에는 알코올중독, 약물중독, 음식중독 등이 있다. 이러한 물질중독 가운데 알코올은 가장 흔히 사용되는 뇌 중추 억제제로써 높은 이환율과 치사율의 원인이 되고 있다. 알코올은 과다 흡수하게 되면 뇌의 행동 통제 기능이 억압을 받고 공격적 성향을 띠게 된다는 보고가 있다. 알코올 자체의 위험보다는 알코올에 만취하게 되면 자기 통제에 이상이 생겨 독소(toxin)가 신체근육과 신경계 주

37 미국정신분석학회 편 / 이재훈 외 역, 『정신분석용어사전』, 108-111.

요기관(뇌, 간, 심장)에 해를 끼친다.[38]

약물중독은 인체에 다량의 물질을 흡수해서 건강을 위협받는 상태를 의미한다. 약물중독은 담배에 의한 니코틴중독으로, 술은 알코올 성분에 의한 중독으로 나타난다. 마약을 비롯한 의존성 약물에 대한 중독이 있으며 중독성 약물로는 암페타민(히로뽕), LSD(엑스터시), 마약 등이 있다. 사춘기 아이들이나 성인들이 약물남용에 빠지게 되는 요인으로는 가정불화, 낮은 자존감, 약물로 인한 부모의 영향 등이 있다.[39]

음식중독에는 거식증(anorexia)과 폭식증(bulimia)의 예를 들 수 있다. 거식증(Anorexia)과 신경성 식욕 부진증(Anorexia Nervosa)은 생명을 위협할 정도의 극단적인 체중감소가 특징이다. 체중증가에 대해 지나친 공포가 있으며 마르는 것에 대해 지나치게 집착한다. 이들은 적은 체중 변화에도 아주 민감하게 반응하며 이전에 약간 헐렁했던 옷이 몸에 딱 맞는 느낌만 있어도 체중이 증가했다고 여긴다. 또한 성장이나 임신으로 인한 정상적인 체중 증가에도 두려움을 느껴 더욱 철저하게 식사를 제한한다. 지나치게 자주 체중을 측정하며 신체의 일부분을 강박적으로 측정하며 끊임없이 거울을 들여다보기도 한다. 이들은 체중과 체형에 의해 자존심이 크게 좌우되는데 체중감소는 탁월한 성취이자 뛰어난 자기통제로 보며, 체중증가는 용납할 수 없는 자기조절 실패로 받아들인다.[40]

폭식증(bulimia)과 신경성 대식증(bulimia nervosa)은 폭식과 이에 수반되는 제거행동 및 체중증가에 대한 공포를 특징으로 한다. 폭식은 일정한 시간 안에 대부분의 사람들보다 많이 먹으며 이 기간 동안 먹는 것에 대한 조절감

38 강경호, 『중독의 위기와 상담』(경기도: 한사랑가족상담연구소, 2002), 78-80.

39 대한신경정신의학회 편, 『신경정신의학』,74-75.

40 Ibid., 318-322.

을 상실하는 것으로 정의된다. 그러나 어떤 경우 금지된 음식을 조금 먹고도 자신이 폭식을 했다고 느껴 제거행동을 할 수 있다. 이들은 이런 식사 문제를 창피하게 여겨 증상을 감추려 노력한다. 폭식은 흔히 불쾌감, 대인관계상의 스트레스 증가, 식사제한 후 오는 심한 배고픔 등에 의해 유발된다. 폭식은 밤에 생기기도 하는데 자다가 깨어나 심한 폭식에 대한 갈망을 경험하기도 한다. 때로는 꿈과 같은 상태에서 폭식을 하므로 자신의 행동을 정확히 기억하지 못하는 경우도 있고 폭식을 하지 않고는 다시 잠들기 어려운 경우도 있다. 이런 경우를 야간 폭식증후군이라 부른다. 신경성 대식증의 다른 필수요소는 체중 증가를 방지하기 위해 반복적으로 부적절한 보상행동 즉 제거행동을 한다는 것이다. 제거행동은 다양한데 가장 흔한 제거운동으로는 구토(손가락을 넣어 구토를 유도하나 어떤 경우는 복근을 조금만 움직여도 반사적으로 구토가 유발되는 경우도 있다. 이들은 식사 전에는 전혀 구역질을 느끼지 않는다는 점에서 심리적 구토(psychogenic vomiting)와는 구분되며 하제 남용(하제 남용은 심한 탈수, 전해질 장애, 저칼륨증이나 저클라이드증을 일으킨다), 심한 운동, 철저한 식사조절 및 굶기 등이 있다.[41]

이들의 문제는 완벽주의, 낮은 자존감, 성적 정체성의 혼란, 우울증, 기만, 힘에 의한 싸움, 동반의존성, 신체적 문제 등이라는 것이다. 거식증은 음식 먹는 것을 거부하는 것인데 반해 폭식증은 불규칙적으로 식사에 탐닉하는 경우인데 이들은 기분이 우울할 때 먹기를 거부하거나 초과 이상의 음식을 섭취한다. 폭식 환자의 정서 저변에는 자기증오, 수치심, 우울증, 원한 등 다양한 정서적 배경이 깔려 있다.

2. 행위중독 behavioral addiction

41 Ibid., 322.

행위중독(behavioral addiction) 또는 과정중독(process addiction)에 속하는 무형의 행위중독은 어떤 활동이나 행동을 반복하는 것으로 여기에는 관계중독, 분노중독, 연애중독, 종교중독 등이 있다. 그 중 관계중독(relationship addiction)은 중독현상의 다양한 측면인 의존성이라는 건강하지 못한 관계를 의미한다. 의존성(dependence)은 어떤 대상에 자신을 기대고 맡기려는 심리적 의존을 의미한다. 의존성 인격장애(Dependent Personality Disorder)란 관찰 가능하고, 지속적이고 자아-동조적인(ego syntonic) 일반적인 조건 하에서 비교적 예측이 가능한 개인의 일상적인 행동 유형을 가리킨다. 이 용어는 기질과 성질의 개념을 포함하고 있으며 비교적 광범위하게 적용되고 있다. 기질(temperament)은 선천적으로 결정된 정서 운동(affectomotor)과 인지적 경향성을 말한다. 성격(character)은 발달적 경험에서 유래한 자아-동조적이며 합리화된 행동을 의미한다.

이런 의미에서 인격(personality)과 성격(character)이라는 용어는 상호 교환적으로 사용되기도 하는데 성격은 정신분석에서 보다 자주 사용하고 쉽게 적용되며, 특별히 이러한 인격 장애는 사회적 기능에 심각한 손상이 있거나 상당한 주관적 고통을 야기하는 경직된 성격 특질을 말한다.[42] 예를 들어 자신의 고통이 다른 사람들 때문이라고 믿으면서 자신에게는 책임이 있다는 인식을 하지 못하는 경우이다. 성격장애를 가진 사람은 다른 사람들에게 문제를 일으키면서 자신들이 그렇게 하고 있다는 사실을 인식하지 못한다. 이러한 점은 보살핌을 받으려는 과도한 욕구로 인해 순종적으로 매달리는 행동 양상을 특징으로 한다. 스스로 노력하지 않고 타인에게만 의존하는 경우이다. 즉, 자신의 욕구를 타인의 욕구를 통해 충족시키며 책임도 타인에게 넘기는 경우이다.

여기에서 볼 수 있는 의존성 인격장애의 원인은 부모-자녀 관계에서 개별화

---

42 미국정신분석학회 편 / 이재훈 외 역, 『정신분석용어사전』, 365-366.

와 분리가 일어나야 하는 시기에 분리되지 못하거나 유아적인 양상이 계속되면서 생긴 불안정한 애착이 정신병리에서 주요한 부분으로 고려된다. 정신역동적 이론에서 의존성 인격장애는 정신분석 발달단계 중 구강기와 관련된 어려움과 모성결핍을 경험할 때 발달된다고 본다. 의존성 인격장애는 히스테리 인격장애의 감별 진단과 흡사하다. 안심, 주의, 인정에 대한 강한 욕구를 나타내는 것이 공통적이나, 히스테리 인격장애가 화려하고 주장적이고 자기중심적인 경향이 있다면, 의존성 인격장애는 자신을 드러내지 않고, 유순하고 이타적인 경향이 있다. 치료현장에서 의존성 인격장애는 지나치다 싶을 만큼 잘 동의하고, 순종하고, 감사하며, 치료자에 대해 비현실적인 기대를 한다. 자신의 인생을 통제하게끔 하거나 무리한 요구를 하는 경우이다.

이처럼 대인관계에서 생긴 불안정, 부적절감의 요인은 착취나 거부 학대관계가 있던 경우로 볼 수 있다. 이러한 점은 스스로 홀로 설 수 없는 사람이 다른 사람을 심리적으로 의존하는 현상으로, 나는 없고 너와 함께 하는 동반적 의존 관계를 이룬다는 의미이다.[43] 동반적 의존의 관계를 가지는 공동의존은 가족 구성원이나 배우자 자녀들의 공통적인 행동과 성향을 뜻한다. 이런 의미에서 공동의존도 화학물질 의존과 마찬가지로 질병으로 이해할 수 있다. 공동의존의 핵심은 공동 의존자가 느끼는 지속적인 정체감 혼란에 빠져있다는 것이다.[44] 즉, 자신의 삶을 다른 사람에게 더 많은 부분 권력을 양도하는(interdependence)것으로 심리적 의존과 신체적 의존으로 구별할 수 있다. 신체적 의존 (physical dependence)은 금단증상과 밀접한 관련이 있으며, 대표적으로 약물에 의존(drug dependence)하는 상태를 들 수 있다. 심리적 의존은

43 대한신경정신의학회 편, 『신경정신의학』, 376-78.

44 American Psychiatric Association, *Diagnostic and Manual of Mental Disorders*. 3rd ed. (Washington, DC: American Psychiatric Association, 1980), 235-239; P. M. G. *Emmelkamp, Phobic Obsessive-Compulsive Disorders: Theory, Research and Practice*, 88-89.

충족을 얻기 위한 심리적 갈망이나 강박적인 행동 반응으로써 정신적으로 갖고 싶은 행동에 대한 의존 강화라고 볼 수 있다.[45]

분노중독은 습관적으로 화를 삭이지 못하고 습관적으로 분출하는 것을 말한다. 분노란 인간의 감정에서 오는 노(怒)에서 희로애락(喜怒哀樂)이라는 기본 감정 중 하나이다. 인간에게 주어진 감정은 그것 자체로 죄가 되거나 문제되는 것은 아니다. 다만 이것을 다스리지 못할 때 그 여파가 심각하다고 볼 수 있는 것이다. 인간의 욕구 가운데 가장 강력하고 중요한 것은 사랑 받으려는 욕구다. 상대방으로부터 변함없는 사랑을 받을 때 우리의 감정은 안정 상태를 이루나 그 사랑이 결핍되었을 때 거절당한 느낌을 갖게 되어 이에 대해 분노라는 감정으로 대응하기 때문이다. 결국, 어느 정도 충족되어야 하는 기본적인 심리욕구가 채워지지 않아 분노를 포함한 감정적인 격노를 겪게 되며 나아가 분노를 둘러싼 끈질기고 괴로운 심적 문제들이 해결되지 않아 심리적 욕구를 표출하게 되는 것으로 본다.[46]

이러한 분노중독은 왜곡된 지각과, 다른 사람의 공격으로 인해, 분노의 지배를 받고 있다는 기분으로 표출되는 것이라고 볼 수 있다. 분노의 폭발 뒤에는 아픔과 슬픔과 비애가 있기 때문이다. 분노는 욕구좌절과 깊은 관계가 있으며, 절제력의 부족으로 어린 시절의 학대로 인해 분노중독자가 된다는 의미에서 그러하다. 사회에 대한 항거로 나타나는 사회적 분노가 있으며, 세상의 불공평한 처사 때문에 비합리적 신념체계를 고수하는 것으로 해석할 수도 있다. 사람들을 향해 분노하는 것은 소유욕 때문인데 이는 공격성을 가지고 있어서 상대방에게 마음의 상처를 주고 자신도 상처 입는 경우를 볼 수 있다. 소유욕

---

45 Melody Beattie, *Codependent No More*(New York: Harper & Row, 1987), 44-47; G. E. Vaillant, *Alcoholism and Drug Dependence, in the Harvard Guide to Modern Psychiatry,* 45-46.

46 강경호, 『중독의 위기와 상담』, 319-323.

은 사랑(love)이 아닌 탐욕(lust)이며 받기만을 원하는 욕구로 이해할 수 있다. 사랑은 주는 것인데 탐욕은 받기만을 기대하므로, 소유욕이 탐욕인 것은 자신의 욕망만을 채우려고 하기 때문이다.[47]

분노에는 유전적 요인도 포함된다. 적대적이고 공격적인 분위기 속에서 자란 자녀들의 분노와 난폭성은 후천적이기보다는 유전적 요인이 크다. 왜냐하면 부모의 어느 한쪽 유전인자의 공격성을 그대로 가지고 있기 때문이다. 이러한 부모의 공격성으로 자녀를 양육하고 이를 통해 양육 받은 자녀는 환경 가운데 악순환을 강화하기 때문에 유전적 특성의 원인이 될 수 있다고 보는 것이다. 분노의 유형에는 파괴적 분노뿐 아니라 창조적 분노도 있는데 그 중 분노의 감정을 성숙하지 못한 인간 정서로만 보는 것은 잘못이라는 것이 먼저 이해되어야 한다.[48]

> 우리는 위대한 성인들의 종교적 분노를 얼마든지 볼 수 있다. 창조적 분노의 모형은 바로 예수님께서 바리새인들에게 "독사의 새끼들"이라고 진노하며 독설을 하는 것이나 성전에서 장사하는 자들을 향해 상을 뒤엎은 장면을 통해 창조적 분노의 생명력을 깨달을 수 있기 때문이다.[49]

하지만 분노는 증오심과, 시기심, 질투심이라는 공격적 정서이기도 하다. 공격성은 원래 선천적 요인이나 후천적 요인도 있다. 레스카터(Les Carter)와 프랭크(Frank Minirt)는 분노의 개념에 대해 가정에서 시작하여 자라면서 사회적 환경속에서 살아가야 하는 존재의지로 설명한다. 첫째로 개인의 가치를 보

---

47 Albert Ellis, 『화가 날 때 읽는 책』(서울: 학지사, 1995), 187; Les Carter & Frank Minirth, *The Anger*/이승재 역, 『분노』 (서울: 은혜출판사, 1996), 89-93; 강경호, 『중독의 위기와 상담』, 329.

48 박성수, 『분노』(서울: 두란노, 1992), 35-36.

49 Ibid., 34.

존하려는 의지이다. 타인으로부터 거부당하거나 무가치한 존재로 취급당할 때 상대가 나를 화나게 할 의도가 아니었음에도 불구하고 자신의 인격이 손상되었다고 느낀다. 둘째로 본능적인 욕구를 보존하려는 표현이다. 이는 생존의 욕구에 해당되는 것으로 복잡한 자신의 욕구 체계가 상대방에게 전달되지 않거나 만족되지 않고 무시당할 때 나타나는 감정의 혼합물로 상처받고 불쾌해지는 감정이다. 셋째로 기본적인 신념을 보존하려고 하는 의지인데 타인이 자신을 인정하지 않는다고 느낄 때 자신이 지닌 가장 기본적인 신념이 인정되지 않을 때 화가 난다. 이러한 욕구는 자기 신념은 이해받을 수 있을지 모르나 분노로 표현된 감정적인 화로 인해 사람들로부터 불만과 원망을 듣게 된다.[50]

또 분노와 관련된 용어로는 격노(rage)와 격분(fury)이 있다. 두 용어는 매우 중요한 감정 상태를 나타내는 용어이다. 격분은 파괴적인 상태를 나타내는 것으로 물리적 과용을 뜻하기도 한다. 그러나 때로는 상황에 따라 진정성을 나타내는 말로 풀이되기도 한다. 격노는 화를 내는 정도를 넘어선 감정의 소리라고 할 수 있다. 화를 나타내는 진노(wrath)라는 단어도 있다. 진노는 격노보다 한층 더 격렬한 상태로 볼 수 있다.[51]

분노의 유형은 파괴적 창조적으로 구분하지만 투사의 방향에 따라 외향형 분노와 내향형 분노로도 구분한다. 외향형 분노는 분노 감정을 폭발시킴으로 폭력적 분노가 되며, 내향형 분노는 분노를 밖으로 표출하지 않음으로 홧병 등으로 인한 한(恨)의 문제를 발생하게 되어 결국 울화병(鬱火炳)이라는 특수한 질환을 낳게 된다.[52]

---

50 Les Carter & Frank Minirt, The Anger / 이승재 역, 『분노』, 21-34.

51 윤기, 『성장의 아픔과 삶의 교훈』(서울: 자유세계, 1994), 40-41.

52 강경호, 『중독의 위기와 상담』, 331-332.

연애중독은 사랑과 로맨스에 대한 중독이다. 음욕에 관계된 중독이 남자에게 주로 일어난다면 사랑이나 로맨스에 대한 관계 중독은 주로 여성에게 일어난다. 남자는 성적인 시각에 더 밀착하게 되고 여성은 친밀감(kindness)이나 애착(attachment)에 중독되기 때문이다. 연애중독은 사랑하고 있다는 환상을 중심으로 한 강력한 욕구의 형태이다. 이러한 욕구는 사랑의 기본자세인 헌신과는 전혀 관계가 없는 것으로 스릴(thrill)을 즐기거나 이기적이며 파괴적인 정신을 앙양(昻揚)하는 것을 목적으로 한다.[53] 연애중독자는 연애라는 관념을 착각하고 생각하며 살아가는 것을 의미한다. 연애중독은 실질적인 관계가 아니라 겉모양만을 추구하는 관계를 뜻한다. 또한 연애중독자는 대인기피증이라는 취약점이 있어 스스로 외적으로 나타나거나 보이는 행위에 집착한다. 연애 중독자들은 친교 중심의 대인관계를 기피하고 그들의 감정적 욕구를 채워주는 대상에게만 도취된다.

3. 숨겨진 중독

숨겨진 것이라는 것은 중독자가 그 사실을 인식하지 못하는 것을 의미한다. 그런 의미에서 숨겨진 중독 유형인 행위중독은 중독을 인식하지 못하여 어떤 생각이나 결심 없이 굴복하는 상황을 뜻한다. 일반적으로 우리 사회는 이 문제를 중독으로 인정하지 않는다. 때로는 어떤 상황 가운데 칭송받기도 한다. 이러한 중독은 중독의 심리과정을 아직 완전히 이해하지 못한다는 것으로 이해할 수 있다. 일중독, 성중독, 쇼핑중독, 사이버중독, 도박중독, 아드레날린중독, 종교중독과 같은 범주의 중독을 모두 숨겨진 중독에 속한다. 이러한 중독 가운데 내부의 물질에 의존하는 것으로는 카페인, 니코틴과 같은 특정 음식도 숨겨진 중독으로 분류할 수 있다. 사회가 이러한 기호의 실체를 간과한다는

---

53 Grant Msrtin / 이금선 역, 『좋은 것도 중독이 될 수 있다』(서울: 생명의 말씀사, 1994), 42; Archibald D. Hart / 윤귀남 역, 『 숨겨진 중독』, 190.

사실이 더 심각한 중독의 유형을 가져온다고 보는 이유이다. 이런 의미에서 숨겨진 중독의 종류는 매우 다양하며 그중 일부는 다음과 같다.[54]

숨겨진 중독의 종류	
논쟁하기, 독서	분노, 일중독
수집하기	종교활동
경쟁	원망
먹기	모험하기
낚시	자기징벌
남의 소문 이야기	가게에서 훔치기
곤궁에 처한 사람 돕기	쇼핑
조깅	고독
거짓말하기	화내기
완전주의	스릴찾기
외설적인 책	생각하기

〈표1-1〉 숨겨진 중독의 종류

숨겨진 중독 유형의 형태인 행위중독은 성중독과 아드레날린중독 중심의 물질중독과의 차이점을 볼 수 있다. 우리는 보통 중독하면 알코올중독과 마약중독과 같은 물질중독을 생각하지만, 아치볼트 하트(Archibald D. Hart)는 잘못된 성의 생각과 관념에 비한다면, 타 중독은 정말 보잘것없는 것이라고 말한다.[55] 그것은 집착을 뛰어넘어 '도착(perversion)' 이라는 심리적 보상의 구조를 이루기 때문이다. 도착은 일반적으로 성인의 성적 행동이라는 관점에서 볼 때, 성적 대상이나 목표의 선택에서 빗나간 것으로 간주되는 병리적 행동을

54 Archibald D. Hart / 윤귀남 역, 『숨겨진 중독』, 27.

55 Ibid., 『숨겨진 중독』(서울: 참 미디어, 997), 173.

가리킨다.

프로이트는 도착 행동에 대해서 건강한 사람의 성생활에도 존재한다는 사실을 인식했으며 특정 환경에서 상당 기간 동안 정상 행동을 대체하거나 정상적 행동과 공존할 수 있다고 한다. 정상적인 성 행동과 병리적인 행동을 명확하게 구분하는 것은 불가능하지만, 정상적이라고 보기에는 너무나 극단적인 성적 일탈 행동들을 지칭한다. 일방적이며 극단적인 성적 행동은 도착으로 묘사되는데 그는(1905) 아동에 대해 갖는 환상과 몰두 안에 성도착의 전조가 있다고 생각했으며, 신경증 환자들의 무의식 안에 도착적인 소망과 환상들이 있다고 본다. 신경증 증상은 부분적으로 도착적 생각에 대한 반응이며 성도착은 어린아이의 리비도 투자가 곧바로 성인의 생활 속에 나타날 때, 유아 성욕이 성공적으로 억압되지 못할 때 발생한다고 가정했다.

이처럼 도착은 특별한 성적 환상, 자위 행위, 성적 기구, 성적 파트너에 대한 특별한 요구 사항들로 특징지어진다. 전형적인 예로는 주물성애(fetishism), 의상 도착증(transvestism), 관음증(voyeurism), 노출증(exhibitionism), 가피학적 성욕(sadomasochism), 소아성애(pedophilia) 등이다. 도착적 성욕은 남근기 이전 시기의 발달과 관련된 불안에서 벗어나 안도감을 제공함으로써, 그것 없이는 도저히 억제될 수 없는 성기적 오르가즘을 말한다. 도착자가 지닌 무의식적 환상의 핵심은 남성과 여성 사이의 해부학적 차이 가운데 내재하는 매력 그리고 성적 특권을 부정하는 것에서 출발한다. 도착의 기능은 복잡한데 그것은 복합적인 요인들에 의해 결정되기 때문이다. 도착은 욕동과 초자아 간의 타협을 형성하는 역할뿐만 아니라 중요한 자아유지 기능을 갖는다. 즉 분리와 거세 불안으로부터 안도감 제공하기, 공격성에 대한 통제, 신체 이미지에 대한 긍정적 지지, 여성적 요소와의 동일시 및 그것에 대한 승리의 표현, 위협적으로 경험되는 대상들의 탈 인격화와 그와 관련된 욕동의 중립화, 현실에서 생긴

틈새 메우기, 우울증과 같은 고통스런 정서로부터의 해방 등을 들 수 있다.[56]

다시 말해서 성중독(性, sex addiction)은 성과 밀접하게 관련된 병리적 행동과의 관계를 말하며 섹스 없이는 단 하루도 참을 수 없는 상태라는 점이다. 이는 시시때때로 찾아오는 성욕을 자제할 수 없는 성적 욕구의 상태인 것이다. 이런 의미에서 성-중독의 매개는 음란물일 수도 있고 진정한 사랑의 관계가 아닌 성을 추구하며 아동을 성적으로 학대하거나 더 나아가 폭행 강간에 이르기도 한다. 성-중독은 일반적으로 심리학과 정신의학에서는 성-도착증 또는 성-도착 장애로 불린다.

결국 성 도착증(Paraphilias)은 대상이나 표현의 장애를 특징으로 한다. 성 도착증은 성적 흥분을 일으키는 요인에 있어 사람이 아닌 대상물 이용을 선호하거나, 성적 수치심이나 고통을 강요하며, 어린이와 같이 동의하지 않는 성적 배우자를 관련시키는 행동 등이 있다. 성 도착증에는 여러 유형이 있다. 노출증(exhibitionism), 주물성애(fetishism), 소아성애증(pedophilia), 의상도착증(transvestic fetishism), 관음증(voyeurism), 성적 가학증(sexual sadism), 성적 피학증(sexual masochism), 접촉도착증(frotteurism), 외설증(telephone & computer scatologia), 온라인 성교(on-line sex(cybersex)), 동물기호증(zoophilia), 시체성애증(necrophilia), 호분증(coprophilia), 관장애증(klismaphilia), 요기애증(trophilia), 불결기호증(mysophilia), 저산소애증(hipoxiphilia), 국소부 편애증(partialism)이 있다.[57]

이와 같은 맥락에서 중독이란 인간 존재를 파괴한다는 측면에서 이해될 수 있다. 그중에서 알코올중독과 약물중독의 경우는 기분 전환에 해당하는 화학물질을 섭취하고 흡입하는 병적인 관계의 유형이라면 성-중독의 경우도 비정

---

56 미국정신분석학회 편 / 이재훈 외 역, 『정신분석용어사전』, 117-119.

57 대한신경정신의학회 편, 『신경정신의학』, 284-285.

상적인 관계와 성적(性的) 사고로 병리적인 관계의 유형을 의미한다고 하겠다. 결국, 중독자는 다양한 관계에서 벗어나 하나의 대상, 물질에 집착함으로써 일어나는 현상인데 성-중독 역시 관계 형성의 실패로 인한 강박관념의 범위라고 생각할 수 있다. 성-중독도 성적 강박관념으로 인하여 인간관계나 사랑을 대신하기 때문이다.[58] 또한 성-중독의 원인으로는 인격발달 과정에서 구순기나 항문기 발달과정에서 고착된 오이디푸스 콤플렉스(아버지에 대한 거세공포)와 어릴 때 받은 성적 폭행 등을 요인으로 볼 수 있으며 큰 범위에서 노출증(exhibitionism), 관음증(voyeurism), 샤디즘(sadism), 마조히즘(masochism)등과 같은 성-중독 유형이 있다.

이 중 가학증(샤디즘, Sadism)은 다른 사람에게 고통과 굴욕을 주는 행동에서 쾌락을 얻는 성적 도착이다. 프로이트는 초기에 이러한 성 중독의 유형에 있어 가학증과 피학증을 성적 본능의 보편적인 구성 요소로 보았다. 가학증과 피학증을 능동성과 수동성 그리고 숙달본능(instinct to mastery)과 연관시켰다. 피학적 성격 안에는 무의식적인 가학적 성향이 존재한다는 점이다. 그러나 의식적으로 심한 신체적 학대, 고문, 강간에 대한 생각을 하는 것은 보통 경계선적 인격이나 정신증의 인격에서만 나타나는 특징이다. 가학증은 원래 자기를 향했던 파괴적인 욕동이 외부 대상에게로 빗나간 것이다.

또한 피학증(마조히즘, Masochism)은 성적 흥분과 만족을 얻기 위해 신체적 고통이나 정신적 고통을 추구하는 성향을 말한다. 성적 배우자로부터 고통과 수치심을 겪으면서 성적 만족을 느끼는 것이다. 피학증은 쾌락의 전제 조건과 원천에 있어 모두 해당된다. 피학적 성도착자는 상상이나 현실에서 상대방이 자신을 때리고, 위협하고, 모욕할 때만 성적 만족감을 얻는다. 피학증은 본능의 한 요소로서 아동기 초기에 가학증과 함께 나타난다. 프로이트는 고통

58 Grant Martin / 이금선 역, 『좋은 것도 중독이 될 수 있다』(서울: 말씀사, 1994), 98.

에도 어느 정도의 쾌락이 포함되어 있으며(성애적 피학증) 약간의 피학증은 심리적 구조의 일부로서 모든 사람이 갖고 있다고 가정한다.[59]

이처럼 성 도착증의 특징은 자아상(Self-image)이 약하며 부인(denial)과 망상(delusion)이라는 신념이 자리 잡고 있다. 이는 내가 하는 행위가 결코 나쁘지 않다는 망상에 빠져 자신의 행위가 다른 사람에게 상처 주는 일이 아니라는 생각에 사로잡혀 있기 때문이다. 이러한 역반응은 알코올 중독자들에게 내성(內城, tolerance)이 생기듯 성-중독자들에게도 더 많은 행위를 필요로 하는 내성이 생긴다는 점에서 매우 심각함을 알 수 있다. 성-중독자들은 자신들이 받지 못한 돌봄을 목말라한다는 특징을 볼 수 있다. 이러한 이유로 성-중독자들은 그 자리를 대신할 사람을 찾아 헤매며 허전함을 메우기 위해 더욱 사람을 의존하게 되는데 이것이 바로 동반의존성(codependency)이라는 중독의 요인을 낳고 집착하는 이유이다. 성-중독자들은 의외로 성에 대해 제대로 아는 것이 없다. 성에 대한 잘못된 인식으로 인해 성-정체성(sexuality)에 대해 부정적 견해를 갖고 있는 것이다.[60]

이제 또 하나의 숨겨진 중독의 유형은 아드레날린(adrenalin, 조급증)중독으로 어떠한 목표를 이루고자 하는 방법적 시각에서 신체가 행하는 가장 강력하고 자연적인 자극 흥분제라 할 수 있다. 아드레날린 호르몬이란 카테콜라민이(catecholamine)라고 알려져 있는 신체 스트레스에 대한 호르몬이 주 성분이며, 아드레날린 중독은 응급상황에서 싸울 것인가 도망갈 것인가를 결정하는 것과 관련이 있다. 아드레날린 호르몬은 좋은 소식과 나쁜 소식의 두 가지 힘을 가지고 있다.[61] 먼저 좋은 소식은 위협을 받거나 위기상황에서 인체는 엄

---

59 미국정신분석학회 편 / 이재훈 외 역, 『정신분석용어사전』, 20-21.

60 Archibald D. Hart / 윤귀남 역, 『숨겨진 중독』, 194-200.

61 Ibid., 201-202.

청난 인내와 뛰어난 용기를 발휘해 상황을 극복하고 위기를 헤쳐 나가는 좋은 아드레날린 호르몬 물질을 배출한다는 것이다.

반면 나쁜 소식은 일상생활 가운데 아드레날린을 불러내는 생활양식으로 발전시킨다는 것이다. 이는 위급한 상황 가운데 파괴적으로 활동하는 것을 의미하는데 이는 신체의 지방 순환이 증가하여 심장 질환의 위험을 높이고 위장의 순환기관 역시 원활하지 못하게 만들어 소화기관에 문제를 일으키기 때문이다. 아드레날린 호르몬은 어려운 위기 상황에서 우리 생명을 보존시키게 할 수도 있으며, 남용하고 오용하게 될 경우 생명에 지장을 줄 수도 있다. 아드레날린 중독은 황홀감에 도취하여 그것을 찾을 때 신체가 다른 자극적인 약물이나 물질에 흡입되는 것처럼 높은 수준의 흥분에 적응되어 중독의 욕구가 따르며 부인(否認)이나 의존성을 통제하지 못하는 내성으로 인해 결과적으로 금단증상을 가져온다.

> 아드레날린의 금단증상의 징조는 어떤 것인가? 무엇인가를 하고자 하는 강박충동이며 아직 미치지 않은 일에 대한 강박관념이다. 애매한 죄책감과, 경한 혹은 중간 정도의 우울증을 보이며, 안절부절하지 못해 어쩔 줄 모르고, 이리저리 걷고, 다리를 차올리며, 손가락을 두드리며, 빠르게 껌을 씹고, 초조감과 짜증을 나타낸다.[62]

이처럼 아드레날린(adrenalin)이라는 호르몬은 현대문명의 유행병이라 할 수 있는 조급증의 결과이자 원인이다. 아드레날린중독은 성격상의 변화를 일으키기도 한다. 잦은 분노도 참지 못하며 시간에 대한 조급함을 강화시켜 안절부절 하지 못하게 만든다. 이는 성급한 마음과 몸의 동기가 뇌세포와 호르몬 근육을 통해 나타나는 욕구라고 볼 수 있다. 이러한 욕구는 마음 속에, 죄

---

62 Ibid., 206-207.

라는 욕구가 발동하여 정신과 신체적인 움직임 가운데 죄악된 행동으로 나타나는 것이다. 무엇보다도 우리의 내적 평안을 만들어 내는 것은 아드레날린 없이 이루어지는 것인데 이러한 호르몬의 과다사용은 숨겨진 내적 욕구에 대한 외적 분출의 욕구로 볼 수 있다.

> 중독증은 우리가 삶의 현실을 직면할 수 없을 때 일어난다. 긴장, 문제들, 걱정이 너무 커져서 감당할 수 없을 때 우리는 이를 벗어나는 방법을 찾고 거기에 대한 중독을 발전시킨다. 불행하게도 현실로부터의 도피는 단지 순간적이고 우리는 다시 추악한 현실을 접하게 된다.[63]

여러 유형의 중독을 치료적 관점에서 용어를 정의하기는 쉽지 않다. 그것은 우리 일상생활 전반과 사회 문화적 배경안에 깊이 침투해 있다. 더구나 이러한 중독은 정신장애의 진단입문서(Diagnostic Manual Mental Disorder)에 병명이 나와 있지 않다는 점에서 그 수위의 심각성을 이해할 수 있다.[64] 이러한 중독은 기본적인 동기나 속도, 신체적, 정서적 손상의 정도나 수용하는 정도 등 그 밖의 요인들로 볼 때 매우 다양하다고 볼 수 있다. 하지만 중독의 유형에서 분류되는 물질중독, 과정중독, 숨겨진 중독을 연결시키는 개념의 통합은 일치한다는 것을 알 수 있다. 그것은 우리 생활 가운데 존재하며 현실을 도피하여 쾌락만족을 얻는다고 볼 수 있기 때문이다.

---

63 Ibid., 220.

64 Archibald D. Hart / 윤귀남 역, 『숨겨진 중독』, 22-24.

제 4 장

중독의 원인적 요인

중독의 원인은 여러 요인에서 이해될 수 있다. 그것은 개인에서 시작하여 사회적 신체적 정서적 생물학적인 부분에까지 여러 다양한 유전적 원인에서 이유를 찾을 수 있기 때문이다. 이제는 중독의 여러 요인 중 생물학적이고 심리적인 원인을 고찰하여 정신분석적인 대상관계로의 접근을 살펴보고자 한다.

I. 유전적 요인

알코올이나 약물과 같은 물질들은 인간의 내적인 감정뿐만 아니라 외적으로 관찰되는 행동에도 영향을 미친다. 이것은 물질사용으로 인한 원인이 뚜렷히 밝혀지지 않은 정신분열병(schizophrenia)이나 정동장애(emotion disorder)와 같은 이상 증상을 가져오기 때문이다. 다만 정신분열병(Schizophrenia)이 하나의 원인에 의한 단일 질환인지 여러 요인에 의해 야기되는 증후군인지 아직 확실하지는 않으나 뇌의 질환이라는 점에서는 어느 정도 의견이 일치하며 심리적, 사회적 요인이 발병과 경과에 중요한 역할을 한다는 점에서 질환의 원인과 병태 생리가 매우 복합적이라고 볼 수 있다. 이러는 요인은 술, 담배, 기타 물질을 남용하는 경향이 높기 때문이라고 볼 수 있다.

전술한 것과 관련된 이들은 우울한 기분이나 항정신성 약물의 부작용을 줄이기 위해 혹은 의욕과 즐거움을 되찾기 위해 약물을 남용한다. 이들은 병전인격(premorbid personality)이 비정상적인 경우가 많으며 병전에 분열성 인격특성(schizoid trait)을 보이거나 인격장애의 특성을 보인다. 발병 전 사회적응능력이 빈약한 것은 조기발병, 전반적인 예후 불량, 음성증상, 인지결손 그리고 발병 후의 빈약한 사회기능과 상관관계가 있다.[65]

그런 의미에서 물질사용은 정신질환과의 연관성을 무시할 수 없다. 물질중

---

65 대한신경의학회 편, 『신경정신의학』, 415.

독의 정확한 원인은 아직 밝혀지지 않았으나 유사한 상호작용으로 나타나는 생물학적, 유전학적, 사회학적인 다중 요인이라고 대한신경의학회는 밝히고 있다.

우리나라는 1960대부터 강력한 마약류의 물질사용을 통제해 왔다. 1960년대에 아편, 1970년대에 대마, 1980년대에 향정신성의약품, 1990년대에 복합물질, 코카인, LSD, 날부핀 등이 많은 사회적 문제를 일으켜 통제를 받았다. 청소년의 경우에는 덱스트로메토판, 지페프롤, 흡입제인 본드나 부탄 등이 큰 문제를 야기하고 있다.[66]

최근 물질을 포함한 약물 남용과 의존으로 인한 사회문제가 크게 대두되고 있는 실정이다. 니코틴에 대한 각성과 금연에 대한 관심으로 흡연율은 줄어가고 있는 추세이나 물질(알코올)의 소비는 줄지 않고 있으며 이로 인한 음주문제 즉 폭력과 사고, 음주운전, 가정파괴 등의 문제가 심각하게 드러나고 있다.

II. 정신분석과 대상관계적 요인

정신분석적 요인으로는 과도하게 처벌적인 초자아와 구강기 고착이 있을 수 있고 이 같은 무의식적인 갈등의 해소를 위해 중독이 발병한다고 볼 수 있다. 이러한 행동의 원인 및 학습요인으로 가족 음주 습관이 소아의 일상생활에 영향을 주고 있다고 본다. 중독자들이 안고 있는 가족력은 정신역동적 요인에서는 흡사 자위행위와 유사하며 동성애적 충동에 대한 방어 또는 구강기 공격성의 표현으로 본다. 이런 것의 행동요인으로는 물질 추구에 초점을 두고 있는

66 Ibid., 452.

것이다.[67]

더욱이 후기 정신분석 이론인 대상관계 이론에서는 이상화된 부모원상과 과대자기(Grandiso Self)의 부실로 바라본다. 대상관계 이론(Object Relation The- ory)에서 대상이란 바깥으로부터 획득한 마음의 요소들을 말한다. 다른 사람의 기능 측면들이 내재화된 것이라는 가정을 바탕으로 한 심리학적 설명 체계를 말한다. 이 모델은 내재화된 다양한 요소들 사이의 관계라는 측면에서 마음의 기능을 설명하는 이론으로 ① 관계를 형성하고자 하는 동기가 존재한다는 이론, ② 유아기의 원시적인 관계 맺기로부터 성인의 복잡한 정신 기능과 관계능력에 이르기까지 발달 과정이 존재한다는 이론, ③ 개인의 고유한 특성을 결정짓는 관계의 구조적 측면 또는 지속성을 지닌 고유한 관계 유형에 관한 이론 등을 포함한다. 클라인(Klein), 페어베언(Fairbairn), 위니캇(Winnicott), 발린트(Balint) 등이 연구에 선구적인 역할을 했으며, 이들의 대상관계 이론은 영국학파를 형성하였다. 이외에도 컨버그(Kernberg), 뢰발트(Loewald), 마이쓰너(Meissner), 모델(Modell), 세이퍼(Schafer), 스톨로로우(Stolorow), 코헛(Kohut), 샌들러(Sandler) 등이 대상관계 이론의 발달에 크게 기여했다. 이러한 이론은 자아발달에 대상이 영향력을 미친다는 사실에 대한 프로이트의 관찰로부터 나왔으며, 일부 이론가들, 특히 컨버그는 대상관계 이론의 다양한 측면들을 고전적 프로이트 이론과 통합시키려 하였다.[68]

대상관계 이론에 비추어 볼 때 과대자기(Grandioso Self, 자기애적 자기)는 과대적이고, 과시적 자기애는 대상과의 경험을 수정하지 못한 채 자존감이 박탈된 자아를 말하며 자기애적 리비도를 초기 자기에게 투자하여 형성하는 것으로 과대적, 과시적 욕구를 대상이 충족시켜 줄 것을 기대한다(난 완전하다).

---

67 Ibid., 453-455.

68 미국정신분석학회 편, 『정신분석 용어사전』, 113-114.

이때 부모의 기능은 찬사와 인정을 받으려는 아이의 욕구를 반영(mirror)해 줌으로써 아이의 자존감을 받쳐 주는 것이다. 이상화된 부모원상(Idealized parental imago)에서 이상화하는 자기애는 대상과의 경험을 통해 내재화되지 않아 대상에 대한 외상적 실망을 하게 되어 이상화가 약화되는 경우이다. 이상화된 부모원상은 자기애적 리비도의 일부를 부모를 이상화하는데 투자하는 것으로 아이는 부모를 타자로 인식하는가 하면 때로는 자신과 융합된 상태로 느낀다. 이 둘 사이를 왕복하면서 이상화된 부모원상을 형성하는(너는 완전하다, 나는 너의 일부다) 것으로 아이의 행복감을 지탱시켜 주는 수단이다.

병리적 자기애는 두 종류로 구분되는데, 자기애적 성격장애, 자기애적 행동장애이다. 즉 아이가 과대자기(Grandiose self), 과시적 욕구와 이상화 욕구에 대해 최적의 좌절(Optimal frustration)을 경험하지 못하면 치욕으로 경험되고 그 결과 과대자기나 이상화된 부모원상(Idealized parental image)의 발달이 정지되어 중독의 원인이 발생한다는 사실이다. 이때 최적의 좌절은 외부 대상이 주는 상실감이나 실망감의 강도가 한 개인이 가지고 있는 정서적 능력에 비추어 압도당하지 않을 만큼 안전하게 체험할 정도로 주어지는 것을 의미한다.[69]

> 하인즈 코헛에 의하면 자기의 뿌리(rudimentary)는 인생 초기에 나타난다. 이것은 유아가 실질적인 자기를 가지고 있다는 것을 의미하지 않고 유아가 자기를 느낄 수 있을 정도의 능력을 가지고 있다는 것을 의미한다. 코헛이 말하는 자기는 선천적으로 자기애적(narcissistic)이다.[70]

코헛이 말하는 자기는 근본적인 자기 도취상태에서 시작하여 성장하면서

69 Allen M. Siegel / 권명수 역, 『하인즈 코헛과 자기 심리학』, 328.

70 김병오, 『중독을 치유하는 영성』(서울: 대서, 2009), 61-62.

두 가지 기본적인 자기애적 구조물들(two basic narcissistic configu-rations)을 가지게 된다. 하나는 과대자기(grandiose self)이며, 다른 하나는 이상화된 부모원상(idealized parent imago)이다. 대상과의 관계를 중요시하는 대상관계적인 원인에서는 자아가 관계본능을 갖는다는 점이 중요시되었다. 이것은 프로이트가 무의식의 본능을 중요시한 것과는 대조되는 것이다. 프로이트의 시각은 의식에서 문제되는 것이 무의식, 특히 성본능에 그 원인이 있다고 보는 것인 반면에, 대상관계에서는 자아의 관계본능이 중요하게 작용한다는 점을 강조하고 있기 때문이다. 이런 것은 후기 정신분석학이 프로이트의 정신분석학을 계승하고 있는지에 대해서 전환점을 이루었다고 보아야 할 부분이다.

III. 생물학적 요인

뇌의 병변현상으로 인한 발병으로 보는 생물학적 요인에 따른 중독은 중독의 증상이 전혀 다른 것이 아니라 한 가지 현상에서 여러 가지 가능성이 나타난다. 주식중독, 도박중독, 게임중독에 빠진 이들은 다른 중독에도 쉽게 빠진다는 점에서다. 이러한 중독에 쉽게 노출되는 이들은 보통 뇌의 생리학적 병변인 중독현상으로 시상하부와 편도핵 등에 속한 변연계의 이상이 원인이다. 뇌에서 방출되는 도파민, 베타 앤돌핀 등의 쾌락과 진통을 맡는 시스템에 문제가 생긴 점이다. 이러한 증상을 가진 대상들은 뇌손상, 유아기 때의 경련, 두부손상, 뇌염 등의 병력으로 독성 물질인 술이 유발인자로 작용할 때 뇌에서 세로토닌 신경전달이 축소된 상태이다. 생물학적 연구에 따르면 뇌척수액 내의 낮은 수치가 공격을 받아 뇌에 충동적 작용으로 연결되기 때문이다.[71]

중독의 생물학적 원인에 있어 중요한 부분은 생화학과 약리학에 기초를 두

---

71 D. H. Stein, E. Hollander, M. R. Libowitz, *Neurobiology of impulsivity and impulse control disorders*(1993), 34-36.

고 있다.[72] 이러한 약물 남용은 유전된다는 연구도 있다는 점에서 약물 남용에 쉽게 빠지는 취약한 체질적인 소인도 관련이 깊다. 약물로 인한 구타, 학대 등 물리적으로 취약한 환경 가운데 성장한 경우 이러한 장애를 입을 가능성이 많으며 사회적 자극과도 일정 부분 연관이 되어 자신의 생활환경과는 관계없이 정신사회적 취약성에 노출되기 때문이다.[73] 약물남용은 신체 내로 쉽게 흡수되며 뇌로 빨리 전달된다. 또한 단백질 결합이 낮고 약물학적인 활성도가 크다는 점을 들 수 있다.

신경화학적 요인으로는 알코올을 제외한 대부분의 남용물질에는 그들이 작용하는 특정 신경전달물질과 수용체가 있다. 이들은 아편양 제제, 도파민, GABA, 세로토닌 등이다. 설치류에서 두개 내 자가 전기 자극 연구를 통해 약물의존의 동기 측면과 약물 보상에 관계하는 주요 구조물이 밝혀졌는데, 이들은 배쪽 외피지역(ventral tegmental area(VTA))정중전뇌다발(median forebrain bundle(MFB))측 중격핵(nucleus accumbens),안쪽 전두피질(medial frontal cortex), 편도(amygdala), 외측시상하부(lateral hypothalamus)가 포함된다. 이런 수용체 특이 반응은 측 중격핵내의 서로 다른 세포에 대한 도파민 활성의 결과이다. 현재 중독은 변연계를 포함하는 기억 담당 체계의 잘못된 적응방시에 의해 매개되는 학습의 형태로 생각된다.[74]

중독의 주요 요인인 충동은 생물학적 원인을 조절하지 못하여 일어나는 것

---

72 D. H. Stein, E. Hollander, M. R. Liowitz, "Neurobiology of Impulsivity and Impulse Control Disorder", *J Neuropsychiary,* 5(1993), 9-15.

73 E. Gardner, *Brain Reward Mechanism, in Substance Abuse, A Comprehensive Textbook* by J. H. Lowinson et al., 2nd ed. (Baltimore Williams and Willkins, 1992), 112-114; J. Frosch, *The relationship between acting out and disorders of impulse control, Psychiatry,* 40(1997), 123-125.

74 대한신경의학회 편, 『신경정신의학』, 453.

으로 볼 수 있다. 이러한 충동조절은 내면의 욕구에서 일어나는 현상으로 욕망을 스스로 억제하지 못해 일어나는 유발요인이다.[75]

이상에서 우리는 중독에 대해 탐구하였다. 중독이 무엇인가에 대한 기초적인 이해, 중독의 특징적인 이해, 중독의 내용적인 이해, 중독의 원인적인 이해였다. 중독의 기초적인 이해에서는 중독이란 쉽게 그만둘 수 없는 습관적인 특성이라는 점이 드러났다. 중독의 특징적인 이해에서는 중독의 본질적인 요인과 특징적인 요인이 중시되었으며, 중독의 내용적 이해에서는 중독의 유형별 내용을 살펴보았다. 또한 중독의 원인적 이해에서는 유전적 정신분석적 대상관계적 생물학적 원인에서 중독의 원인을 이해했다.

---

75 I. H. Kaplan & B. J. Sadock, *Comprehensive Textbook of Psychiatry* (Baltimore: Williams & Willkins 1989), 45-47.

Understanding of Religious Addiction

02

종교중독의 이해와 문제

제1부에서는 우리는 중독의 기초 개념에 대해서 알아보았다. 중독의 내용에는 물질중독을 비롯하여 행위중독, 과정중독, 숨겨진 중독에 이르기까지 다양한 중독의 범위를 확인할 수 있었다. 우리는 중독의 여러 유형들이 다양한 형태로 나타나 대상에 예속되는 속박을 피할 수 없음도 알게 되었다. 더구나 이러한 중독의 증상요인은 정신병리의 현상으로 나타나는데 이는 중독에 빠지면 계속해서 빠져나올 수 없는 중독성 때문에 다른 물질이나 대상에도 전이되어 중독증을 발병하는 습관적 탐닉에 몰두하는 쾌락시스템에 문제가 생기는 경우임도 알게 되었다. 이런 일반적인 중독을 기초로 2장에서는 종교중독에 대한 접근을 시도한다.

제 5 장

종교중독의 이론적 이해

중독증이란 자신의 의지로는 해결할 수 없는 의존상태가 진행되어 의지력의 상실을 초래하게 되며, 파괴적인 왜곡을 등장시켜 의지력의 상실과 자기기만에붙들려 인간관계에 왜곡을 초래한다.[1] 그리하여 그들의 빈 마음에 전능의 대상을 만들어 채우는 종교중독이 시작된다.[2] 이러한 유형은 성격장애의 부분인 자아분열 성향을 띠게 되어 역기능적 현상이나 양극화된 자아도취로 나아간다.

확실히 중독증은 수동적인 성격, 의존적인 성격 등의 특성을 초래하게 된다고 볼 수 있다. 그것은 중독에 대한 행동은 감정, 행위 물질에 속박당하므로 특정행위와 특정한 대상에 대한 갈망이 넘쳐 생활에 위기를 초래하게 된다는 점이다.[3] 이로써 우리는 종교중독에 대한 이해에서 인간의 속성, 본성에 대한 기본적인 특성을 간과할 수 없게 된다.

이처럼 종교중독 이해에 따라오는 문제들은 뇌의 자극에 있어 쾌락시스템이 침묵할 때에는 조용히 있지만 특정 자극에 불이 켜지면 멈출 수 없을 정도로 많은 양의 쾌락물질을 내보내 만족시킨다는 것이다. 유발원인은 뇌 구조의 부실한 회로가 한번 적응하면 뗄 수 없는 쾌락물질의 강한 중독성으로 이해될 수 있다.[4]

---

1 D. H. Stein, E. Hoollander, M. R. Libowitz, Neurobiolgy of impulsivity and impulse control disorder, *J. Neuropsychiatry, 5* (1993), 34-36.

2 R. Greenson, "On Gambling," American Imago, 4(1987), 61-77, Cited by T. Galski(1987), *Handbook of Pathological Gambling* (Springfield, Illinois: Charles C. Thomas Publisher, 1947), 145-149.

3 H. R. Lsieur, "Cumpulsive gambling," Society, 29(1992), 43-50, Cited by R. Ladouceur & R. Walker, "A Cognitive Perspective on Gambling," in P. M. Salkoskis (ed), *Trends in Cognitive and Behavioral Therapies* (New York: John Wiley & Sons Ltd, 1992), 89-120.

4 R. Ladouceur and C. Mireault, "Gambling Behaviors among High School Students in the Quebec Area," *Journal Gambling Behavior* Vol 4(1998), 128; D. H. Stein, E. Hoollander, M. R. *Libowitz, Neurobiolgy of Impulsivity and Impulse Control Disorder*(1993), 34-36; I. Kusyszyn, "Existence, Effectance, Esteem: From Gambling to a New Theory of Human Motivation," *International Journal of the Addiction,* 25(1990), 159-177.

Ⅰ. 종교중독의 이론적 정의

종교중독(religious addiction)은 정신장애진단통계편람 DSM-IV에 기록되지 않은 숨겨진 질병이다. 그럼에도 불구하고 종교중독은 우리 주변으로 확대되어가고 있는 병이다. 이는 분명히 나와 가족과 이웃에게 해악을 끼치는 중독이기에 주요 증상을 토대로 삶에 미치는 역동성을 전제로 진단하고 회복 과정까지도 살펴야 할 심각한 심리적 장애이다.

종교중독이라는 진단명이 우리에게 알려진 것은 그리 오래 되지 않았다. 일반인들에게 종교중독이라는 세계를 알리고 그 위험을 소개한 사람은 부쓰(Father Leo. Booth)이다. 그는 저서 『When God Becomes a Drug』을 통하여 중독으로 변질된 종교의 위험을 알리고 종교중독의 치료적 관점과 모색을 제안하고 있다.

> 종교중독은 일련의 가르침을 절대적으로, 의심의 여지없이, 무비판적으로 받아들이는데서 비롯된다. 이러한 토대 위에, 하나님의 이름으로 남용이 저질러진다. 그 주요한 요소들은 두려움, 수치, 권력, 그리고 통제이다. 종교가 무엇이든 간에, 혹은 신앙체계가 어떻든 간에, 두려움과 수치는 권력과 통제를 원하는 자들에 의해 조작된다. 이러한 남용들은 기본적인 성서나 성전(聖典)을 바꾸거나 왜곡하는 것까지도 포함한다.[5]

부쓰는 실제로 자신의 중독된 삶을 토대로, 성도들의 역기능적인 신앙생활이 알코올중독처럼, 종교중독이라는 매우 심각한 결과를 낳아 삶을 황폐화시킬 수 있음을 알리고 있다.

---

5 Father Leo. Booth, *When God Becomes a Drug: Understanding Religious Addiction & Religious Abuse* (Long Beach: SCP Limited, 1998), 24-25.

모든 사회에서 종교가 하는 역할을 설명하면서, 프롬(E. Fromm)은 종교가 태생적으로 혹은 지배 계층에 의해 비롯된 궁핍을 보상하기 위해 종종 사용된다고 말하며, 종교가 사회통제를 위한 수단으로 사용된다고 말한다. 종교는 그러한 궁핍을 보상해 주는 몽상적인 만족, 즉 욕망이 충족되는 정신적 혹은 정서적 이미지를 제공한다. 더욱이 종교, 즉 몽상적인 만족은 모든 마약에 공통적인 이중적 기능을 지녀서, 진통제이자 현실의 능동적 변화에 대한 방해물로서의 역할을 한다고 한다.[6]

전문가들은 우리의 삶을 위협하는 종교중독을 어떻게 정의 내리고 있는가? 기독교적 입장에서 김성민은 『생명의 의미와 새로운 그리스도』에서 종교 중독을 신앙중독으로 표현했다. 기독교에서 종교중독이란 신을 섬기지 않고, 성경이나 기독교 안에서 활동이나 교리 등 신 이외의 것에 집착하는 것을 종교중독이라 말하고 있다. 이들은 겉으로 보기에는 신앙이 독실한 것 같고, 기독교 공동체 안에서 헌신하는 것 같으나 다른 사람에 대해 비판과 정죄가 많고 문제를 발생시켜 신의 자리에 자기 자신이 있는 것처럼 객관화한다는 사실이다.[7]

이와 관련하여 밴더헤이던(Patricia Anne. Vanderheyden)은 종교중독에 빠진 중독자들은 완고하기 때문에 오직 실천과 봉사를 통해 자신의 자존감을 발견한다고 한다. 그들의 이러한 행위들은 고통으로부터 회피하고 싶은 결과물이다.[8]

종교중독의 핵심은 삶의 고통으로부터 '회피하는데' (escape from)에 있다고 말한다.

---

6 Ibid., 26-27.

7 김성민, 『생명의 의미와 새로운 그리스도』(서울: 다산 글방, 2004), 242.

8 Patricia Anne. Vanderheyden, "Religious Addiction: The Subtle Destruction of the Soul," *Pastoral psychology* Vol. 47(1999), 294.

이들은 회피하고자 하는 대상이란 삶의 고통과 견디기 힘든 정서다고 말한다. 결국 종교중독자들은 과거, 현재, 미래를 직면하는 것을 공포로 여겨 도피처를 찾아가는 것으로 어떠한 진실에서 탈출하는 것이다고 한다.[9]

이와 더불어 테일러(Cheryl Zerbe. Taylor)는 종교중독은 최근에서야 인식하기 시작한 질병이며 종교중독은 전 연령에 걸친 인간성 파괴현상으로 강박관념과 손상을 가져오는 효과를 가지고 있다고 말한다. 그는 종교중독이 행동장애에서 나온 수많은 특징들을 다른 중독과 함께 공유한다고 말한다.[10]

종교적 중독은 다른 중독과 마찬가지로 고통스러운 현실과 감정들로부터 벗어나게 해준다. 그러나 탈출의 수단으로 종교를 사용함으로써 그 중독은 건강하지 않은 독실함으로 발전한다. 엄격한 믿음 시스템 때문에 가족 구성원들의 오용은 언제나 정기적으로 일어난다. 그 결과 종교중독은 약물오남용과 알코올중독과 같이 파괴적인 손상을 줄 수 있다.[11]

또한 종교중독의 선구자 역할을 하는 스티븐 아터번과 잭 펠톤(Stephen Arterburn & Jack Felton)은 Toxic Faith에서 종교중독에 대한 해로운 믿음을 몇 가지 소개하고 있다. 그는 해로운 믿음이란 “신과의 관계보다는 개인의 삶을 통제하는 종교적 행위에 파괴적이고 위험할 정도로 몰두” 한다는 점이다.

해로운 믿음은 신과 진정한 관계를 통해서 이루어질 수 있는 영적인 모조품이다. 해

---

9 esape는 ‘도망하다’ 라는 뜻을 가지고 있으나 여기에서는 ‘회피하다’ 라는 뜻으로 표현한다.

10 Cheryl Zerbe. Taylor, “Religious Addiction: Obsession with Spirituality,” *Pastoral Psychology* Vol 50(2002/4), 291-292.

11 Ibid., 292.

로운 믿음을 가진 자들은 언제나 신을 대체하는 무엇인가를 찾는다. 신이 어떤 분인가 보다는 그들이 어떻게 보는가가 훨씬 더 중요하게 된다.[12]

위의 내용에서 알 수 있듯이 종교중독자들은 진정한 신앙을 갖지 못하고 신을 다른 것으로 대체한다. 그리하여 그들은 자신뿐만 아니라 가족과 이웃에게까지 종교라는 이름으로 학대한다. 더 나아가 잘못된 믿음, 해로운 믿음은 현실로부터 도피, 자신의 책임을 전가하는 책임으로부터의 회피를 만드는 위험한 요인이 된다. 특히 해로운 믿음은 자신들이 믿는 신이나 믿음을 자신의 권위를 조장하기 위해 내세우며 조작한다. 신의 자리에 죄악된 사물이나 조건을 내세워 신의 섭리라고 조작하는 행위를 하거나 집착하는 중독적인 종교 행위가 이어진다.

이처럼 그들은 진정한 신앙을 갖지 못하고 종교의 권위와 교리를 통해 더욱 병리적인 증상으로 이행된다. 그것은 종교의 잘못된 가르침과 권위의식으로 인해 타인을 정죄하게 되어 더욱 고무적이며 억압적인 병폐에 빠져들기 때문이다. 특히 종교 활동에서 죄책감으로 인해 느끼는 상실감은 생각보다 심각하다. 죄의식을 불러 일으켜서 교인들을 조작하고 통제하려는 숨은 정서가 교묘하게 유발되기 때문이다. 이러한 정서들은 신 앞에서 무능하고 보잘것없는 존재임을 강조하는 종교중독자로 나아가는 왜곡된 원인이 될 수 있다.[13]

사실 이들에게 나타나는 융통성 없는 엄격함, 꼼꼼함은 의례적인 행위에 무게를 담기 때문에 종교중독자로 나아가는 길이 된다. 이들은 종교의 의례적인 행위 즉 제의 자체에 대해 초점을 맞추기에 더욱 그렇다고 볼 수 있다. 특히 종교중독에서 볼 수 있는 강박적 성격의 완고함(Rigidity)은 비판적이고 부정적

---

12 Stephen Arterburn & Jack Felton, *Toxic Fith: Understanding and Overcoming Religious Addiction* (Colorado: Water Brook Press, 2013), 47-48.

13 Ibid., 20, 47-48.

이며, 다른 사람의 의견을 받아들이지 않는 경향을 띄는데 이는 강박적 성격의 사람이 완고함을 특징으로 하기 때문이다. 또 한 가지 이들에게서 나타나는 강박적 성격은 이러한 제의 자체가 습관이 될 때 프로이트가 비판했던 행동으로 강박장애로 나타남을 알 수 있다. 우리는 이것을 강박관념을 가진 강박적인 종교인이라 말하며 강박 장애(obsessive compulsive disorder)증상으로 변모되는 우를 범하게 된다.[14]

> 강박적 성격 구조는 프로이트가 말한 대로 질서정연하고 고집이 세고 인색하다. 피에르 자네(Pierre Janet, 1859-1947)이 말한 대로 이런 사람은 완고하고 융통성이 적고 적응력이 부족하고 지나치게 양심적이며 질서와 징계를 좋아하고 과도한 장애물 앞에서도 변함이 없다. 스트레스 혹은 과도한 고통이 있는 환경에서 이런 성격의 특징은 의식적으로 반복되는 증상행동(symptomatic behavior)으로 정형화되는 것이 특징이다.[15]

더 나아가 종교중독의 증상 중 강박적 성격장애 가운데 나타나는 네 가지 불안 요소는 시간과 관계, 불결 그리고 금전의 문제이다. 성격장애를 가진 강박적인 자들은 네 가지 문제를 중심으로 불안해하며, 생활하는 데 감정의 불편을 경험하여 강박사고와 강박행동으로 인한 내적 고통을 경험하고, 관계에서의 갈등으로 어려움을 겪는다. 부쓰는 강박관념에 사로잡힌 행동에 대해 고려해야 할 감정과 결과에 대해 다음과 같이 말한다.[16]

---

14 하재성, 『강박적인 그리스도인』(서울: 이레서원, 2009), 61-62. Cheryl Zerbe Taylor, "Religious Addiction: Obsession with Spirituality," *Pastoral Psychology* Vol. 50(2002/4), 297.

15 Mc Williams, *Psychoanalytic Diagnosis,* 280-281.

16 권준수 외, 『강박증의 통합적 이해』(서울: 학지사, 2010), 45-49; Father Leo. Booth, *When God Becomes a Drug: Understanding Religious Addiction & Religious Abuse,* 152.

강박관념에 사로잡힌 행동	고려해야 할 감정	결 과
성경 인용	두려움, 적절성	분노, 격리, 무효
부흥집회에 고정적으로 출석	외로움, 열등감	가족의 분리, 소진, 분노
과도한 헌금	통제, 불충분한 감정, 두려움	금융변형, 파산, 죄의식, 수치심, 가족들로부터 거부
분노, 자신의 의로운 판단 만을 중시	완벽주의, 성적 혼란, 수치심, 죄책감	격리, 거부, 수치, 공포, 외로움

〈표1-2〉 강박관념에 사로잡힌 행동

부쓰는 종교중독으로 가는 과정에서 공포(fear)와 수치심(shame)이라는 재료가 반드시 포함되는데 이러한 정서들은 권력(power)과 통제(control)라는 싸이클에 의한 톱니바퀴처럼 조작된다는 것이다. 종교중독에 매몰된 종교중독자들은 종교단체의 가르침에 절대적 복종을 따르는 추임새를 나타내며 무비판적인 절대적 순종의 이견이 없는 수용을 기초로 전제한다고 말한다. 이들은 종교의 교리와 성서에 대한 종교중독자들의 혼란을 유발하여 통제력을 확보하는 수단의 도구로 삼게 된다는 점이다.

이 때 나타나는 수치심(shame)은 거부되고, 조롱당하고 노출되고, 다른 사람으로부터 존중받지 못한다는 고통스런 정서를 가리키는 것으로 당혹스러움, 굴욕감, 치욕, 불명예 등이 포함된다. 이들에게서 볼 수 있는 수치심의 발생에는 초기에 누군가에게 보여지고, 노출되고, 경멸받는 경험들이 주요한 역할을 한다. 수치심은 노출하고 싶은 소망이 외부 세계 또는 초자아에 의해 거절받을 것이라는 예감과 관련된 정서적 신호라는 점에서 불안을 포함한다. 수치심은 또한 노출하고 싶은 소망에 대한 방어를 나타내며, 이는 자신의 부적절한 행동이 거절 될 것이라는 예상을 바탕으로 한다. 이것은 자존감을 유지하기 위해 모든 노출을 꺼리는 성격 특질을 형성할 수도 있다. 수치심 정서를 방어하는 데 사용되는 중요한 방법들은 자기 자신을 대신하여 다른 사람들에게 경멸과 조롱을 보이는 것과 그런 정서에 도전하고, 분노하고 멸시하는 것들이다. 오만함, 거만함 그리고 철수하는 태도들은 수치심에 대한 반동형성이다. 뻰뻰스러움(shamelessness)은 수치심의 부재라기보다는 수치심에 대한 방어이다. 무의식적 수치심은 부정적 치료 관계 안에서 나타날 수 있는데 이때 모든 성공은 자기경멸과 굴욕감 그리고 좌절에 의해 보상되는 경향이 있음을 알 수 있다.[17]

II. 종교중독의 위기

종교중독의 위기는 종교적인 행위를 통해서 얻어지는 결과물보다는 종교라는 거룩한 종교적 성격을 이용하여 자신의 종교적 행위나 노력을 우상시하는 데 있다. 현실에서 이루지 못한 성공욕구, 인정욕구, 행복욕구를 자신의 존재(being)와 신념(belief)이라는 공식 위에 올려놓고 이것이 진짜인 것처럼 내가 신과 친밀하고 동행한다는 망상적 발로로 시작된다.

이러한 망상적 발로는 중독의 일반적인 이해에서 본 것처럼 지속성의 여부에 있다. 자신이 만들어 놓은 존재라는 가치 위에 의례적인 행위를 지속함으로 스스로 거룩함을 나타내 보이려는 욕구에 대한 방어기제이다. 이러한 욕구는 보상심리를 유발하여 내면에 결벽증을 동반하게 되면서 집착증이라는 병독을 만들어 낸다. 그렇다고 위기에 빠진 자들이 누구든 자신 스스로를 종교중독자라 말하지는 않는다.[18] 이와 같이 종교중독자들에게 나타나는 종교중

---

17 미국정신분석학회 편 / 이재훈 외 역, 『정신분석 용어사전』, 237-238; H. Vande Kemp, "Dynamic Psychology," *Dictionary of Pastoral Care and Counseling* (Nashville: Abingdon Press, 1990), 430; Father Leo. Booth, *When God Becomes a Drug: Understanding Religious Addiction & Religious Abuse,* 24-27.

18 Ibid., 166.

독의 위기는 여러 증상을 동반하는데, 부쓰는 다음과 같이 종교중독의 주요 증상에 대하여 알리고 있다.

> 정보나 권위에 대해 생각하고, 의심하고, 의문시할 수 없으며 흑백과 같은 지나치게 단순한 사고로 자신은 선하지 않다거나 자신은 올바르게 행하지 않고 있다는 수치심에 바탕을 둔 신념이다.[19]

위의 인용에서처럼 종교중독자는 신이 자신을 고쳐주실 것이라는 마술적인 사고와 규정 가운데 윤리규범에 대한 과도한 집착과 엄격하고 비판적인 태도로 강박적으로 기도하고 종교 안에서 개혁적 활동을 하며 성경을 인용한다. 또한 비현실적인 재정적 기부와 성(sex)은 더럽다며 신체와 육체적 쾌락은 악하다고 믿으며, 강박적인 과식이나 과도한 금식과 더불어 과학, 의학, 교육 등과의 갈등을 초래하며 실제 세계로부터의 점진적인 고립과 소외, 관계분열로 인한 심신의 장애가 발생한다. 또한 신체적인 불면증, 요통, 두통, 고혈압의 증상, 몽롱하게 행복한 표정을 한 채 최면과 같은 황홀경의 상태, 종교적으로 도취(religious high)된 상태, 정신적, 정서적, 신체적 쇠약 상태에 이르게 된다.[20] 이러한 종교중독의 증상으로 인하여 종교적 행위는 더욱 강화되어 결국 종교중독의 위기에 빠져드는 예를 볼 수 있는 것이다. 물론 이런 종교중독의 특성은 결핍된 것에 대한 일종의 보상심리와 맞물려 있다고 부쓰는 언급한다.

> 종교중독자들이 죄와 동일시하는 과오(error)를 피하는 것에 지속적으로 초점을 맞추는 것은 인간들의 규약에 따르는 노예로 만들며, 사람들로 하여금 진리의 영적 자유

---

19 Father Leo. Booth, *When God Becomes a Drug: Understanding Religious Addiction & Religious Abuse*, 147.

20 Ibid., 59.

를 누리지 못하게 한다. 현재의 삶에서 고통과 궁핍에 대한 대가로 천국에서의 보상을 약속하는 것은 사람들을 마술적인 사고와 현실 부정으로 도피하도록 길들인다.[21]

정확하게 말하자면 종교중독은 거룩성이라는 가면으로 덮여진 자신의 옛 모습을 보상받고 대체하고 싶은 심리적 욕구이다. 거룩성 이면에 나타나는 증상 요인으로는 불안증(anxiety syndrome), 우울증(depression), 조증(mania), 편집증(paranoia), 아드레날린(adrenaline, 조급증), 강박증(obsession), 결벽증(mysophobia), 집착증(Pre-occupation) 등의 정신병리 현상과 함께 심리 방어기제를 동원하여 자신을 완벽주의자로 만들어가며 스스로 자신 안에 만들어 놓은 전능자를 우상화하게 된다. DSM-IV에 나타난 강박적인 종교적 의식 행위로기도를 반복하기도 하는데 이는 의무감과 두려움 분노와 염려에서 비롯된 종교의식의 패턴을 지속하는 것이다.[22]

강박적인 사람의 기초적인 감정적 갈등은 분노와 두려움이다. 상담자를 더욱 놀라게 하는 것은, 이들의 감정이 소거되고 감추어지고 혹은 합리화된다는 사실이다. 감정에 대해 물을 때 이들은 자신이 하고 있는 생각으로 되돌아간다.[23]

사실 우리 주변에 종교중독자는 많으나 실제로 자신이 종교중독에 걸렸다고 말하는 사람은 없다. 이러한 이유로 발견되지 않는 종교중독은 신을 등장시켜 자신을 신격화하며 그 위에 자신의 열등한 부분의 욕구를 채우고 싶은

---

21 Father Leo. Booth, *When God Becomes a Drug: Understanding Religious Addiction & Religious Abuse,* 29.

22 *Diagnostic and Statistical Manual of Mental Disorder,* Fourth Edition, (Washington: American Psychiatric Association, 1994), 24-25; Grant Martin, *When Good Things Become Addictions* (Washington: Word of Life Press, 1994), 206.

23 Mc Williams, *Psychoanalytic Diagnosis,* 282.

심리적 기제가 발동하기 때문이다. 자신도 모르게 점점 빠져 들어가는 종교적 겉치레 가운데 사람들의 칭송과 위대함 속에 자신을 세우고 뿌리 없는 나무가 되어가는 위기를 맞게 된다.

III. 종교중독의 단계

종교중독의 위기는 일정한 단계를 거치게 되는데 이런 과정은 중독의 일반적인 단계에서 나타나는 현상과도 동일하다. 이와 같은 맥락에서 젤리넥(E. M. Jellinek)은 일반적인 중독에서도 점진적이며 지속적인 특성이 두드러진다고 지적한다. 그 중 알코올 중독을 대상으로 조사한 결과 진행형 질병은 4단계를 거쳐 중독이 일어나고 있음을 밝히고 있다. 첫째로, 전조적인 증상을 든다. 전조적인 증상은 반복적으로 대하는 행동에 긴장이 줄어드는 현상을 의미한다. 둘째로, 진행형 증상의 단계로 어떠한 대상이나 물질에 집착함으로써 나타나는 현상이다. 셋째로, 중대한 위기 증상의 단계로써 지속적인 진행형 가운데 통제력 상실이 일어나는 상태이다. 넷째로, 만성적 증상의 단계로 내성이 생겨 자신의 행동제어가 불가능한 상태이다.[24]

이와 관련하여 그랜드 마틴은 종교중독에 관한 단계를 첫 번째로 습득, 두 번째로 자기 통제 상실, 세 번째로 삶의 파괴에 거쳐 진행됨을 설명하고 있다. 그는 종교중독의 단계에서 가장 먼저 행해지는 과정은 종교적 체험에 의한 도취라고 지적한다. 종교중독자가 빠져드는 도취는 신과 함께 한다는 착각 속에서 행해지는 것으로 도취는 하나의 기분전환 행동에 대한 정신적인 몰입의 전조증상이다. 신이 아닌 다른 것에 도취되기 시작할 때 중독이 시작되는데 이는 불쾌한 기분을 전환하거나, 자신의 정체성을 확립하고자 할 때, 그룹에 순

---

24 김충렬, 『알코올중독과 목회상담적 치료』, 181-183.

응하기 위하여 특정한 행동을 추구할 때라고 볼 수 있다.

진정한 영성과 중독을 구별할 수 있는 주요 사실은 중독의 경우에는 신보다 사람, 기관, 이념, 행동 등에 더 큰 관심을 가지고 점진적으로 합세한다는 점이다.[25]

두 번째로 나타나는 종교중독의 과정은 강박적 성격이다. 언제 습관적인 행동을 통제하고 끝내야 할지를 몰라 통제력을 상실하는 때이다. 스스로의 의지가 아닌 이미 내면에 형성된 내성과 감정적 욕구로 인한 행동 표출이 증가되기 때문이다. 종교중독자들은 교리와 신앙 지도자들에게 관심을 보이며 이것들을 신격화함으로써 우상시하고 여기에 최고의 권위를 부여한다.

이들은 이성적인 사고보다는 행위에 더 의존한다. 모든 영적 활동에 참여하는 데도 불구하고 내용이 없고 천박하게 보인다. 영적 성숙에 대한 중독자의 주장은 그의 삶의 열매와 일치하지 않는다. 중독자는 만족하지 못하는 듯 보인다. 대신 신과 자신의 영적 지도자를 섬기기 위한 보다 나은 방법을 끊임없이 모색하느라 분주하다.[26]

세 번째에 접어들면 종교중독자는 완전히 중독증에 몰입한다. 스스로 기분전환과 자아도취감은 발전하지 못하는데 중독자는 자아도취의 행위 정지에서 오는 두려움 때문에 습관적인 행위를 지속한다. 이 시점에서 개인생활과 가족들의 생활은 혼란에 빠지기 쉽고 자체의 의미를 상실하게 된다.

세 번째 단계에서는 가치관의 붕괴가 일어난다. 중독자는 간음을 하기도 하고, 근친상간을 하고, 범죄를 알리지 않고, 지도자의 행동을 숨기고 거짓말을 하고, 책임을 회

---

25 Ibid., 221.

26 Ibid., 222.

피하려고 애쓰기도 한다. 이러한 가정은 중독자가 지금까지 믿고 애정을 품어 왔던 모든 것을 전적으로 파괴시킨다.[27]

이런 중독의 단계는 부쓰의 종교중독의 단계와도 다르지 않다. 왜냐하면 중독의 특성은 대체로 공통점이 있기 때문이다. 이런 공통점은 부쓰의 관점에서도 드러난다. 부쓰는 종교중독의 단계를 다음과 같이 설정하고 있다. 물론 이 도표는 부쓰가 기독교의 예를 들어 종교중독의 사례를 제시한 것으로 그 의미가 크다.[28]

종교중독의 진행(Progression of Religious Addiction)

초기 단계	· **평범한 종교, 영적인 삶** → 신경을 안정시키려고 성경 사용 · **과도하게 교회가기/성경공부** → 행사 이전에 기도하기 · **문제를 피하기 위해 교회/성경/기도를 사용하기** → 흑백논리 증가 · **강박적으로 성경에 대해 생각 또는 인용** → 가족모임이나 직장을 종교행사로 인해 빠짐 · **교회/성격 공부에 대한 몰두** → 교회만 생각 · **통제 상실 단계** → 종교적 관행이 토의되거나 비판받을 때 은밀하게 화가 남
중기 단계	· **교회/성경/기도를 피하기 위해** → 강박적인 교회출석과 성경 인용 점차 더 많이 사용하기 · **세계/몸을 사악하다고 생각하기** → 과도하게 기도하고 교회에 가며, 개혁운동과 개종활동을 함 · **변명을 통한 교회출석** → 종교에 대한 의존 증가 · **여타 관심사 상실** → 교회행사에 빠질 때 죄의식을 느낌 · **교회/종교/설교자에 대한 망상** → 정보나 권위에 대해 비판적으로 생각하기

27 Grant Martin, *When Good Things Become Addictions,* 220-224.

28 Father Leo. Booth, *When God Becomes a Drug: Understanding Religious Addiction & Religious Abuse,* 41.

중기 단계	· **성을 더러운 것으로 인지한다** → 나/의심하거나/의문시하기를 거부 · **과도한 금식/식습관 장애** → 종교적인 문제들을 분별 있게 토론할 수 없음 · **교회가기를 통제하려는 노력 실패** → 가족들과 친구들을 세뇌하기 · **사람들로부터 소외** → 과장되고 공격적인 행위 · **비종교인 가족이나 친구를 판단하거나 피함** → 학교나 직장과의 갈등 · **실직** → 돈 문제 · **인간관계의 급격한 쇠퇴** → 성은 더러운 것이라고 설교함, 비이성적인 분개
말기 단계	· **성적으로 강박적/집착적 행위** → 무력감, 성적인 행동 신체적, 정신적 약화 · **신체적, 정신적 약화** → 매우 긴 개혁활동/선교활동/영적교감 · **치료법 찾아보기** → 하나님으로부터의 메시지 · **가족/친구 상실** → 최면 상태/응시 · **판단력 상실** → 고립 · **정신과의 도움** → 신체적, 정신적, 정서적 소진 상태 · **완전한 포기** → 입원

〈표1-3〉 종교중독의 진행

종교중독은 초기단계에서 중기, 말기단계에 이르러 점차 증상이 심화되는 것을 볼 수 있다. 이를 통해 중독자들은 이미 삶의 붕괴를 경험하고 현실에 적응하지 못하며 책임을 회피하는 결과로 나타난다.

Ⅳ. 종교중독의 문제

종교중독에 노출된 중독자들은 여러 가지 문제를 드러낸다. 모든 문제들이 전반적으로 누구에게나 적용되는 것은 아니지만, 여기에 나타나는 종교중독의 특징적인 문제들을 통하여 종교중독의 현상적인 이해를 돕는데 그 의미를 갖는다고 볼 수 있다. 종교중독의 다양한 문제는 우리의 일상생활 가운데 숨겨진 속성들이 매우 많기 때문이다. 또한 현재 생활에 전혀 문제가 드러나지 않음에도 불구하고 주변에서는 이들을 소외시킨다며 오히려 이들을 추앙하는 아찔한 현장을 목격하기도 한다. 거룩하다, 신령하다, 믿음이 좋다 등의 방식으로 추앙을 받음으로 이들의 병리적인 상태가 심각한 것으로 나타나기 때문이다.[29]

그들에게서 나타나는 문제행동과 관련하여 보면 대개는 병리적인 증상인데, 대체로 강박증, 집착, 도피, 맹신, 분노, 편집증, 왜곡, 무아지경, 이분법적인 사고, 적대감, 우울증, 결벽증, 감정적 황홀감, 스트레스 증후군 등이다. 이런 것들은 정상적인 신앙생활을 하면 신앙의 힘으로 해소될 수 있는 것들이지만, 그렇지 못하면 이러한 문제 상황을 발견하지 못할 뿐 아니라 인식하지 못한 채 믿음으로 오해되어 수용되는 측면이 있다. 그들은 믿음이라는 명분 아래 행해지는 종교적 행위가 신이 아닌 자신에 대한 집착이 바탕이 되어 있기 때문이다. 이러한 본질의 왜곡은 종교적인 참여의 본질을 왜곡하고, 형식에 집착하는 종교중독의 특징적 문제로 나타난다는 점이다.

여기에서 우리는 자아(Ego)는 정신 기구에 속하는 대리자 중의 하나로서 실행기능을 가지고 있으며, 원본능의 힘(id), 요구의 초자아의 도덕적 금기들을 중재하는 기능을 하는 것으로 이해할 수 있다. 이론적으로, 자아는 내적 욕동, 충동, 욕구들에 성격이 휩싸이는 것을 보호해주며, 외부의 세계와의 관계에서 상대적으로 편안한 생활을 가능케 하는 일련의 기능들로 구성되어 있음을 알 수 있다. 자아의 일부분이 의식에 속한다고 생각되지만 자아 기능의 대부분은 무의식에 속해있다는 점도 확인된다. '자아' 는 흔히 성격의 경험적 측면을 서술하는 용어로 사용되어져 왔으며, 이런 맥락에서 볼 때 자아는 역사적으로 '자기'(Self)와 동의어로 쓰였음을 알 수 있다. 자아로 인한 그릇된 중독증은 수동적인 성격, 의존적인 성격 등에 중독이라는 발암물질을 낳게 됨

---

29 Archibald D. Hard, *Hidden Addiction*,, 169

을 알 수 있다.[30]

이와 같이 중독에 대한 행동은 감정, 행위 물질에 속박당하므로 특정행위와 특정한 대상에 대한 갈망이 넘쳐 생활에 위기를 초래하게 된다. 이로써 종교중독에 대한 이해로는 먼저 인간의 속성, 본성에 대한 기본적인 선이해가 필요하다.

---

30 H. R. Lsieur,"Cumpulsive gambling," Society 29(1992), 43-50; Cited by R. Ladouceur & R. Walker,"A Cognitive Perspective on Gambling" in P. M. Salkoskis (ed), *Trends in Cognitive and Behavioral Therapies* (New York: John Wiley & Sons Ltd, 1992), 89-120.

제 6 장

종교중독의 분석적 이해

종교중독의 진행은 초기 ~ 말기에 이르러 점점 더 증상이 강화됨을 알 수 있다. 사실 종교가 무엇인가 하는 분석은 어디까지나 종교 현상의 심리적 측면과 함께 심리적 차원임을 의미한다. 왜냐하면 종교라는 현상은 지극히 다양하고 복잡한 요인들로 구성되어 있어서 여러 방면에서의 연구방법이 있을 수 있고 다양한 종교현상 가운데 가치판단이 아닌 심리적 차원에 초점을 두어 분석, 고찰하기 때문이다. 또한 현상 속에서 발견되는 심리적 현상을 확인하는 경험론적 종교현상에 바탕을 두고 있기 때문이다.

Ⅰ. 자아도취적 특성으로의 종교중독

중독이라는 병리적 병폐는 그 과정에서 미혹적이고 지속적이며 호의적이고 끈질기게 자신을 자극하고 부추긴다.[31] 일반적인 중독의 특징이 이러한데 종교중독이라는 병리는 종교만이 갖는 도취적이고 환상적이며 신비적인 나르시즘 속에서 함께 나아간다고 볼 수 있다.

기독교의 경우 우리는 바리새인의 모습을 통해 이러한 종교중독의 실례를 발견할 수 있다. 바리새인들은 인간의 영적인 신앙생활보다 자신들의 종교적 행위를 우위에 올려놓고 그 행위를 더 중요하게 생각한다는 점에서 그러하다. 그들은 엄숙함과 완고함이라는 사고로 그리스도 예수를 메시아로 받아들이지 못하는 오류를 범하였다. 바리새인들은 자신들만의 특권의식으로 지속적인 행위 절차를 가장 중요하게 생각하였는데 여기서의 지속적인 행위란 의례적으로 반복되는 종교적 행위를 말하며, 가장 바르고 정직하다고 생각하는 자신들의 신앙공식위에 행위를 나열하여 절대적 행복인 양 우월감을 느끼는 것이다. 그러나 이런 것은 그들의 행위를 중요시하여 거기에서 종교적인 의미를

31 Grant Martin, *When Good Things Become Addictions,* 206.

찾고 신앙의 충만감을 갖는다는 것이다. 이러한 행위는 이들의 소중한 감정이 도난당하는 절대 절명의 위치에서 도피 행위로 변질되어 가는 종교중독의 수단이 된다.[32]

이런 형식적인 문제는 종교적인 행사에 더 열심을 내어 참석하되 정확한 시간에 참석해야 하고 경전을 남들이 한 시간 읽으면 두 시간 세 시간 읽어야 믿음이 있는 것으로 생각한다는 점에서다. 이런 그들의 모습은 신앙에서 중요시되는 신과의 만남이나 신의 임재와는 거리가 있는 것이다. 문제는 신에게 향하여야 하는 마음의 눈이 사람을 의식하고 형식에 기준을 맞추어 그 공식 위에서 거룩함을 가장하고 엄숙함을 유도한다는 것이다. 신과의 만남이 있는 기독교는 신의 임재와 함께 거룩함과 충만함으로 찬양과 경배 가운데 감동을 받아야 하는데 이들은 그렇지 못하다는 것이다. 이들의 문제는 신께 향하는 마음보다는 사람을 의식하고 종교적인 행사에 자신을 맞추어 자신을 더욱 신앙적인 사람으로 가장하는 데에 있다는 점이다.

예수는 성경말씀을 통하여 우리에게 예배에 관하여 말씀하시기를 "너는 나 외에는 다른 신들을 네게 두지 말라"(출 20:3, 새 번역), 네 하나님 여호와를 경외하며 그를 섬기며 그의 이름으로 맹세하라(신 6:13, 새 번역), "하나님은 영이시니 예배하는 자가 영과 진리로 예배할지라"(요 4:24, 새 번역) 고 가르쳤다. 신을 찬양할 때에도 신이 정하신 뜻에 따라 행하고 그 행함의 영광은 오직 그분만이 감사를 받아야 한다는 충분한 이유가 여기에 있는 것이다.[33] 경배란 거룩한 창조주에 대한 인간의 겸허한 자세이며 신께 대한 영적 관계의 요구이다. 우리는 감사함으로 그의 문에 들어가며 찬송함으로 그의 궁정에 들어가서 그에게 감사하며 그의 이름을 송축해야(시

---

32 Mark Lasser, *Faithful & True* (Grand Rapids: Zondervan, 1996), 166-167.

33 Grant Martin, *When Good Things Become Addiction* 206-208.

100:4) 한다. 이처럼 경배란 우리에게 중요한 본질을 안내하고 있으며 감사함으로 영과 진리로 신께 나아가는 사랑의 선물에 대한 인간의 답변이다.

진리가 아닌 믿음은 종교중독이며, 영과 진리로 나아가는 믿음은 진지한 믿음으로서 종교중독이 아니다. 다만 헌신의 모양을 만들어 내는 종교 중독적인 에너지는 신께 집중된 것이 아니라는 사실이다. 종교적 행위의 한 측면에서 계속성과 지속성과 반복성을 거듭하면서 종교적 행위에 대한 집착과 고착과 결벽으로 위장하여 주변의 사람들을 파괴하고 위협하는 문제점을 들 수 있기 때문이다.

기독교의 경우 종교중독은 사람이나 프로그램과 같은 감정적 중요성이 주물이 되어 하나의 표적이 된다고 할 수 있다. 성경, 십자가, 프로그램, 헌금생활, 예배참석, 믿음을 나타내는 것 등이다. 이러한 것들로 하여금 지나치게 집착하거나 자극하게 되면 중독증을 유발하게 된다. 물론 신앙에서는 이런 것들이 중요하지만 진정한 신앙보다 행위에 지나치게 집착하게 되면 종교중독자의 종교적 행위는 기분전환을 일삼는 하나의 도구로 전락하며 더 나아가 믿음의 행위를 가장하여 주물로 변신하게 되기 때문이다.[34]

실제로 종교중독의 특징 중 하나는 거룩한 현존의 장소와 동기를 갖는다는 측면에서 숨겨진 병리를 발견하지 못한다는 점이다. 종교중독은 이러한 숨겨진 보이지 않는 거룩성 위에 덮여진 종교적 병리가 있기에 반드시 찾아 건강한 신앙으로 나아가도록 그 문제를 인식해야 하는 것이다.

종교중독 대상자들은 거짓으로 가장한 자신만의 안전한 기지를 만들어 스스로 나르시즘에 빠져든다. 이렇게 하는 것이 신을 영화롭게 하는 것이며 신이 자신을 좋아할 것이라고 착각한다는 사실이다. 종교중독자들은 종교 공동체 안에서의 봉사적 행위는 초인적인 능력으로 하고 있다고 생각하면서도 사

---

34 Richard Foster, *Celebration of Discipline* (San Francisco: Harper & Row, 1978), 138. Archibald D. *Hart Hidden Addiction*, 155-159.

람들로부터 인정을 받고 칭찬을 받기를 더 원한다. 이렇게 함으로써 그들의 신앙적인 행동은 진정한 의미의 충족을 경험하지 못하고 종교중독으로 이행된다. 이러한 그들의 행위는 종교적인 에너지로 중독되어 가고 종교적인 일이 하나의 도피가 되어 생각과 에너지를 저당 잡히며 아드레날린의 분비를 더욱 왕성하게 만들어 낸다. 하지만 영적인 일은 결코 아드레날린 분비가 아니라 신의 은혜에 감사하는 성령의 지원 아래 자원하는 믿음으로 나아갈 때 가능하다는 사실이다.

건강한 신앙은(골 3:16) 우리를 발전시키고 성숙시켜서 사랑과 지혜로 띠를 띠게 되며, 신을 진정으로 사랑하는 자들은(롬 8:28) 합력하여 선을 이루는 성령의 법 아래 놓이게 된다고 했다. 신(神) 외에 어떤 특정인을 우상화하는 것 그 모두가 종교중독이며 신을 내세워 자신이 영광을 거두는 것 또한 중독자의 병리적 양태임을 반드시 기억해야 할 것이다.[35]

II. 생물학적 특성으로의 종교중독

종교중독은 생물학적 특성으로도 이해가 가능하다고 볼 수 있다. 그것은 아드레날린 분비로 인한 왕성한 에너지가 도구가 되어 하나의 도피 행위를 하게 되며 이는 일시적인 처방이기에 계속해서 종교적 행위가 도구가 되어 삶의 수단화될 수 있기 때문이다. 그러다가 에너지가 소진되어 탈진하는 경우도 발생한다. 또한 이들은 종교 프로그램에서 도피하기 위해 종교단체를 벗어나기도 하고 혹 그대로 머물러 있다면 자신만이 희생양인 것처럼 늘 고독한 자아도취에 빠져 심리적인 고통을 벗어나지 못하게 된다. 이런 시각에서 그들에게 나타나는 과다한 아드레날린의 분비, 종교적인 행사, 등으로 인한 흥분은 현실

35 Ibid., 208.

적인 삶에서 종교중독자들에게 하나의 도피수단이라고 할 수 있다.[36] 중독자 자신이 현재 가지고 있는 고통과 기분을 전환시키고 회피하는 감정적 도구가 종교적인 행위 방법이기 때문이다. 의식, 반복적인 패턴의 기도, 반복적인 기도, 패턴식의 낭독, 더 나아가 축제적인 분위기, 어두운 분위기는 기분 전환의 효과를 가져올 수도 있다. 더구나 이러한 것들이 신과 더 가까이 나아가도록 도와주는 도구가 되기 때문이다. 하지만 중독자인 이들이 취하는 행동은 그들의 관계를 위한 기분전환의 도구이며 수단임을 먼저 인식해야 한다. 이러한 행위는 결국 기분에 몰입되어 자신들이 사라지는 무아지경의 경험을 하고 이러한 행위로 말미암아 신과의 진정한 관계는 더욱 멀어지게 된다는 점이다.

그러나 이 자체만으로 나쁘다고 볼 수는 없다. 왜냐하면 기분이 좋지 않을 때 스테레오 음악을 듣는 것처럼 기분전환을 위한 하나의 방법일 수도 있기 때문이다. 그러나 더 중요한 것은 자신의 심신을 정리하는 것이 아닌 자신의 감정을 속이고 회피하려고 할 때 사용하는 무기가 중독으로 변질된다는 데 있다.[37] 사실 종교중독자들은 자신의 공식 산술 위에 올려놓고 이러한 무아지경과 같은 몰입의 상황에서 기분이 좋다고 느껴 불안한 마음을 해소하기 때문이다. 우리가 분명히 기억해야 할 것은 이것은 신이 주는 평안과 안식이 아니라 자신이 만들어 놓은 공식 위의 하나의 주물이 된다는 점이다.

이와 관련하여 우리는 여기에서 주물성애(Fetishism)를 구체적으로 살펴볼 필요가 있다. 주물성애란 초자연적인 것이 잠시 머무는 곳으로 여겨지는 자연적이거나 인공적인 물건을 가리키는 용어이다. 이것은 사람이 원하는 바를 이루어 주는 소유로 손상과 질병으로부터 보호해 주는 마술적인 힘이 된다고 믿는다. 이러한 의미에서 프로이트는 주물성애의 역동적 측면과 무의식적 측

36 Mark Lasser, *Faithful & True*, 167-168.

37 Ibid., 169.

면을 통하여 설명하는데 그는 주물이란 무의식적 환상이 구체화된 것이라고 한다.

우리는 아드레날린으로 인한 에너지와 주물성애가 주는 무아지경의 힘을 혼동해서는 안 된다. 때로 이런 에너지와 마술적 힘은 우리의 감정(Emotion)을 교란시켜 기분(mood)이라는 감정이 사람의 마음속에 나타나는 주관적인 정서 상태를 지배하여 약화시키기 때문이다. 하지만 이러한 기분과는 반대되는 정동(affect)은 객관적으로 관찰 가능하면서 일정 기간 동안 지속되는 정서 상태를 말하며 우리는 이를 평안이라고 할 수 있다.[38] 다시 말하자면 이들의 감정은 평안과는 전혀 다른 내면에 있는 고통의 일부를 일시적으로 회피하는 하나의 도구이자 수단이라는 점이다. 종교중독자들의 이러한 행위는 도피의 한 형태로 나타난다는 데 있다. 이들은 극한 상황 가운데서도 자신만이 영적인 사람들이라고 느끼는 감정을 맛보게 된다. 결국 종교중독자들은 그들이 추구하는 종교적 행위로 행복과 진정한 평안을 안겨 주지 못하기에 병리적인 증상을 낳게 된다.[39]

III. 문제적 행동으로의 종교중독

종교중독에 노출된 중독자들은 여러 가지 문제를 드러낸다. 이들의 문제들이 일반적으로 누구에게나 적용되는 것은 아니지만, 여기 나타나는 종교중독의 특징적인 문제들을 통하여 종교중독의 현상적인 이해를 돕는 데 의미가 있다고 하겠다. 종교중독의 다양한 문제는 우리 일상생활 가운데 저장되어 숨겨진 속성들이 매우 많기 때문이다. 그것은 또한 종교중독자들이 현재 생활하

38 미국정신분석학회 편 / 이재훈 외 역. 『정신분석 용어사전』, 483-484.

39 Mark Lasser, *Faithful & True,* 169.

는데 전혀 문제가 드러나지 않음에도 불구하고 주변에서는 이들을 소외시킨다며 오히려 이들을 추앙하는 아찔한 현장을 목격하기도 한다. 이들은 거룩하다, 신령하다, 믿음이 좋다 등의 방식으로 추앙을 받음으로써 이들의 병리 상태가 심각한 것으로 나타나기 마련이다.[40]

그들에게서 나타나는 문제행동과 관련하여 볼 때 대개는 병리적인 증상인데, 이는 대체로 강박증, 집착, 도피, 맹신, 분노, 편집증, 왜곡, 무아지경, 이분법적인 사고, 적대감, 우울증, 결벽증, 감정적 황홀감, 스트레스 증후군 등이다. 이런 것들은 정상적인 신앙생활을 하면 신앙의 힘으로 인해 모두 해소될 수 있는 것들이지만, 그렇지 못하면 이러한 문제적인 상황을 발견하지 못할 뿐 아니라 인식하지 못한 채 믿음으로 오해되어 수용되는 측면이 있다. 그들은 믿음이라는 명분 아래 행해지는 종교적 행위가 신이 아닌 자신에 대해 집착하는 것이 바탕이 되어 있기 때문이다. 이러한 본질의 왜곡은 종교적인 참여의 본질을 왜곡하고, 형식에 집착하는 종교중독의 특징적 문제로 나타난다는 점이다.

특별히 문제적 행동에서 볼 수 있는 자기애는 정신분석 문헌에서 나르시즘(narcism)으로 번역된다. 우리말의 나르시즘은 불어에서 딴 것이며, 영어에서는 자기애를 나르시시즘(narcicism)이라고 부른다. 코헛(Kohut)이 자기애를 발표한 이후부터 자기애는 다양한 요소에 적용되어 왔다. 그 요소로는 이상성욕, 발달단계, 리비도와 리비도 대상의 유형, 대상 선택의 유형과 양식 환경과 관계를 맺는 양식과 태도, 자존감, 정상적, 신경증적, 정신증적, 경계선적 성격 유형 등 코헛은 자기애적 리비도와 대상 리비도가 독자적인 축을 따라 발달한다고 생각했는데, 이 개념은 자기심리학의 이론적 토대가 되었다. 최근 문헌에서 자기애는 자존감(self-esteem)이라는 의미로 널리 사용되고 있다.[41]

---

40 Archibald D. Hart, *Hidden Addiction*, 169.

41 Mark Lasser, *Faithful & True*, 166-167.

제 7 장

종교중독의 특징적 문제들

종교에 중독된 종교중독자들에게는 여러 가지 문제들이 나타난다. 그 모든 문제들이 일반적으로 종교중독자 누구에게나 적용되는 것은 아니다. 하지만 여기에서 나타나는 특징적인 문제들을 통하여 종교중독의 현상적 이해를 돕고자 한다.

I. 종교중독의 문제적 이해

종교중독의 문제는 매우 다양하다. 이러한 다양성을 우리의 일상생활 가운데 저장되어 있는, 숨겨진 종교중독의 속성들이 매우 많기 때문이다. 그것은 종교중독자들이 현재 생활하는데 전혀 문제가 드러나지 않음에도 불구하고 주변에서는 이들을 왕따시키거나 반대로 이들을 깊게 따르는 아찔한 현장이 목격된다는 점이다. 기독교의 경우 거룩하다느니 신령하다느니 믿음이 좋다느니 하는 식의 추앙으로 종교중독자들의 병리적 상태가 매우 심각해지는 증후를 발견할 수 있기 때문이다.

이런 문제와 관련하여 강박증, 집착, 도피, 신학적 결핍, 맹신, 분노, 편집증, 왜곡, 무아지경, 이분법적인 사고, 적대감, 우울증, 결벽증, 감정적 황홀감, 스트레스 증후군 등의 현저하게 드러나는 장애를 매우 고귀한 것인 양 인정하고 경험하기도 한다. 기독교 공동체 안에서 목회적 사명과 소명 돌봄은 무엇보다도 생명을 살리는 것이다. 그러나 실제 현실 앞에 놓인 이러한 문제적 상황을 발견하지도 인식하지 못한 채 순수한 믿음으로 여겨 최고의 대접을 할 때 문제가 되는 것이다. 이들의 신앙만은 순수하다고 할 수 있으나 행해지는 종교적 행위는 믿음으로 연결 지을 내용은 아니라는 점에서 더욱 그러하다.

이는 먼저 믿음이라는 명분 아래 행해지는 종교적 행위의 본질이 신이 아닌 자신에 대한 집착이라는 점에서 그러하다. 이러한 신앙의 왜곡은 종교적 참여의 본질을 왜곡하고 형식에 집착하는 종교중독의 특징적 문제로 나타난다. 이제 이러한 문제를 살펴봄으로써 우리는 이들을 이해하고 돌보고 신의 자녀로서의 새 생명으로 나아가도록 도울 수 있다는 것이다.

II. 종교중독의 문제적 요소

종교중독은 미혹적이고, 잠행적이고, 발전적인 특성이 있다. 처음에는 호의적인 성향의 중독이 도취적이고 신비적인 걷잡을 수 없는 제어 능력을 상실하는 의존적 성향을 보이기에 더욱 그렇다. 이제 주요 문제 요소들을 통하여 종교중독의 다양한 감정적, 지적 응답이 오직 신을 향한 것인지 살펴본다.

1. 심리적 결핍과 관련된 강박성향의 문제

종교중독의 문제는 심리적인 결핍에서 초래되는 강박성향의 대표적인 성격장애 증상은 완고함과 엄격함 그리고 두려움이라는 인격 장애를 들 수 있다. 이러한 대표적인 성격장애를 등에 업은 강박적 성향은 무조건 앞을 향해가는 지나친 목표지향적인 특성으로 성공에만 몰입하는 특성을 가지게 된다. 이들은 존재 보다는 행위 중심의 주인이 되어 조금 더 많이 조금 더 빨리 나아가고자 하는 의례적 불안이 늘 무의식에 병행한다. 이러한 강박성향의 문제는 이분법적 사고로 전환되어 분리의 특성인 결핍과 관련된 문제로서 몇 가지 강박성향을 들 수 있다.

첫째로 강박 성향의 문제는 종교중독에서 나타나는 특징적 문제라 할 수 있다. 내성이 생겨 습관적인 행동을 탐닉하는 강박 증상의 문제는 실제로 강박적인 특성을 나타낸다. 종교중독에서 강박성이란 종교적 행위에 빠지는 것을 뜻하는데 이는 의례적인 예식이나 집회 종교적 서적에 심취하여 읽고 기도하며 프로그램화된 세미나에 빠져서 적극적으로 활동하는 것이다. 이런 종교적 행위에서 행하는 일들을 믿음으로 착각하고 믿음이 좋은 것으로 생각할 수 있지만 이런 모든 행동만으로 스스로 자신의 종교적 행위에 만족해하면서 종교적 행위 속에 빠져드는 딜레마를 알아채지 못하고 스스로 그러한 표적에 속아 넘어간다는 사실이다.

> 강박적인 종교중독자들은 죄책감과 신으로부터 은혜를 억지로 얻으려는 죄책감이나 욕망에서 출발한다. 신이 자기들의 노력을 굽어 살펴 자신의 현실을 바꾸어 주실 날을 소망하면서 그들은 열심히 노력한다. 신이 열심히 노력하는 것을 보시고 자기들의 고통을 덜어 주거나 마술적으로 자기들의 삶을 보다 평탄하게 해 주시기를 그들은 소망한다.[42]

종교중독자들이 열심히 하는 행위를 보면 신의 일이 아닌 자신의 일을 종교라는 거울 속에 포장하여 거룩하게 나타낸다고 할 수 있다. 많은 기독교인들이 자신에게 열심히 헌신하면서 신의 일을 하는 것처럼 믿음을 포장하고 비합리적인 헌신에 매달린다. 종교중독에서 나타나는 강박성은 어느 한 가지에 집착하여 고정시키는 특성이다.[43] 이러한 집착과 고정은 개인의 성격 정도를 뛰어넘어 인격의 문제로 나아간다. 단순한 강박증은 사회적 문제에 개인의 불편함을 호소하지만 종교중독에서 드러나는 강박증의 성향은 단순한 증상이 아니다. 자신이 늘 하던 행동과 성향을 취하지 않으면 불안해하고, 하던 행동을 고집하여 똑같은 패턴으로 해야만 하는 것은 그 불안의 기저에 놓인 억압된 갈망을 표출하게 된다는 점이다.

---

42 Stephen Arterburn & Jack Felton, *Toxic Faith: Understanding and Overcoming Religious Addiction*, 24.

43 P. De Silva & S. Rachman, *Obsessive-Compulsive Disorder, the Facts*, 2nd ed .(London: Oxford Universities Press, 1998), 228-230.

종교중독은 일중독과 아주 유사한 특징을 취한다. 강박적인 중독자는 일에 모든 것을 투자하는 일중독자처럼, 종교중독자는 관계에 따르는 책임을 회피하며, 기독교 내일 주변을 맴도는 듯한 분위기를 연출한다.[44]

종교중독자는 여러 활동에 매우 적극적으로 참여한다. 참여는 자신의 기분을 호전시키거나 감정을 고조시키게 된다.[45] 그들은 여러 종교적 활동과 행위에 보다 활동적이고 관심을 기울인다. 예를 들어 기독교의 경우 기도모임, 금식, 예배참석, 개인 간증, 공중 간증 등에 매우 열성적이다. 이들은 또한 자신이 속해 있는 사역의 부분에서도 강박적인 기도를 드러낸다. 이들의 행동을 유심히 살펴보면 분명 기독교인의 영적인 생활을 그대로 하고 있는 것처럼 보인다. 그러나 이러한 영적행동은 자신의 감정을 고조시키고 자기 스스로의 만족에 빠져 있음을 알 수 있다.[46]

이들의 행동은 자신이 우선시하는 영적 행위로 인하여 교우들과 협력하지 못하고 특정인과의 관계만을 우선시하며 자신의 뜻과 반대되는 자들을 향해 분노를 느끼며 질투와 적대감을 투사한다. 이들의 영적 행위를 보면 기독교인으로서의 영적 생활의 한 부분이라고 보여질 수도 있다. 즉, 자신의 목적을 위해 사용되는 종교적 행위는 온전한 동기라고 볼 수 없다는 사실이다. 기도, 예배, 금식, 간증 등의 종교적 행위가 신 중심으로 나아가야지 만일 신을 이용하거나 사용한다면 이는 건전한 동기가 아니며, 신을 향한 응답이 아니라 자신의 고통을 해소시키는 종교적 욕구가 된다는 사실이다.

---

44 Stephen Arterburn & Jack Felton, *Toxic Faith: Understanding and Overcoming Religious Addiction,* 97.

45 A, Hildebrandt, *Upanishaden* (Duesseldorf: Moderne industrie, 1977), 113-115.

46 Ibid., 435.

알코올중독자들이 위로를 얻기 위해서 마시는 것처럼, 종교중독자는 일에서 위로를 찾는다. 평안으로 불리는 것은 실제로는 회피이다. 현실적인 도움을 줄 수 있는 사람들은 모두 사라지고, 단지 역성을 드는 사람들로 대체된다. 분주함이 목표가 되고, 종교적 강박증 때문에 거짓된 신의 임재를 가장한다.[47]

위에서 보듯이 이들은 신을 이용하여 자신의 실제 모습보다 경건하게 보는 모습은 사용될 수 없다. 이러한 행위는 고통의 욕구이며 순간적이고 매혹적인 도취감을 체험하는 것인 데다가 더 나아가 궁극적인 목적보다 종교적이고 의례적 행위를 묵인하게 될 때 자신의 사고와 행동이 강박관념으로 침투되어 종교 중독적 성향으로 특징지어진다는 사실이다.

불교의 경우에서 그 교리는 사성제와 팔정도로 나타남을 알 수 있다. 석가모니의 인간관은 사성제에 나타나 있는데, 기독교와 같이 죄에 관한 질문이나 해결은 관심거리가 아니다. 생로병사(生老病死)라는 인간의 현실문제, 원한 있는 자와의 만남, 사랑하는 자와의 헤어짐, 구해도 얻지 못하는 것과 같은 괴로움의 문제가 관심의 초점이다. 또한 석가모니가 열반에 이르는 수행방법을 여덟 가지로 설명하는 팔정도에도 잘 나타나 있다.

첫째로, 정견(正見)은 삼법인, 사성제 등 석가모니가 가르친 설법에 의해 '바른 견해'를 가지며 극단적인 생각을 일으키지 말아야 함을 말한다. 둘째로, 정사(正思)는 탐(貪), 진(瞋), 치(治)의 3독(毒)에서 벗어나 올바른 자세를 가지고 바르게 사유하고 결심하는 것이다. 셋째로 정어(正語)는 정견(正見)과 정사(正思)가 입으로 발표되는 것으로 일체의 망언과 사악한 말과 부덕한 말을 버리는 것이다. 넷째로, 정업(正業)은 바른 행위를 말하고 살생(殺生)이나 투도(偸盜), 사음(邪淫)을 금하는 것이다. 다섯째, 정명(正命)은 불법(佛法)을 따라 행

---

47 Stephen Arterburn & Jack Felton, *Toxic Faith: Understanding and Overcoming Religious Addiction,* 97-98.

동하고 정당한 방법으로 의식주를 추구하는 올바른 직업관을 강조하는 것이다. 여섯째, 정정진(正精進)은 끊임없이 노력하여 자기를 닦아 나가는 것이며, 생긴 악은 제거하고 아직 생기지 않은 악은 생겨나지 않도록 하고 선이 생기도록 하며 이미 생긴 선은 더욱 확대되도록 노력하는 것이다. 일곱째, 정념(正念)은 마음 깊이 새겨서 끊임없이 자신을 반성하고 불교적이고 책임 있는 행동을 하는 것이다. 여덟째, 정정(正定)은 마음을 가라앉혀서 흔들림 없이 통일되고 안정된 상태를 유지하는 것이다. 결국 불교의 구원은 실천이 없이는 불가능한 행위를 중요시하고 있음을 의미한다.[48]

그 반면에 힌두교에서는 구원이란 내세에 더 나은 환생을 위해 업보를 쌓거나, 우주적 본체라는 절대자와 자기를 통일시킴으로써 동일화하거나 신적 대상에의 헌신을 통해서 일치감과 행복감을 가지는 것이라고 할 수 있다. 이러한 것을 성취하려는 구원의 길이란 ① 행위의 길 또는 의무의 길(Karmamarge), ② 명상의 길(Jnanamarga), ③ 봉헌의 길(BhaKtimarge)의 3가지이다. 그 중에서 봉헌의 예를 들면 신애(神愛)의 길이라고도 하는 일종의 몸을 가진 인격적 신에 대한 열광적인 사랑과 헌신과 믿음에 의한 길로서, 절대적인 복종을 통해서 신과 일치하는 목표를 가지고 있다. 이러한 행위는 힌두교가 활동에 적극적인 참여를 요청하는 목표를 가지고 있음을 알 수 있다.[49]

2. 분리의 특성으로 이분법적 사고의 문제

분리의 특성으로써 이분법적 사고의 문제를 들 수 있다. 종교중독자들의 인식은 편파적이며 이분법적인 사고로 자신과 동일한 믿음과 행동을 갖지 않는 자들을 분리한다. 다른 교단에 속한 자과 믿음과 행동을 나누려 하지 않으며

---

48 이정무, 『불교성전,』(여주: 도서출판 반야회, 1985), 12-14; 이정무, 『비교종교론』(대한기독교서회, 1973), 186-187.

49 A, Hildebrandt, *Upanishaden* (Duesseldorf: Moderne industrie, 1977), 113-115.

자신만의 특별한 태도를 고수한다. 즉 구별되지 않은 자들이라 하며 비판적인 태도의 모습을 갖고 늘 그들과의 관계를 외면하고 그들의 신앙의 정도를 왜곡한다.[50]

> 종교중독자는 신앙에 대해 다양한 견해나 표현에 대해 극단적인 고집을 피운다. 그들은 완고하게 흑백논리를 주장한다. 이들의 완고함은 다른 사람을 판단하고, 모든 사람의 삶에서 부정적인 부분만을 들추어낸다. 스스로 우월한 위치에 있다고 생각하면서 다른 사람의 삶 특히 신앙을 통제하고 싶어 한다.[51]

종교중독자는 타인에 대해 판단하며 자신만이 가지고 있는 종교적 성향의 색채를 강하게 믿고 살아간다. 종교적 행위의 색채를 유지하기 위해서 이들이 선택하며 추종하는 것이 있다. 자신들을 돌볼 리더자 즉 강력한 권력자를 끌어들여 강하고 힘 있는 권력에로 의식을 돌린다. 그래서 자신들이 할 수 있는 행위에 필사적으로 매달린다. 자신들의 황홀경, 무아지경에 이르는 감정이입의 기분전환을 위하여 불필요한 것들, 위협적인 것들, 반대의 성향들은 모두 적이므로 제거해야 하고 억제되어야 하는 종교중독의 색깔을 확장한다. 이들을 돌보는 지도자는 반드시 보호받아야 하며 이들을 추앙해야 하며 자신들의 존재를 인정받는다는 생각에 반대자들을 향해 엄청난 분노와 적대감을 표출하게 된다.

그런 점에서 종교중독자들의 성향은 매우 엄격함을 특성으로 한다. 자신만이 가지고 있는 특성이 제일주의라는 미명 아래 완고해지는데 이는 자신의 영적인 무장을 확장하기 위해 더욱 강하게 고무시킨다. 이들이 가지고 있는 완고

---

50 Ibid., 439.

51 Stephen Arterburn & Jack Felton, *Toxic Faith: Understanding and Overcoming Religious Addiction,* 28.

함과 엄격함에는 사고와 가치 기준 등 인식의 선을 자신들의 범주 안에 넣어 극단적으로 분리한다. 결국 그 어느 것도 존재하지 않는 자신들의 가치 기준이 제일이라는 극단적인 방향을 고수하게 된다.

3. 욕구와 관련된 욕구 불충족의 문제

종교중독의 세 번째의 특징은 욕구와 관련된 문제이다. 이런 것은 인간이 욕구를 가진 존재라는 점에서 이해된다. 다시 말하면 욕구를 충족하려고 하고 그 욕구가 충족되어야 건강하다는 것이다. 그렇지 않으면 인간은 종교를 이용해서라도 그 욕구를 충족하려는 행동을 보일 수 있다.

여기에서는 물론 사랑의 충족이 무엇보다도 중요하다. 실제로 누군가로부터 사랑을 거절당할 때, 누군가로부터 받은 괴로움을 최소화하기 위해 사랑에 대한 욕구를 억압할 때 우리 안의 열망이 아픔을 줄때 이러한 열망을 억압하게 된다. 이러한 욕구들을 억압할 때 의식은 인식하지 않으려고 더욱 애쓰게 된다. 억압하면 할수록 실제로 욕구는 사라지지 않고 우리 의식 한가운데 자리를 잡는다. 욕구의 에너지는 행위나 사물 또는 사람에게 집착하는 문제를 만들어 편집적 성향의 문제로 발전하게 된다는 사실을 알 수 있다.[52]

이런 욕구 불충족의 특징적 문제로는 첫째, 집착 성향의 문제를 볼 수 있다. 집착이란 어떤 생각이나 감정에 고정되어 행동하는 특성의 성질을 말한다. 집중은 어떤 대상에 정신을 몰두하여 시너지 효과를 내는 긍정 에너지이며 집착은 어떤 대상에서 뗄 수 없이 오직 한쪽에 편중되어 병리적인 양태를 만들어 가는 부정적 힘이다. 집착은 임상에서 집착증(Pre occu- pation)이라는 병리적 증상으로 분류하며 집착의 정도에 따라 비정상적인 정신 병리작용으로 평가

---

52 Gerald G. May, *Addiction & Grace* (New York: Harper Collins Publishers, 1991), 2-4.

한다.[53] 종교는 황홀감과 함께 매혹적인 속성도 지니는데, 종교중독자들은 이러한 속성을 반영하여 자신이 이루지 못한 성공의 정도를 기독교라는 공동체 안에서 열심을 가장하여 종교적인 일에 열정적 사랑과 애정을 투사한다. 열정적 사랑과 애정은 집착과 애착이라는 벗을 동반하여 이들과 관계를 맺는 특성을 갖게 된다.[54]

열정적인 애정과 사랑은 때로는 긍정적 에너지를 투사하지만 교회 안에서 혼자의 힘으로는 열정이란 에너지가 교류하지 못한다. 에너지란 물 흐르듯이 흐르면서 다시 에너지를 받아 충전해야하는 것처럼 성령의 능력의 관계 안에서 소통할 수 있어야 하는데 개인 혼자의 힘으로 하려고 하니 열정적인 애정은 파괴적인 무기로 변질되면서 중독이라는 관계를 맺는 사실이다.

둘째, 편집 성향의 문제를 들 수 있다. 자신의 의견과 맞지 않아 상대를 사탄이라 칭하며 이단이라 몰아세우는 종교 중독자들은 분명 편집증 증세가 심각함을 알 수 있다. 중독자들은 학문의 전반적인 배경을 성토하며 특히 의학, 심리학, 상담학 등 인문학적인 학문의 배경을 인정하지 않으며 배타적인 성격으로 오직 기도와 말씀이라는 두 가지 방법에 강박적 관념을 투사한다. 예를 들어 일반적인 대화를 할 때에도 오직 말씀과 기도 외에는 대화의 끈을 연결하지 못한다는 점에서다.

> 거짓된 신앙은 다른 삶에게 상처를 주는 구실이 된다. 성경이 무기로 사용된다. 중독자는 다른 사람에게 창피를 주고, 내쫓고, 자격을 박탈하기 위해서 성경을 왜곡하는 한편 자신의 문제를 정당화하고 합리화시키기 위해서 성경을 인용한다. 중독자는 더

53 Gay Hendricks, *Learning To Love Yourself* (New York: Prentice Hall, 1982), 66-70.

54 Grant Martin, *When Good Things Become Addictions,* 209-215.

욱 적대적으로 변하고 소외된다.[55]

거짓된 신앙은 내면에 충만감을 경험하게 하는 것과는 반대되는 것을 경험하게 한다. 종교적 행위는 모두 자신의 내면의 안정과 평화를 경험하는 것이어야 하기 때문이다. 물론 이런 과정에서 자신이 원하는 현실적인 욕구가 충족되는 경우도 있을 것이다. 이런 이유로 그들은 종교적인 행위를 도구로 사용하여 자신의 신앙을 진정한 것으로 정당화하려는 시도를 하게 되는 것이다. 전술한 대로 자신의 욕구가 충족되지 않은 것을 종교를 수단화시켜 충족하려는 행위로 볼 수 있는 점이다.

또한 여기에서 문제되는 편집증(Paranoid) 성향은 대개 성인기 후반에 발생하는 정신증적 증후군이다. 질투심, 감시당한다는 느낌, 비판받는다는 느낌, 중상모략의 대상이 되거나 독살당할 수 있다는 느낌으로 구성된 박해 망상을 갖고 있으며, 종종 소송 걸기를 좋아하는 특성을 보이기도 한다. 편집증, 편집적 성격, 편집적 정신분열증은 서로 중복되는 정신병리를 가리키는데 편집적이라는 용어는 때로 사회적 대의를 위해 열성적이고 열광적으로 헌신하는 개인들의 집단적 현상을 가리키는 말로도 사용되었다.

편집적 성격 또는 편집적 인격은 지속적으로 경직되고 부적응적인 지각, 관계 형성, 사고의 유형을 보인다. 경멸과 비난에 대한 과민 반응, 의심, 불신 병적 질투, 복수심 등이 이 병리에서 흔히 나타나는 특성들이다. 이런 개인들은 무관심하고 냉담하며 유머 감각이 결여된 것처럼 보인다. 편집적 정신분열증은 외부 세상과의 관계에서 매우 광범위한 장애를 보이며, 부적절하게 확립된 자기 항상성 및 대상 항상성 빈약하게 조직화된 정신적 표상, 사고, 판단, 현실 검증 능력과 같은 자아 및 초자아 기능의 손상을 특징적으로 보인다고 할 수

---

55 Stephen Arterburn & Jack Felton, *Toxic Faith: Understanding and Overcoming Religious Addiction* 114.

있다.[56]

4. 현실의 적응에서 도피와 회피에 관련된 문제

종교중독에서 네 번째로 문제가 되는 것은 현실의 적응에서 대치와 회피의 문제로 프로이트의 카텍시스(cathexis)에서 그 전염성을 발견할 수 있다. 카텍시스(Cathexis)는 두 개의 역학에 의해 결정되는데 그중 하나는 쾌락원리와 현실원리라는 점에서다. 중독이란 우리에게 쾌락을 가져다주거나 괴로움에서 해방시켜 주는 특정 활동과 사물, 사람에 대한 심리적 에너지의 투입(카텍시스)을 통해 이루어지는 집착의 형태이다.

카텍시스는 우리의 마음이 진정한 동기를 알아차리지 못하고 그것들을 거짓으로 정당화하기 위해 부정과 억압 등 수많은 방어기제들을 사용하여 심리적 에너지를 투입하는 것이다. 중독은 아무리 숨기거나 도피하려 해도 결코 완전할 수 없기 때문이다. 우리가 중요하게 여기는 것이 무엇인지에 매달리거나 사로잡혀 심리적 에너지를 투입하는 영적 집착을 나타내는 동의어가 되기 때문이다. 이러한 의미에서 대치와 회피에 관련된 문제로는 현실에의 도피 성향과 편집 성향의 문제를 들 수 있다.[57]

여기에 첫째 되는 요인으로는, 현실에서 도피 성향의 문제로 지나친 헌신, 지나친 봉사, 지나친 일들은 종교 중독의 위험을 높이는 수위가 된다는 사실이다. 이 대상들은 신에게 집중해야하는 신념을 어떤 일, 어떤 행위, 어떤 대상에 종교적 행위로 대치하는 경우를 발생한다. 종교적 행위를 하지 않으면 자기 스스로 아무런 열정을 느끼지 못하고 무기력하게 생각하며 믿음이 없고 형편없는 자아를 구축하게 된다. 이들은 자신이 감정을 솔직하고 정직하게 표현하기

---

56 미국정신분석학회 편 / 이재훈 외 역, 『정신분석 용어사전』, 556-558.

57 Gerald G. May, *Addiction & Grace,* 52-54.

를 거부하며 더구나 감정에 솔직한 것은 율법적인 신앙이라는 착각을 한다. 겉으로는 종교적인 규율과 질서를 철저하게 지키려 함으로써 실제 지키는 것처럼 착각한다. 세상에서 인정받지 못한 아픔과 상실감을 기독교 안에서 최고의 서비스를 받으며 보상효과를 기대하는 문제를 낳게 된다.

> 알코올과 약물중독자들만이 중독을 중심으로 인격이 형성되고 생활방식이 변하는 것은 아니다. 종교중독자들도 정확하게 동일한 과정을 거친다. 이들은 신의 성령으로 충만하기보다는 활동으로 충만하며 신을 닮아가기보다는 자신들이 인식되기를 바라는 존재로 변모해간다.[58]

기독교의 경우 종교중독자들은 연약하고 약한 자를 우대하는 공동체라는 것을 알고 있기에 세상보다 공동체 안에서의 보상을 더욱 기대하게 된다. 그래서 이들은 과도한 열심과 지나친 맹종과 더 나아가서는 곳곳을 간섭하며 자신을 나타내는 무리한 발언도 삼가지 않는다. 결국 이런 행위는 기독교인이라는 가면을 가장하여 믿음을 하나의 도피처로 삼는 인간의 숨겨진 중독이다.

둘째, 편향적 고립감의 문제이다. 중독자는 타인의 생각과 의견을 존중하지 않으며 받아들이지 않는다. 단 나와 같은 성향의 색깔들에 대해서만 우호적이다. 타인들이 가지고 있는 견해에 대해 매우 편협하며 불건전하고 신학적이며 사회적인 고립현상을 드러낸다. 완고함과 엄격함은 자신의 감정적 충족에 만족함을 주지 않는 자들과는 어떠한 일에도 동참하지 않는다. 자신들의 감정을 보호받기 위해 지도자와 늘 상관관계를 맺으려 애쓰며 지도자를 무척 우호적으로 대하고 보호하여 자신들의 필요의 가능성을 확대시킨다. 그러면서도 그들은 지도자에 대한 맹신을 불허하며 지도자와 관련된 모든 일, 의식적인 일

---

58 Stephen Arterburn & Jack Felton, *Toxic Faith: Understanding and Overcoming Religious Addiction*, 101-102.

이나 드러나는 모든 관습적인 일에 추종한다.

알코올중독자가 좋아하는 술집에 자주 가는 것처럼, 종교중독자는 같은 마음을 품은 다른 신자들과의 만남을 통해 그들의 지지와 격려를 받으려 한다. 책임과 성장을 제대로 하지 못해도 용납된다. 종교중독은 중독을 지지해주는 사람들에게 얽매이게 된다.[59]

종교중독자는 자신의 신학적 의견과 맞지 않는다고 생각할 때 상대에 대한 강한 미움과 시기를 나타낸다. 미움과 시기 질투의 대표적 특징은 스스로 자신을 고립시키면서 왕따를 당하는 것처럼 행동하여 동정하게 만든다는 사실이다. 타인의 모습과 태도에 문제가 있는 것처럼 행동을 취한다. 이들은 외부로부터 동정을 받게 되며 타인들은 뭇 사람들로부터 질타를 받게 되는데 이는 무의식적인 분노의 표출로 자신이 직접 표현하지 않고도 마음의 문제를 해결해 주는 아주 좋은 방법이다. 자기 자신의 분노를 상대가 해결해 주는 모양을 만드는 것이다.

5. 성격의 장애에 있어서 포장과 가식에 관련된 문제

종교중독에서 다섯 번째로 문제가 되는 포장과 가식에는 신앙의 왜곡적 문제와 주관적 감정으로서의 적대감 문제를 들 수 있다. 웨인 오츠(Wayne Oates)는 포장과 가식에 관련하여 성격장애(Personality disorder)가 가면을 쓰고 사는 삶에서 기인한다고 보고 있다. 그는 이러한 성격의 장애(disorder)는 가면을 벗어 버릴 때(order) 이길 수 있으며 진정한 자기를 볼 수 있다고 말한다.[60]

---

59 Stephen Arterburn & Jack Felton, *Toxic Faith: Understanding and Overcoming Religious Addiction*, 92-95.

60 Wayne Oates/장성식 역,『가면의 삶』, 173-174.

포장과 가식에 관련된 문제로는 첫째, 신앙의 왜곡적 현상의 문제로 종교 중독자의 자녀가 신앙(faith)의 병리적 병폐를 양산하는 첫걸음을 낳게 한다는 점이다.[61] 편집증적인 종교중독의 부모들의 자녀에게도 왜곡적 현상이 있을 수 있다. 이들은 신을 경배하지 않으면서도 영적인 절정감과 도취에 빠져 자신들이 가진고통과 권태를 다른 대상을 통하여 욕구를 만족시키려는 데에 문제가 있다. 신에 대한 경배는 철저하게 자기에 대한 숭배로 왜곡되며 고통스러운 행위는 전체적인 행동으로 도피되는 데 있다고 아터번과 펠턴은 지적한다.

> 참된 신앙에서 의도된 초점은 종교라는 마약이 제공할 수 있는 가상현실 속에서 왜곡되고, 악용되고 상실된다. 희생자는 계속적으로 종교적 의식을 실천하면서 신에 대한 사랑에서 떨어져 나와 강박 행동에 대한 사랑으로 빠져든다. 왜곡된 신앙은 좋게 보이고 좋게 느껴지지만 그것은 신을 향한 진정한 사랑에 대한 신앙의 유사품이다.[62]

왜곡적 현상이란 정상적인 신앙 상태가 아니며 다른 의미를 추구하거나 그릇된 현상을 의미하는 것으로 중독에 빠져 들어가는 맹목적인 현상을 말한다. 부모들의 왜곡된 신앙으로 길들여진 자녀들은 매우 순종적이며 착하다는 인상을 준다. 사실 이들의 자녀가 순종적이며 착하다는 말이 맞을지도 모른다. 왜냐하면 모든 이들로 하여금 순수한 믿음의 신앙을 소유한 것처럼 보이게 만들기 때문이다.

정해진 예배 시간, 매일매일 정해진 기도와 규율대로 움직이는 등 손댈 것이 없어 보이기 때문이다. 그러나 고집스럽고 강박적인 신앙으로 자녀의 인생이

---

61 Faith는 헌신적/실존적 신앙으로 분류할 수 있으며, Belief는 지적/분석적 신앙으로 의지적 차원을 말한다. 박원호,『신앙의 발달과 기독교교육』(서울: 장로회신학대학교, 1999), 25.

62 Stephen Arterburn & Jack Felton, *Toxic Faith: Understanding and Overcoming Religious Addiction* 112-113.

망가지는 것을 정작 부모 자신들을 알지 못한다. 정체성의 문제에서도 부모가 하라는 대로만 따라가서 언뜻 보기에는 순종적이고 착해 보이지만 자신의 생각과 신념과 믿음을 어떻게 펼쳐야 하는지를 전혀 알지 못한다. 그저 부모가 하는 대로 따라 할 뿐이며 내가 누구인지 자신의 위치를 알지 못한다. 밖으로 드러나는 신앙은 건전하고 건강해 보이지만 내면적으로는 영적, 정서적인 부분의 영역이 취약하며, 무엇보다도 부모의 결정대로 따라가는 왜곡된 신앙을 낳게 된다는 점이 문제이다.

둘째로 주관적 감정으로써 적대감의 문제이다. 종교중독자들은 자신의 의견과 생각을 절대 굽히지 않는다. 이런 행동을 통하여 타인들은 종교중독자들이 매우 강하고 자신의 고집을 가지고 신앙생활을 한다고 오히려 칭찬과 희망을 던진다.[63] 진정 이들의 내면은 거짓과 불의와 자신의 감정만을 유지하기 위해 외부에 드러내지 않는 절대적인 완고함에 취해 주위에서 믿음이 좋다느니 신령하다느니 하는 시각으로 바라보기에 더욱 그렇다. 자신의 편협된 시각, 왜곡된 신앙, 의례적인 형식적 행위에 의해 매우 주관적이며 강박적인 표현을 시도한다. 자신의 의견을 주지시키기 위해 성경구절, 지도자의 말, 성경적인 언어로만 이야기하려 한다.

> 성경을 인용한 자신의 말주변에 꾸중당하는 것을 두려워하여 감히 가까이 오지 못하기 때문에 안전하다고 느낀다. 성경을 빨리 외울 수 있는 것에서 주어지는 스스로 만들어낸 우월감으로 통제로부터 주어지는 근사한 느낌을 가져다 준다. 자신이 스스로 우월하다는 안전에 대한 욕구에 만족시킨다. 신의 말씀은 자신의 신이 되었다.[64]

---

63 Ibld., 440-441.

64 Stephen Arterburn & Jack Felton, Toxic Faith: Understanding and Overcoming Religious Addiction, 99-100.

이들은 타인의 의견을 들으려 하지도 않으면서 자신의 이야기만을 되풀이하며 자신의 의견에 따르지 않는 자들에게 적대감을 드러내며 동석하지 않으려 하고 인정하지도 않으며 구속하는 것이 가장 큰 문제라고 할 수 있다. 여기에서 드러나는 주지화(Intellectualization)란 불안을 통제하고 긴장을 감소시키기 위해 본능적 욕동을 지적 활동에 묶어두는 심리적 작용이다. 이 기제는 주로 청소년기에 많이 사용된다. 청소년들이 철학적이고 종교적인 주제들에 대한 토론과 사변에 몰두하는 것은 흔히 구체적인 신체 감각이나 갈등을 일으키는 생각과 감정을 피하기 위한 시도일 수 있다. 호의적인 환경 속에서 행해지는 건전한 지적 활동은 지식과 지능을 풍부하게 할 수 있지만, 병리적으로 왜곡된 지적 활동은 강박적이거나 편집적인 증상을 야기하기 때문이다. 정신분석 치료에서 종교중독자는 종종 정서적 통찰에 저항하기 위한 방어로써 생각과 감정을 분리시키는 주지화를 사용하여 문제를 발생시킨다.

6. 감정에 있어서 심취와 관련된 문제

종교중독의 특징에서 여섯 번째로 문제가 되는 것은 심취와 관련된 문제로서, 이는 어떤 사람이 무언가에 지나치게 빠져들거나 몰두하거나 습관적인 탐닉을 추구할 때 병리적인 강한 애착이 중독으로 변하는데 있다. 즉각적인 기분전환, 대상과의 고통으로 인한 신속한 해결을 요할 때 중독자는 기분에 몰입하게 되고 감정의 변화를 위해 중독행위를 숭배하고 따르게 된다.[65] 이와 같은 심취와 관련된 문제로 감정상의 변화를 위한 기분전환에 몰입하게 되고 기분전환을 일으키는 현상에 몰두하게 되는 것으로 다음과 같은 문제를 들 수 있다.

첫째로, 감정적 황홀감으로써 자기애의 몰입 문제에 대해 살펴보자. 종교적

---

65 Ibid, 83-84.

행위에서 나타나는 또 하나의 주의할 점은 자기애의 몰입에 의해 황홀경에 빠지는 무아지경의 신적 체험 문제이다. 병리적 자기애는 방어적인 자기 팽창, 통합된 자기 개념의 결여, 자기 표상 안에 있는 공격적인 측면의 행태를 포함한다. 다시 말하면 정상적인 자기애는 지속적이며 현실적인 자기 존중감과 성숙한 포부와 이상으로 인도하는 반면 병리적 자기애는 그 반대의 현상을 보인다. 즉, 자기에게 비현실적인 요구를 하는 모습, 타인의 갈채에 대한 지나친 의존, 자신에게 특별한 자격이 있다는 생각, 끊임없는 완벽의 추구, 다른 사람들에 대해 염려하거나 공감하거나 사랑하지 못하는 무능력, 빈약하거나 질이 낮은 대상관계를 보인다는 점이다.[66] 이들의 행동은 매우 주관적이며 항상 빠르게 행동하며 감정적 반응을 선보인다. 눈물, 죄책감, 수치심, 슬픔 등 다른 감정에 쉽게 동화되어 종교적 의식에 사로잡히게 된다는 사실이다.

> 스스로 의롭다는 느낌이나 무엇에 대해 옳다고 생각하는 것에 으레 따라오는 느낌에 중독될 수 있다. 기도, 경배, 찬양, 감정적인 절정감, 무언가 흥미진진한 것의 일부에 참여했다는 느낌, 무엇인가 거대한 것에 소속되었다는 느낌에 중독될 수 있다. 그것이 신을 경배하는 데서 오는 놀라운 열매가 아니라 노력의 목적이 될 때에 중독으로 변한다.[67]

또한 종교중독자는 특별한 권위적 인물에 영향력을 행사한다. 특별한 권위자가 선정되면 맹신과 함께 권위자와 추종자와의 조화를 이루어나간다. 권위자를 선택하는 이유는 자신의 행위에 호감을 갖고 권위자에게 인정받기를 기대하면서 나아간다. 암시에 걸려든 권위자는 서로를 필요로 하게 되고 상호

---

66 미국정신분석학회 편 / 이재훈 외 역, 『정신분석 용어사전』, 391-393.

67 Stephen Arterburn & Jack Felton, *Toxic Faith: Understanding and Overcoming Religious Addiction* 98.

중독성을 키워 나가면서 마치 마약 거래상과 마약 사용자의 관계처럼 서로의 특성을 보유한다는 데 문제가 있다.[68]

여기에서 우리는 자기애를 자세히 이해할 필요가 있다. 자기애(Narcissism)는 정신분석 문헌에서 '자기애적' 이라는 단어로 다양하게 적용되어 왔다. 그 요소로는 이상 성욕, 발달단계, 리비도 대상의 유형, 대상 선택의 유형과 양식 환경과 관계를 맺는 양식과 태도, 자존감, 정상적, 신경증적, 정신증적, 경계선적 성격 유형이며, 코헛은 대상의 유형, 대상 선택의 유형과 양식 환경과 관계를 맺는 양식과 태도, 자존감, 정상적, 신경증적, 정신증적, 경계선적 성격 유형이 있으며, 자기애적 리비도와 대상 리비도가 독자적인 축을 따라 발달한다고 하는 코헛의 개념은 자기심리학의 이론적 토대가 되었다. 최근 문헌에서 자기애(self-esteem)는 자존감이라는 의미로 널리 사용되고 있음을 알 수 있다.

예를 들자면, 컴버그(Kemberg)는 자기애적 환자의 특징을 "다른 사람들과의 상호작용에서 지나치게 자기중심적인 모습과, 자신에 대한 팽창된 개념을 갖고 있으면서도 다른 사람으로부터 찬사를 받고 싶어 하는 리비도와 모순된 모습"에서 찾아 볼 수 있다고 말했다. 컴버그는 정상적 자기애는 병리적 자기애와 구별되어야 한다고 지적하면서, 정상적 자기애는 복합적인 요소들로 구성되는데 이는 자기의 구조적 통합, 자기 및 대상 항상성의 획득, 리비도적 욕동 파생물과 공격적 욕동 파생물간의 균현, 자기와 초자아 구조 간의 조화, 충동을 자아 동조적으로 표현할 수 있는 능력, 수용할 수 있는 능력, 외부 대상으로부터 만족을 얻을 수 있는 능력이라고 한다.

둘째로는, 판단의 유보로서 맹신의 문제가 바로 그 예이다. 종교중독자는 의외로 쉽게 설득당하는 경향이 있다. 이유는 지적 무지 때문이다. 하지만 똑똑한 사람도 현명한 사람도 때로는 설득당하기도 한다. 종교중독에서 나타나는

---

68 Grant Martin, *When Good Things Become Addictions,* 209-215.

맹신의 문제는 진리를 상황 가운데서 분별하지 못하기 때문이다. 종교중독에 쉽게 걸리지 않는 기독교인은 어떤 사람들일까? 그들은 늘 영적 지식의 원천인 신과의 연대감을 갖는 자이다. 목사나 교역자는 신의 진리를 전달하는 도구이며 대리자이며 대언자이지 전능한 신이 아니다. 우리가 늘 기억하고 생각해야 하는 것은 창조주이다. 반대로 중독자는 늘 자신의 약점과 고통과 상처를 감추는 데 도움을 주는 손쉬운 해결책과 행동을 모색한다. 진정한 헌신과 희생적 봉사의 손길을 배제하고 겉으로 보이는 거룩성을 찾으며 건강, 부, 번영에 대한 가르침만을 우선순위에 두기 때문이다.

위에서 볼 수 있는 종교중독에서 나타나는 문제들은 기독교의 경우 공동체 안에서뿐만 아니라 개인, 가정, 모든 관계에서 부정적인 영향을 미치게 되며 강박증적인 신앙에 물든 병리적 병폐임을 볼 수 있었다. 8장에서는 종교중독의 주된 증상들을 통하여 역동적인 측면에서 종교중독의 증상과 관련된 문제를 탐색한다.

제 8 장

종교중독과 관련된 병리적 증상

종교중독에서 문제가 되는 특성들은 하나의 독립된 증상으로서 병리적 병폐를 만들어 놀라운 파괴력을 지닌다. 그것은 개인의 실존까지 침입하여 파괴하는 위력이 바로 증상과 관련된 문제이기 때문이다. 이제 종교중독과 병리적 증상에 관한 주된 내용을 살펴보도록 한다.

I. 종교중독과 강박증

종교중독과 연관성이 있는 강박증은 두 가지로 구분할 수 있다. 하나는 강박-충동 장애(obsessive-compulsive-disorder: OCD, 강박증)와 강박 충동-성격장애(obsessive-compulsive personality-disorder: OCPD, 강박적 성격장애)로 구분할 수 있다. 강박(obsession)이란 지속적이고 변하지 않는 생각으로 무언가에 사로잡힌 생각이며, 충동(compulsion)은 지속적이고 원하지 않는 행동으로 무언가에 사로잡힌 행동을 뜻한다. 강박적으로 생각하는 사람은 외모나 체중에 집착하고, 비현실적인 공포에 사로잡히며, 질병에 대해 지나치게 염려한다. 충동에 사로잡혀서 머리카락을 뽑거나 충동적인 성행위에 몰두하고 도박과 같은 중독에 빠져 반복적으로 동일한 행동을 지속한다. 강박적 사고와 행동은 자신이 원하지 않아도 반복적으로 나타나는 생각에 마음을 빼기는 것이다.

강박증은 정도에 따라 두 가지 종류의 장애로 구분한다. 강박 충동장애(obsessive-compulsive disorder)와 강박 충동 성격장애(obsessive-compulsive personality disorder)가 그것이다. 강박 충동장애는 완벽주의에 사로잡히는 강박적 사고이며, 강박적 충동 성격장애는 내면을 정화시키는 상징적 표현으로 부정적 부분을 정화시키려는 무의식적 행동이다. 대상관계 이론(Object Relations Theory)에 따르면 강박적 성격은 엄격한 도덕 기준을 가진 부모에 의해 생긴다고 한다. 결국 어머니가 아이를 방치함으로써 생기는 스트레스성

강박증으로 인해 아이는 반복적이고 의례적인 행동으로 불안정함을 해소하려는 행동을 발견하는 것이다.[69]

1. 강박증과 사고

강박적 성격장애는 완고하게 고착화된 엄격함을 특징으로 하며, 사람의 마음보다는 일을 우선시하여 감정보다 규칙을 더 중요하게 생각한다. 규칙과 습관에 집착하여 정해진 틀을 벗어날 때 불안이 가중되며 자신이나 다른 사람의 감정을 중요시하지 않고 법과 규칙을 중요하게 생각하여 내용보다 형식에, 과정보다 결과에 집착하여 다른 사람에게 상처를 준다는 문제점을 발견할 수 있다.[70] 강박성 성격장애들은 이러한 두려움과 불안이 목적의식 가운데 늘 자리잡고 있다는 특징이 있다. 강박성 성격장애는 의례적 행위는 시도하지 않지만, 강박증(Obsessive-Compulsive Disorder)은 강박적 성격장애(Obses- sive-Compulsive Personality Disorder)보다 더 심각한 증상을 동반한다고 볼 수 있다.

2. 강박증과 충동

강박증(Obsessive-Compulsive Disorder)은 강박적인 생각과 함께 충동적이며 집착적인 행동을 반복적으로 실행하는 것을 말한다. 강박과 충동의 공통점은 어떠한 생각과 행동이 싫어도 자신도 모르게 사로잡히는 현상이다. 강박은 자신도 모르게 끌려가는 인식, 생각, 사고(obsession)를 뜻하며, 충동(compulsion)은 자신도 모르게 행동으로 실행하는 것을 말한다.[71] 강박증에

---

69 Nancy Mc Williams, *Psychoanalytic Diagnosis: Understanding Personality Structure in the Clinical Process* (New York: Guilford Press, 1994), 280-282.

70 Les Parrot Ⅲ, *Helping the Struggling Adolescent* (Grand Rapids: Zondervan, 1993), 190.

71 Millard J. Sall, *The Emotions of God's People: Helping those Who are Hurting* (Grand

서 나타나는 강박사고는 불안을 증가시키고, 강박행동은 불안을 감소시키는 상호 긴밀한 보완관계를 유지한다고 할 수 있다. 실제로 학습이론에 의하면 강박사고가 불안을 유발하는 비조건화 자극과 짝 지어지면 불안을 일으키게 된다.

> 강박사고는 조건화된 자극이 되며 강박행동은 강박사고와 관련된 불안이 어떤 특정 행동에 의해 감소됨으로써 행동이 반복되고 강화되는 결과라는 것이다. 정신 역동적 강박장애는 불안에 대한 다음 3가지 방어기제에 의해서 발생한다. 고립(isolation)과 취소(undoing), 반동형성(reaction formation)이다.[72]

특히 정신역동적 관점에서 강박장애는 불안에 대한 세 가지 방어기제를 우선시한다. 첫째로 고립(isolation)이라는 방어기제는 고통스러운 생각이나 사건을 그것과 연관된 감정으로부터 떼어 내 고립시킴으로써 자신을 보호하고자 하는 기제이다. 생각과 감정이 분리되기 때문에 고통스런 감정적 경험 없이 공격적 또는 외설적 생각이 떠오를 수 있는 것이다. 특히 강박적인 사람의 경우, 아무런 감정적 동요 없이 담담하게 성적 흥분이나 적개심을 일으킬 수 있는 사건이나 생각 등을 장황하게 늘어놓을 수가 있는데 이는 감정적 경험을 배제시키기 위한 방어적 수단으로 동원된다고 볼 수 있다.

두 번째 방어기제인 취소(undoing)는, 의례적 행위를 통하여 성적, 공격적 의도를 제거하거나 자신의 행동에 대한 책임을 면제받고자 하는 기제이다. 강박적인 손 씻기를 통하여 자위행위에 따른 수치심과 죄책감을 떨쳐 버리려 한다거나, 습관적으로 죄를 짓고 종교적인 자기 징벌적 속죄방식을 사용하여 죄책

Rapids: Zondervan, 1978), 63-70.

72 대한신경정신의학회 편, 『신경정신의학』, 232.

감을 제거하려고 시도하는 경우 등이 해당된다.

세 번째 방어기제인 반동형성(reaction formation)은 개인이 느끼는 고통스런 감정이나 생각들이 그것과 반대되는 내용들로 대체되는 현상이다. 이는 자신에게 수용될 수 없는 내용을 수용 가능한 것으로 변화시킴으로써 효과적인 억압을 유지시키고자 하는 기제이다. 예를 들어 부모에 대한 적개심이 오히려 부모에 대한 지나친 염려와 관심으로 나타나거나, 동물에 대한 잔혹한 가학적 욕구가 동물애호심으로 변형되어 나타날 수 있는 것이다.[73] 강박증과 관련된 충동과 감정은 고립에 의해 억압되고 감정이 배제된 사고만 의식화된다. 그러나 계속 의식화하려는 충동과 감정은 취소에 의해 더욱 방어되며, 그 결과 강박행동이 출현한다는 것이다. 반동형성에 의해 충동이나 감정에 반대되는 강박장애 특유의 과장적인 태도나 성격특징의 형성이 그 결과이다.

> 보복을 당하거나 부모로부터 사랑을 받지 못할 것 같은 위협을 느낄 때 인격은 위축되어 오이디프스기로부터 항문기의 양가감정적 정서 상태로 후퇴하게 된다. 한 사람에게 사랑과 감정이 공존하면 그 개인은 의심하고 결정을 내리지 못하는 문제가 발생한다. 마술적 사고는 퇴행의 결과로서 유아적 사고방식을 나타낸 것으로 공격성의 충동이 여기에 담겨져 있다.[74]

3. 강박증과 집착

강박증에서 나타나는 증상과 관련된 문제는 공격성과 청결에 집착한다는 것이다. 집착 증상을 보이는 강박장애는 항문성 가학성 시기와 관련된 정상적

---

73 Ibid., 74-77.

74 Ibid., 235.

인 성장 발달에 장애가 있음을 알 수 있다.[75] 즉, 반복적인 사고나 반복적인 행동은 강박장애에서 흔히 나타나는 증상임에도 불구하고 일반적으로 강박사고나 행동이 사회생활이나 개인 활동에 지장을 초래할 정도로 심해 환자 자신이 강박 행위에 대한 불합리성을 인정하면서도 이를 중단하지 못하고 괴로워한다는 사실이다.

> 미국정신의학회 DSM-III-R은 강박장애의 진단 기준에 있어서 강박사고를 생각으로, 행동을 행동으로만 정의하였으나 DSM-IV에서는 생각으로 나타나는 강박행동도 있다고 하면서 강박사고는 불안을 증가시키는 것, 강박행동은 불안을 감소시키는 것이라고 정의하고 있다.[76]

강박증과 강박성 인격 장애는 실제로 구분이 힘든 경우가 있는데, 강박성 인격 장애는 강박증에 비해 기능적인 장애가 덜한 반면 강박증은 의존적이며, 회피적 및 수동 공격적인 특성의 문제를 가지고 있다고 할 수 있다. 강박증의 경우 정신 역동적 요인을 이해함으로써 치료에 도움이 되나 일반적으로 상당수의 강박증 대상들이 치료에 비협조적이다. 행동치료의 과제를 제대로 하지 않고 치료에 저항을 보이는 경우가 실제로 많다. 강박증에서 행동치료는 강박행동(제의적 행동)에 효과적이다. 행동치료법은 노출(exposure)과 반응방지(response prevention)를 들 수 있다. 강박장애 대상이 두려워하는 상황, 사건 또는 자극에 노출시키고 통상 수반되었던 강박행동을 하지 못하게 하는 경우이다. 강박적 사고가 주 증상인 경우 사고 중지법을 적용할 수 있다. 그러나 상당수의 강박장애 증상에 두려운 상황에 노출될 때 불안 증가를 경험함으로써

---

75 지금까지 강박증에 관련된 문제를 이해하기 위해 강박장애로 표현했다. 강박증에 대한 선이해가 된듯하여 강박증이라 표현한다.

76 Ibid., 236.

치료를 거부하거나 중도 탈락하는 문제점을 지적할 수 있다.[77]

4. 강박증과 불안

강박증 치료는 기간의 시간을 필요로 한다. 강박증 치료에 필수적인 정신치료는 스트레스에 의해 악화되기 때문에 이를 경감시키거나 효율적으로 다룰 수 있도록 도와주는 심적인 치료가 필요하다고 할 수 있다. 또한 강박증의 원인이 되는 요인으로는 행동적, 유전적, 신경생물학적 정신 역동적 관점에서 설명되어 왔는데 최근에는 DSM-IV에서 유전적, 신경생물학적 이상이라고 다음과 같이 정의한다.

강박증에서 나타나는 강박 행위가 병이냐 아니냐 하는 것은 강박에 복종하는 당사자가 행위의 의미를 알고 하느냐 모르고 하느냐의 문제이다. 왜냐하면 강박 행위의 의미를 의식하고, 강박 행위를 할 때 행위의 동기를 의식하는 일은 정신분석학적 치료를 통해서만 가능하기 때문이다. 또한 종교중독에서 나타나는 증후들을 신앙인들이 의미를 모른 채 의례적인 행위를 하고 있기 때문이다. 신앙인들에게는 종교적인 관습이 행동으로 드러날 때 동기는 알려져 있지 않으나 그들의 의식은 생각한 것보다 훨씬 의미심장한 형태로 나타남을 알 수 있다. 강박 행위의 원인과 관련된 동기이해는 강박(어떤 일을 해야 한다)과 금제(禁制, 어떤 일을 해서는 안 된다)의 고통을 받는 자신들이 죄의식이 무엇인지도 모르면서 죄의식에 사로잡혀 있는 것처럼 행동하며, 이 죄의식은 과거의 사건에 뿌리를 두고 있다가 자극을 받으면 예외 없이 되살아나 새로운 유혹에 휩싸여 불안과 불행에 대한 행위로 상응하기 때문이다.

결국 의례적인 행위를 통해 불행이 의식적으로 자극을 받게 되며 의례적 행

---

77 Ibid., 234-238.

위는 불안의 위험을 가중시키는 방어 행위의 대비책으로 시작된다.[78] 종교중독과 관련된 증상에서 살펴본 강박증은 자신이 하지 않으려 해도 불안이 기저에 깔려있기에 하지 않으면 안 되는 반복적 습관을 병행하는 특징적인 문제가 있음을 알 수 있다. 이는 강박적 사고, 강박적 충동, 강박적 집착을 통해 알 수 있다.[79] 강박증과 불안에서 드러나는 신경증적 의례행위와 종교의례 사이에 공통점을 통하여 불안이 주는 행위에 태만할 경우 불안에 휩싸인다는 점을 발견할 수 있다. 그것은 종교중독과 관련된 강박증의 기저에 잠복해 있는 불안이나 불행은 죄에 상응하는 벌에 대한 예감을 통하여 내적인 지각과 연결되기 때문이다. 특히 신경증적 징후로 나타나는 강박적 행위의 하나인 불안은 종교적 관례에서 특징을 찾아볼 수 있다.

종교가 금지하는 행위, 억압되어 있는 본능의 표현들이 종교라는 이름으로 자행되고 있기에 강박 신경증(obsessive-compulsive Neurosis)을 종교의 병리학적 내용으로 파악할 수 있다. 그중 억압의 과정 중 일부는 성공할 수 있으나 강박 신경증에 이르게 하는 이 성공은 끊임없는 의례적 행위로 나타남과 동시에 불안에 대한 방어 수단으로 금제가 강박적 행동의 자리에 앉게 된다. 병증의 기저에 잠복해 있는 불안의 근본적인 요소는 본능 충동(프로이트는 이것을 성적 본능의 한 요소로 본다)의 억압으로써 어린 시절에는 어느 정도 허용되다가 후에 억압의 대상이 되며, 본능의 억압이 어느 정도 진행되다가 양심이라는 양심성이 생기고 난 뒤에는 본능이 겨냥하는 것과는 반대의 것을 지향한다는 것이다. 무의식에 잠재해 있는 억압된 본능의 영향은 억압 자체의 과정이 진행되면서 미래의 불안을 예감하는 형태로 지배하게 된다. 계속되는 유혹

78 지그문트 프로이트 / 이윤기 옮김, "강박 행동과 종교 행위," 『종교의 기원: 프로이트 전집 12』(서울: 열린책들, 2003), 10-17.

79 *Diagnostic and Statistical Manual of Mental Disorders,* Fourth Edition (Washington: American Psychiatric Association, 1994), 15.

에 뒤따르는 죄의식에 대한 공포 형태의 불안은 신경증의 경우보다 종교의 영역인 종교중독에서 그 문제점을 발견할 수 있다는 것이다. 왜냐하면 신경증보다는 종교적으로 경건한 사람들에게 드러나는 일반적인 현상으로 참회라는 새로운 종교활동의 형태를 만들어 내기 때문이다.[80]

이처럼 강박증은 다른 정신장애와 공존하는 비율이 높다고 볼 수 있다. 주로 우울증, 사회공포증 이외에도 특정 공포증, 공황장애, 식사장애, 정신분열병, 뚜렛 장애, 반사회적 인격 장애, 알코올 남용 등이 병발한다. 강박적인 사람의 감정적 갈등은 불안과 더불어 분노와 두려움으로 억압되어 있는 것은 이들의 감정이 끊임없이 강박적 증상에 노출되어 억압되고 감추어지기 때문이다.[81] 이들이 행해지는 감정적 분노와 두려움은 자신을 지키고자 하는 불안에 대한 방어수단으로 억압된 본능에 충실하게 봉사하는 금지된 행위에 더욱 가까이 접근해간다.

II. 종교중독과 불안증

종교중독의 증상과 관련된 두 번째의 문제는 불안증(anxiety syndrome)이다. 불안(anxiety)이란 뚜렷한 이유나 원인 없이 느끼는 불쾌함을 의미한다. 불쾌함을 느끼게 하는 감정이 불안에서 오는 정서라는 것을 잘 모르면서도 정서적인 상태라고 부른다. 왜냐하면 느낌으로써의 불안은 우리에게 불쾌감을 주기 때문이다. 그렇지만 불쾌함만이 불안의 전부는 아니다. 또한 불쾌감만을 불안이라고 부를 수도 없다. 불안은 불쾌한 특성 외에도 긴장과 고통, 비탄 등

---

80 지그문트 프로이트 / 이윤기 옮김, "강박 행동과 종교 행위,"『종교의 기원: 프로이트 전집 12』, 17-21.

81 Millard J. Sall, *The Emotions of God's People,* 282.

의 다른 정서와 함께 느낌으로 다가오기 때문이다.[82] 그러므로 불안에서 오는 불쾌한 특성 외에 다른 어떤 특성들을 지니고 있는 여러 정서들 간의 차이점이 종교중독의 증상과 관련된 불안증의 문제점으로 지적될 수 있다.

1. 불안증과 대상

불안이란 뚜렷한 원인 없이 생기는 불쾌하고 모호한 두려움과 더불어 자율신경계통의 과민 증상들(발한, 두통, 가슴 답답함, 위장관의 장애)이 동반되는 기분(mood) 상태라고 말할 수 있다. 특히 정신병리(Psychopathology)에서 나타나는 증상론(Symptomatology)에는 인간의 정신현상에서 겉으로 드러나는 행동과 언어뿐 아니라 표현되지 않은 지각, 사고, 판단, 정서 등이 포함된다. 이는 서로 분리할 수 없는 여러 측면의 증상이 있는데 그 중 감정 상태를 기분과 정동으로 구분할 수 있다. 기분(mood)이란 어떤 사람의 마음속에 나타나는 주관적인 정서 상태의 감정(emotion)을 말하며, 정동(effect)은 객관적인 관찰 가능한 상태로 일정 기간 지속되는 정서 상태의 감정이다.

기분에는 불쾌한 기분(disagreeable mood) 정상적인 기분(normal mood), 유쾌한 기분(pleasant mood)으로 나눌 수 있다. 불쾌한 기분 중 슬픔(sadness)의 정도가 비정상적으로 심하고 오래 지속될 경우 우울(depression)이라고 하며, 사고나 행동에 영향을 주어 비정상적인 죄책감(guilty feeling)과 함께 사회적 위축(social withdrawal)이 동반된다. 유쾌한 기분은 다행감(euphoria), 의기양양(elation), 황홀감(ecstasy)등 다양한 수준으로 나타난다. 약간 들뜨고 기분 좋은 상태를 다행감이라고 하며 경조증(hypomanic) 상태에서 관찰된다. 다행감에서 행동상의 항진이 동반된 상태를 의기양양이라고 하며 이런 경우

82 지그문트 프로이트 / 황보석 옮김, "억압, 증상 그리고 불안," 『정신병리학의 문제들: 프로이트 전집 10』, 259-260.

합리적 사고와 판단에 장애가 쉽게 생겨 흥분하거나 주변 사람들과 자주 의견 충돌을 일으키고 지나치게 독선적 행동을 할 수 있다. 유쾌한 기분의 극치는 황홀감으로써 어떤 일도 안 될 것이 없을 것 같은 무한한 자신감을 느끼는 상태이다. 이는 종교중독에서 나타나는 현상적 체험과 같은 무아지경의 상태를 말한다.[83]

불안은 두려움의 대상이 확실하지 않은 상태에서 느껴지는 감정이며, 공포심은 두려움의 대상이 뚜렷하게 느껴지는 차이가 있다고 할 수 있다. 우선, 불안은 불쾌한 특성 외에도 다른 특성을 지니고 있다. 불안한 느낌에 대한 특징은 신체의 어느 특정한 기관을 통해 육체적 느낌이 동반된다는 사실이다. 이러한 느낌들은 호흡기관과 심장과 관련된 느낌으로 운동신경을 지배하고 해소과정 등이 불안의 일반적인 현상에 작용된다는 것이다.

> 특별히 불쾌한 특징, 해소 행동은 비탄과 고통에서처럼 불안 상태와 다른 유사한 상태 사이의 차이점을 나타내며, 행동의 인식은 그 상태의 결과나 그에 대한 반응으로서 다른 성질을 띤다. 그러므로 불안은 해소 활동이 특별한 경로를 따르는 불쾌한 상태이다.[84]

불안한 느낌은 단순히 흥분의 증가에만 근거하는 것이 아닌 병리적 요인이 존재한다는 것이다. 불안이라는 요인의 주 범인인 흥분이라는 증가와 함께 해소 행동을 필요로 불안의 조건을 포함하는 경험의 발현이며, 이러한 상황에서 불안은 불쾌한 감정이라는 특별한 성질을 갖게 된다는 것이다. 불안 상태는 사람의 경우 외상이라는 경험의 예가 되살아나기 때문이다. 또한 이러한 불안

---

83 대한신경정신의학회 편, 『신경정신의학』, 94-101.

84 지그문트 프로이트 / 황보석 옮김, “억압, 증상 그리고 불안,” 『정신병리학의 문제들: 프로이트 전집 10』, 260.

은 두 가지 방법으로 나타남을 알 수 있다. 하나는 위험 상황이 발생했을 때의 불편한 상황이며, 또 하나는 어떠한 상황이 발생하지 않도록 미리 방지하는 방법이다. 결국 불안이란 대상과의 분리 및 상실에 대한 두려움에 직면할 때 나타나는 증상이다.

프로이트는 『정신병리학의 문제들』에서 불안의 근원에 대한 개념을 마음과 관련짓는다. 불안은 위험에 직면할 때마다 자아가 경험하는 정동인데, 분석의 마지막에 가면 항상 대상과의 분리나 대상 상실에 대한 두려움이 암시되어 있다는 것이다. 불안감은 실제 위험에 기인한 불안(현실 불안), 무력한 자아를 압도하는 외상적 상황에 의한 불안(자동 불안), 자아가 임박한 위험에 반응할 수 있는 상황 속에서 활성화되는 불안(신호불안)으로 구분할 수 있다.

이러한 불안증상은 자아가 만들며, 자아에게 대상과의 분리나 대상상실의 공포와 관련된 위험을 암시하는 불안 경험을 회피하기 위해 방어를 세운다는 것이다. 정동이 발동하도록 자아가 지각하는 '위험'의 특성에 대해 프로이트는 출생 행위가 불안 경험의 원형이지만 이와 유사한 경험들이 있으며, 아동에게 나타나는 불안, 즉 아동이 홀로 있거나, 어둠 속에 있을 때 혹은 친숙한 사람(어머니) 대신 낯선 사람과 있을 때의 불안이라고 말한다. 이러한 세 가지는 사랑하고 갈망하는 누군가를 잃는 것으로 축소될 수 있다. 유아 불안의 진정한 본질은 불만족으로부터 오는 경제적 교란, 즉 욕구로 인한 긴장 증가에 있다고 본다.[85]

2. 불안증과 억압

불안은 두려움의 대상이 확실하지 않은 상태에서 느껴지는 감정이라고 할 수 있다. 종교중독자들은 특히 자신의 감정을 나타내려 하지 않는다. 이는 무

---

85 장 미셸 키노도즈 지음 / PIP 정신분석연구소 역, 『리딩프로이트』(서울: Nun, 2011), 345-352.

의식에서 요구하는 감정 억제 증상에 충실하려는 자아의 긴장 상태로 본능과 충동이 억압되어 불안으로 변화한 것임을 알 수 있다.[86] 특히 종교중독 뒤에 숨어있는 역동적(dynamics)인 힘은 의식에서 갈등하는 에너지로 무의식에서의 갈등과 심리내적 구조의 결핍으로 왜곡이 자리를 잡을 때 나타나는 사고이다. 불안이란 욕구(desire)를 억압(repression)할 때 우리의 자유가 오용당하고 파괴적인 행위로 자리를 옮겨 집착하게 되는 특성이 있는데 이것은 억압이라는 무의식의 역동 때문이라고 말한다. 억압된 욕구는 사라지지 않고 해소할 곳을 찾아다니며 의식의 가장자리에서 시시때때로 모습을 드러내기 때문이다.[87]

종교중독에서의 행위는 태만할 때 불안에 휩싸인다는 것이다. 불안을 해소하려는 종교적 의례가 시행되지만 종교중독자들에게는 결국 자신을 상실하는 자유를 금제라는 혹독한 의식으로 오용하게 된다는 것이다. 억압된 불안 뒤에는 반드시 증상의 조건이 따름을 알 수 있는데, 이 두 개념은 금제가 강할수록 무의식적으로 불안을 낳게 하는 본능충동의 억압이 존재한다는 것이다. 억압의 증상은 무의식의 역동으로써 의식에 전환된 병리적 요인들과 만나 증상이 형성된다는 것을 프로이트는 타협의 형성과정으로 표현한다.

또 한 가지 억압된 본능은 무의식에서 억압의 과정이 진행되는 동안 불안을 낳으며 계속해서 종교 행위에 가담시켜 미래의 불안으로부터 도피하고자 하기 때문이다. 억제는 병리적 의미를 갖지 않는 관계를 유지하며 증상은 병리적 과정이 존재하기 때문이다. 억제와 불안의 이러한 관계는 자아의 기능에 대한 제한이라고 할 수 있다.[88] 억압은 자아가 얼마나 강한가를 나타내 줄 뿐 아니라

---

86 지그문트 프로이트 / 임홍빈, 홍혜경 역,"불안과 본능의 삶,"『새로운 정신분석 강의: 프로이트 전집 2권』, 123.

87 Gerald G. May, *Addiction and Grace* (New York: Harper Collins Publishers, 1991), 2-3.

88 지그문트 프로이트 / 황보석 옮김,"억압, 증상 그리고 불안,"『정신병리학의 문제들: 프로이트 전집 10』, 221, 259.

자아의 약함 또한 억압에 의해 드러나는 증상이라는 것이다. 왜냐하면 억압에 의해 드러난 증상으로는 이드가 어떠한 영향도 받지 않기 때문이다. 그런 의미에서 프로이트는 억제(inhibition)가 증상과 동의어가 아니라고 말한다. 왜냐하면 억제는 병리적인 결과 없이도 존재하는 반면 증상은 병리적인 과정이 일어나고 있는 신호이기 때문이다.[89]

3. 불안증과 증상

불안증에 동반하는 증상과 분류는 다양하다. 종교중독과 관련된 불안장애에는 여러 독립적인 질병들이 포함되는데 미국정신질환 진단분류체계에서 분류한 기준을 먼저 살펴봄으로써 종교중독 증상과의 연관성을 탐색해 보도록 하겠다. 진단분류에서 보듯 불안장애는 여러 가지 독립적인 세부 질병들이 포함된다. 정신증(Psychosis)의 의미는 현실 지각의 손상과 망상, 환청, 기억력의 장애, 사회적 위축, 일상적인 가사나 직업적인 역할 수행 능력이 없는 것을 특징으로 하는 사회적 또는 개인적인 심각한 장애를 뜻하며 자아의 퇴행 정도를 의미한다. 신경증(Neurosis)은 만성적이거나 반복적인, 정신병적이지 않은 장애로서 불안이 특징적이다. 종교중독의 현상에서 드러나는 불안과 관련된 진단으로는 불안 장애(anxiety disorder), 신체형 장애(somatoform disorder), 기분부전 장애(dysthymic disorder), 해리 장애(dissociation disorder), 성 장애(sexual dysfunction) 등도 함께 등장한다.[90]

---

89 장 미셸 키노도즈 지음 / PIP 정신분석연구소 역, 『리딩프로이트』, 347.

90 대한신경정신의학회 편, 『신경정신의학』, 142-143.

불안장애의 진단분류(DSM-Ⅳ-TR)
공황장애(panic disorder) 광장공포증을 동반한 경우(With agoraphobia) 광장공포증을 동반하지 않는 경우(without agoraphobia)
범불안장애(generalized anxiety disorder)
광장공포증(agoraphobia)
사회공포증(social phobia/Social anxiety disorder)
특정공포증(specific phobia)
강박장애(obsessive compulsive disorder)
외상 후 스트레스장애(post traumatic stress disorder)
급성 스트레스장애(acute stress disorder)
물질 유발성 불안장애(substance induced anxiety disorder)
기타 불안장애(anxiety disorder not otherwise specified)
일반적 의학적 상태 때문에 발생하는 불안장애 (anxiety disorder due to a general medical condition)

〈표1-4〉 불안장애의 진단분류

정신분석가들은 종교중독에서 나타나는 불안을 심리사회적 원인에서 무의식적 역동인 억압으로, 즉 공황발작과 관련된 방어기제로 본다. 개인이 받아들이기 힘든 생각, 소망, 충동들이 억압되어서 의식으로부터 분리되어 있다가 방어기제가 무너지면서 무의식적인 내용들이 터져 나올 때 나타나는 불안이 공황발작이라는 것이다. 또한 행동주의 이론에 따르면 불안이란 부모의 행동을 학습한 결과 또는 전형적인 조건화 반응을 통해 나타난다.

예를 들어 많은 사람들이 이용하는 교통수단인 버스에서 공황발작을 경험한이는 버스만 타면 공황발작을 기억하게 되어 쉽게 불안해진다는 것이다. 이와 관련하여 진단 분류에서 보여주는 강박장애는 종교 행위와의 유사성을 찾아볼 수 있다. 중독과 강박은 같은 증상은 아니지만 많은 부분을 공유한다. 이는 불안이 기저에 있어서 하지 않으면 안 되는 집착과정이 종교중독에서 나

타나는 의례적인 종교 의식과 맞물려 불안을 해소하기 위한 증상으로 타협하기 때문이다.[91]

III. 종교중독과 우울증

종교중독의 증상과 관련된 세 번째 문제는 우울증이다. 우울증은 기분과 정신운동 저하의 증후군으로써 의욕을 상실하며 무기력한 상태이며 정신에너지의 고갈 상태를 보인다.[92] 우울증을 일반적으로는 '울증(melancholia)' 또는 '울병'이라 하며 정서 순환의 장애를 일으키는 문제로써 부정성을 바탕으로 한 병리적 특징을 가지고 있다고 할 수 있다. 특히 부정적 인지와 부정적 사고의 측면이 발생하여 부정적 정서 상태로 나타난다고 할 수 있다. 또한 신체적으로는 불면증과 체중감소를 동반하며 종교중독에서 나타나는 현상으로는 의욕상실감과 함께 죄책감과 망상적 색채라는 특이한 증상을 보인다.

망상(delusion)은 현실에 맞지 않는 잘못된 생각을 말함으로 실제 사실과 다르며, 논리적인 설명으로 시정되지 않고, 교육 정도나 문화적인 환경에 걸맞지 않는 잘못된 믿음 또는 생각이라는 특징을 지니고 있다. 정신분열병에서는 피해망상(persecutory delusion)이 가장 많으며, 양극성장애의 조증 상태에서는 과대망상(grandiose delusion), 우울 상태에서는 빈곤망상(delusion of poverty)이나 죄책망상(delusion of sin or guilt), 또는 허무망상(nihilistic delusion) 등이 나타난다. 망상의 내용이 잘 조직화되어 기본 전제가 잘못되었다는 점을 제외하고는 전체적으로 그 나름대로 논리와 연결성을 가진 것을 "체계화된 망상(systema- tized delusion)"이라고 한다. 망상(delusion)은 주변으로부터 받아

91 Stephen Arterburn & Jack Felton, *Toxic Faith,* 31.

92 John Mendel, *Concepts of Depression* (New York: John Wiley Press, 1970), 45-46.

들인 여러 가지 정보를 잘못 해석하여 사실과 다른 결론을 내리게 되는 정신병리 현상으로 발병 초기에는 스스로의 생각에 의구심을 가지기도 하지만 여러 사례들에 대한 반복적인 망상적 해석(delusional interpretation)의 결과 '믿기 어렵지만 내가 겪은 일은 사실'이라는 결론에 도달한다. 이런 망상적 사고가 점차 고착되면 체계화된 망상이 나타난다.[93]

1. 정서적 고갈로서의 우울증

우울증의 어원은 자신을 내리누르는 것(to press down)으로 특히 종교중독에서는 증상 자체가 그대로 드러난다. 우울증(depression)은 슬픔의 감정, 희망 없음, 무기력감, 죄책감, 자기 비판적 사고, 외부 활동에 대한 흥미 감소 등을 보이는 주관적인 기분이거나 또는 정동 이외에도 심리 운동 활동이 느려지는 현상이며, 일반적인 권태, 피로, 성적 욕구의 감소, 식욕감퇴, 변비, 불면증 등이 수반된다. 때로는 불면증 대신 수면 시간이 증가하기도 하고 식욕감퇴 대신 과도하게 식욕이 생기기도 한다.

이러한 신체증상은 우울증이 진행되는 징후이며 질병의 원인이 된다. 명확하고 효과적으로 사고하지 못하는 증상을 수반하여 기질적 치매로 오인 되기도 한다. 또한 자기에 대한 염려의 증가와 외부 활동가운데 사람에 대한 흥미가 감소되어 스스로 병에 걸렸다고 확신하는 건강염려증적 불안이 문제가 되기도 한다. 자기애적 몰두에는 자기 비판적 사고가 담겨 있어서 내면 세계가 황폐해지는 것에 대한 공포로 인해 자살로 생각을 확대한다는 점이다. 우울증은 자존감 붕괴로 인하여 대상이 죽거나 상처 입을 때 대상에 의해 방치되거나 대상에게 실망할 때 발생하기 쉬우며 또한 상실한 대상이 자기애적 가치를 지니고 있을 경우(자신의 측면과 일치하는 개인의 취약한 자기표상)에 대

93 대한신경정신의학회 편, 『신경정신의학』, 98.

상 상실에 대해 과잉 반응을 보인다.

이러한 대상의 상실은 자기 이미지의 일부분을 잃는 것과 같은 우울증 증상을 보인다. 자기비판은 상실한 사람이나 상실과 관련된 사람, 정서적으로 중요한 사람을 향한 비판에서 시작된다. 이런 경우 또한 죄책감이 부가되는데 이 죄책감은 대상을 향했던 공격성이 자기 표상과 대상 표상이 융합되는 과정을 통해서 결국 자기에게로 향하게 되며 이런 경우 체계 간(초자아와 원본능의 사이) 사이의 갈등의 결과임을 알 수 있다.[94] 우울한 감정과 함께 스스로 자신의 가치를 낮추며, 때로는 슬퍼하며, 적극적이던 의욕이 갑자기 활동 저하를 드러내기도 한다.

우울증상은 상실과 분리에 대한 결핍으로써 자기 자신에 대해서 힘이 있고 강하며 가치 있는 존재로서 사랑받고 인정받으며 뛰어난 재주와 자질을 가진 존재로 열망되기를 간주한다. 이들은 또한 자기 자신이 선하고 사랑스러운 존재이기를 바라며 증오스럽거나 파괴적인 존재가 아니기를 바란다. 내면에는 자기애적 열망과 그것을 성취하지 못하는 자아의 무력함과 무능력에 대한 의식의 불일치가 자리 잡기 때문이다.

그 결과 실패와 열등감과 결함에 대한 공포가 덮칠 때 희망이 없다고 느낀다. 이들은 스스로 자신이 압도적인 힘의 피해자가 되는 것을 자신의 운명으로 느껴 공격적인 자신을 발견할 때마다 증오스럽고 사악하다고 느끼는 자기 존중감의 붕괴 현상을 경험한다. 인간은 삶을 지향하지만 우울증은 결핍이 좌절이 되어 삶을 암울하게 느끼며 자신이 열등하거나 비참하게 느껴지고 미래에 대한 비관적인 생각으로 침울하고 슬픈 생각에 빠져든다.[95]

---

94 E. Jacobson, *Contribution to the metapsychology of cyclothymic depression. In Affective Disorders*, ed P Greenacre (New York: Int. Univ. Press, 1953), 49-83; John Mendel, *Concepts of Depression*, 46; John Mendel, *Concepts of Depression*, 45-46.

95 C. Brenner, on he nature and development of affects: A unified theory, *Psychoa-nalytic Quarterly* 43(1974), 532-556.

이는 종교중독에서도 예외는 아닌데, 우울한 감정이 늘 지배하고 있어서 기독교 내 공동체에서 적극적인 활동을 하다가도 감정의 고저에 따라 슬픔의 폭이 커지게 된다. 일반적 중독 증상을 보이는 사람도 자살과 중독 그리고 우울증이 함께 동반되는 것을 볼 수 있다. 더구나 기독교의 경우 이를 증상으로 보지 않고 종교적인 신앙상태로 바라보며 증상의 예후를 묵인하는 것이 가장 큰 문제점이라고 할 수 있다.

이와 같이 미래에 대한 불안이 슬픔으로 나타나며 우울한 감정의 정서적인 고갈이 여러 복합적인 증상으로 나타남을 알 수 있는데 이는 우울이라는 정서가 부정적인 감정이 주를 이루기 때문이다.[96] 기독교의 경우, 공동체 안에서 일어나는 여러 현상을 자신에 빗대어 스스로 절망감에 빠진다든가 또는 슬픔에 젖어 삶을 낙심하고 좌절하며 분노를 표현하는 것은 우울증에서 나타나는 슬픔의 주된 증상으로 정신적 에너지 고갈이라고 볼 수 있다. 이처럼 우울증의 증상을 정서적, 인지적, 행동적, 신체생리적인 측면에서 종교중독과 연관성을 인식하는 것이 중요하다.

2. 기분의 장애로서의 우울증

우울증에서 나타나는 일차적인 정서적 증상은 기분의 장애라고 할 수 있다. 기분은 지속적인 정서 상태를 뜻하는 것으로 개인의 주관적인 감정의 상태를 말하는데, 우울증에서 나타나는 기분은 슬픔, 낙심, 좌절, 음울함, 무가치함, 허무감, 절망감, 불행감, 공허감, 고독감, 수치심 등의 불쾌하고 고통스러운 정서 상태의 감정이 지속됨을 알 수 있다. 이러한 기분은 때로는 적절한 상태에 있다가 과장된 상태로 강한 강도의 감정을 드러내는 정서를 표출하는 것이다. 정동이라는 감정은 객관적인 것으로 기분의 주관적 감정이 객관화되면서 행동

96 A. Ellis, *Reason and Emotion in Psychotherapy* (New York: Lyle Stuart, 1962), 63-64.

으로 거침없이 표현된다. 슬픔의 상태를 매우 단정적으로 처리하여 서럽고 침체된 기분이 지속되며 눈물을 흘리며, 자신이 무가치하고 인생이 허무하다는 느낌과 함께 고독감과 외로움을 느끼는 슬픔이 분노라는 지배적인 형태로 나타나기 때문이다.[97]

두 번째는 불안의 증상이다. 불안이란 불쾌한 내적 상태로 두려움, 불길한 예감 또는 위험이나 상해의 예상을 포함하는 내적 괴로움의 주관적인 상태이다. 이러한 불안은 우울증에서 나타나는 부정성의 영향으로 안정감을 취하지 못하게 만드는 요인으로 작용하다고 볼 수 있다. 우울증의 가장 주된 증상은 우울한 감정과 함께 슬퍼하거나 불안해하며 무슨 일을 해도 흥미나 즐거움이 없는 감정의 상태이다. 외적인 증상으로는 입맛이 없고 수면이 증가하는 외적 증상을 발견할 수도 있다.

우울증은 대개 사람에 따라 평생에 한 번만 나타날 수도 있고 주기적으로 재발되는 특성이 있다고도 한다.[98] 이런 맥락에서 프로이트(S. Frued)는 우울한 상태란 개인의 분노가 내면으로 향한 상태를 말하며, 칼 융(C. G. Jung)은 우울증을 정신 에너지의 고갈이라 말하고 있다. 정신적 상태에서의 우울이란 에너지가 고갈되어 아무것도 할 수 없는 상태에 이른다는 것이다. 프로이트는 우울증에 대한 정의를 원인론적이라고 말하고 있으며, 융은 결과론적이라고 말하고 있다.[99]

마지막으로 느끼는 우울의 정서적 감정은 죄책감으로 인한 병적 우울과 정

---

97 S. Freud, *Mourning and Melancholia* (London: Hogath Press, 1917), 123-124.

98 D. Schuyler & M. M. Katz, *The Depressive IIlnesses: A Major Public Health Problem* (Washington, D. C.: U. S. Goverment Printing Office, 1973), 122-123; D. Schuyler, *The Depression Spectrum* (New York: Jason Aronson, 1975), 56-57.

99 S. Freud, *Mouning and Melancholia* (London: Hogath Press, 1917), 34-35; C. G. Jung, *Psychogeneseder Geisteskrankheiten,* G.W. Bd. 3, 4 Auf (Olten: Walter-Verlag A G, 1990), 120-122.

상적인 애도 반응을 감별하는 양상으로 나타난다. 정신분석 관점에서 바라보는 죄책감(guilt)은 외부와 내부로부터 오는 보복에 대한 공포, 후회, 회한 그리고 참회를 포함한 복합정서이며, 죄책감의 핵심에는 불안이 자리하고 있는데, 불안에는 "만약 내가 누군가를 다치게 하면, 결국 나도 다칠 거야" 라는 생각이 포함되어 있다. 성적 행동 및 공격적 행동 또는 소망에 대한 외부적이거나 내부적인 보복이 있을 것이라는 공포 외에도, 개인은 자신이 이미 다른 사람을 다치게 했고 그에 따른 벌을 받을 것이라는 우울한 신념을 가질 수 있다. 그것은 자신이 정신적이거나 육체적인 고통을 받는 대가로 용서와 수용과 사랑을 받을 수 있다는 희망이 따른다는 것이다.

이와 관련하여 죄책감이 갖고 있는 불안과 우울은 내적 과정을 거쳐 양심이라는 초자아 기능으로 변형되는데 양심의 기능 중 하나는 개인의 소망과 행동을 해야 할 것과 해서는 안 되는 기준에 따라 측정하는 것이다. 양심은 이외에도 자기평가, 자기비판 등 다양한 형태의 자기처벌 기능을 포함한다. 이런 기능들은 후회와 자기징벌을 통해서 속죄와 용서에 대한 희망을 갖는 데 사용되기도 하고, 공격성을 자기 자신에게로 향하도록 하는 데도 사용된다. 공격성을 자신에게로 돌리는 것은 죄책감이 사용하는 방어의 일부이며 동시에 자아가 죄책감을 다루는 방법 중의 하나이다.

이와 같이 반동 형성은 죄책감에 대한 방어들 중의 하나로 공격성과는 반대되는(친절, 자비, 수동성, 경쟁에 대한 거부, 복종) 모습을 보이거나 또는 역으로 다른 사람에게 무자비하게 상처를 주고 침해하는 형태를 띤다. 반동 형성의 또 다른 형태는 수동적 행동을 적극적 행동으로 바꾸는 것(자신이 죄책감을 느끼는 대신에 다른 사람으로 하여금 죄책감을 느끼게 만드는 것)에서 발견된다. 자신의 죄책감을 해결하기 위해 타인의 의도나 행동을 비난하는 것이나 타인을 제거해야 하고 비난 받아야 하는 공격 대상으로 취급하는 것이 그 예라고 할 수 있다. 죄책감이 가져오는 무의식의 결과 중의 하나는 부정적 치료 반응이다. 부정적 치료 반응과 같은 퇴보가 일어나는 것은 질병에서 만족을 찾고 끊임없이 징벌을 받기를 원하는 죄책감에 있다. 부정적 치료 반응은 무의식적 수치심과 평행을 이루어서 모든 성공은 자신을 격하하거나 치욕감을 느끼며 실패에 대한 대가를 지불해야 한다고 생각한다.[100]

죄책감은 개인의 실제 행동과 도덕적 윤리 기준 사이의 차이를 느끼는 고통스러운 감정이다. 이들은 화가 난 상황에서 처음에는 분노, 적대감, 초조함을 표현하지 않는 것처럼 보이나 실제로는 적대감에 대한 억제를 자신에게 돌려 자신을 향한 공격으로 진행되는 것을 볼 수 있다. 이에 에드워드 비브링(Edward Bibring)은 우울증에 대한 자기 존중감을 토대로 우울한 현상과 자기애적 역동 사이에서의 관련성을 붕괴의 소리로 바라본다.[101]

3. 순환의 장애로서 우울증

정서가 정상적으로 순환하지 못할 때 나타나는 정서의 장애를 순환정감병(循環情感炳)이라고 하는데 이러한 정서적 문제는 우울증의 병리적 특징으로 정서 외에도 사고 또는 신체적인 증상에 이르기까지 증상의 형태가 다양하다고 할 수 있다. 특히 순환의 장애를 일으키는 정서적인 문제는 부정적인 특징이 주 증상을 이루는 것으로 인지적인 측면과 사고의 측면이 작용한 결과로 나타나며, 부정성을 바탕으로 한 사고 작용이 부정적인 정서를 만드는 요인이라고 볼 수 있다.[102]

낮은 자존감과 부적절함과 의기소침은 우울증의 특징으로 인지적인 기능의

---

100 E. Jacobson, *Depression* (New York: Int. Univ. Press, 1971), 66.

101 J. C. Coyne, Toward an international description, *Psychiatry* 39(1976), 28-40. E. Bibring, The mechanism of depression, in *Affective Disorders*, ed. P. Greenacre (New York: International Universities Press, 1953), 13-48.

102 A. T. Beck, et al., *Cognitive Therapy of Depression* (New York: The Guilford Press, 1979), 201-202.

결함으로 문제가 되는데 이러한 요인은 주의집중력이 떨어지고 기억력이 저하되는 등 가치판단에 어려움을 겪게 되어 결정을 내리지 못하고 우유부단한 모습을 보이기도 한다. 사고의 억제는 내적 사고에 더욱 집착하게 하는 원인이 되어 환경의 변화에 적응하지 못하고 미래에 불안을 느껴 더욱 비관적이며 절망적인 행동으로써 피해망상적 사고가 나타난다. 억제(Inhibition)란 자아 기능의 영역이 제한된 것으로 정상적일 수도 있고 병리적일 수도 있다, 병리적인 경우에는 하나의 증상으로 나타남을 알 수 있는데, 억제는 주로 자기 처벌 욕구의 결과일 수 있고, 받아들여질 수 없는 소망과 직접적으로 연결된 것일 수도 있다. 때로 억제는 방어를 유지하거나 애도과정에서 에너지를 모두 써 버리는 결과로 나타나기도 한다.[103]

정서 순환의 문제는 신체적인 변화까지 가져와 행동의 장애를 보인다. 행동이 느려지고 표정이 어두워지는 등 개인의 신체 활동과 밀접한 관련을 나타내기 때문이다. 또한 자신이 열등하며 무가치한 존재로 여겨져 자기 비하적인 생각에 사로잡혀 있으며 무력감(helpless)과, 회의주의(pessimism), 그리고 희망상실(hopeless)이라는 태도를 보이며 이러한 태도는 부정적이고 비관적인 생각으로 증폭되어 타인과 세상을 적대시하며 냉혹하다고 생각하게 된다. 결국 순환의 정서적 문제는 느린 사고(slowed thinking)와 텅 빈 마음(mind a blank)과 같은 기억력 저하 증상을 야기시킨다고 할 수 있다.

순환의 장애에서 나타나는 부정성은 긍정 에너지의 고갈로 인한 부정 에너지의 축적으로 증상의 변화가 더욱 두드러짐을 알 수 있다.[104] 긍정 에너지 고갈로 나타나는 행동적 증상은 초조와 긴장이 동반되며 안절부절하고 과민성

---

103 Martin E. Seligman, *Helplessness* (San Francisco: W. H. Freeman & Co., 1975), 67-68; O. Fenichel, *The Psychoanalytic Theory of Neurosis* (New York: norton, 1945), 168-186.

104 F. G. Tayler, *Cognitive and Behavioral Approaches to the Modification of Depression* (Kingston: Queen's University, 1974), 234-235.

을 호소하며 임상적으로 나타나는 행동 특성은 얼굴표정의 변화가 가장 심하다고 할 수 있다. 이들은 즐거운 활동에도 흥미를 잃고 긍정적 보상에 주의를 기울이지 못하며 활동에서도 위축된 행동을 보이기 때문이다. 활력과 생기가 저하되어 쉽게 피곤함을 느껴 불면증에 시달리는 수면장애도 함께 동반된다.

행동적 변화에 이어 나타나는 증상은 신체의 변화이다. 특히 식욕과 체중에 변화가 나타나 식욕이 저하되고 체중이 감소하는 경우와 식욕이 증가하여 활력이 저하되는 현상을 나타낸다. 즐거움을 경험하지 못하는 에너지(energy)의 상실로 피로감과 무기력을 호소한다는 점에서 순환의 정서적 에너지 고갈로 인한 종교중독과 동일한 신체증상을 보인다.

4. 기분장애의 분류

피로감과 무기력을 호소하며 즐거움을 경험하지 못하는 신체의 생리적 변화는 긍정의 에너지가 고갈된 형태로 우울양상의 장애로 진단할 수 있다. 기분장애는 기분의 장애가 주요 특징인 장애들을 포함하고 있으며, 기분장애의 분류는 우울과 조증의 조합에 근거한 미국정신의학회와 국제질병분류표를 통해 알 수 있다. 기분 증상의 발현으로는 주요우울 삽화(major depressive episode), 조증 삽화(manic episode), 경조증 삽화(hypomanic episode), 혼재성 삽화(揷花, mixed episode)로 이러한 증상은 기분장애를 진단하기 위한 기초 자료를 제공한다고 할 수 있으며, 우울장애에 해당하는 주요 우울장애(major depressive disorder)는 기분 증상으로 나타나는 증상의 과거력을 갖지 않으며 우울증 증상의 발현이 특징적으로 나타나는 경우라고 할 수 있다. 기분 부전장애(dys- thymic disorder)는 주요 우울장애보다 경미한 우울증상이 지속되는 경우를 말한다.

미국정신의학회의 진단기준(DSM-IV, 1994)은 국제질병분류표 ICD-10(Inter-national Classification of Diseases, 10th Version)에 따라 분류한 내용

이다. 여기에 등장하는 삽화라는 용어는 증상이 나타날 때와 나타나지 않을 때 뚜렷하게 구분된다. 때로는 자연적으로 증상이 소멸되어 관해(remission) 상태가 될 수 있다는 의미를 가지고 있다. 삽화의 내용으로는 정도가 심한 우울삽화를 주요 우울삽화(major depressive episode)라고 하며 그보다 정도가 약한 우울삽화를 경도 우울삽화(minor depressive episode)라고 부른다. 우울의 정도가 만성적으로 지속되는 경우를 기분 부전장애(dysthymia), 심한 조증상태를 조증삽화(manic episode)라고 하며 보통상태와는 뚜렷이 구분되지만 정도가 조증삽화보다 경미한 정도를 경조증(hypomanic)삽화라고 한다. 조증삽화와 주요 우울삽화가 동일 기간 내에 동시에 나타나는 경우는 혼재성(mixed)삽화라고 한다. 조증과 우울증이 한사람에게서 모두 나타나는 경우를 양극성(兩極性, bipolar)이라고 하며, 우울증만 나타나는 경우를 단극성(單極盛, unipolar)이라고 한다. 현재는 양극성 장애에서 나타나는 우울증을 양극성 우울증(兩極性 憂鬱症, bipolar depression)이라고 부르기도 한다.[105]

우울증이 상대적으로 심하게 나타나는 경우를 주요우울증(majordepression)이라고 하며 상대적으로 정도가 경미한 경우를 경도우울증(minor depression)으로 부르기도 한다. 아무런 외부 요인이나 스트레스 없이 발병한 경우를 내인성(內因性, endogenous) 우울증이라고 하며 심리사회적 스트레스로 유발된 것이 명확한 경우는 반응성(反應性, reactive) 우울증이라고 하며, 현실 검증력이 와해될 정도로 증상이 심하거나 정신병적 증상이 동반된 경우를 정신병적(Psychotic) 우울증이라고 하며, 상대적으로 증상이 약한 경우를 신경증적(neurotic) 우울증이라고 한다.

일반적으로는 주요 우울증, 내인성 우울증, 정신병적 우울증은 비슷한 상태를 일컫는다고 할 수 있으며, 경도 우울증, 반응성 우울증, 신경증적 우울증은

---

105 American Psychiatric Association, *Diagnostic and Manual of Mental Disorders*, 4th ed. (Washington D. C. : American Psychiatric Association, 1994), 1204-1205.

비슷한 상태를 다른 관점에서 표현한 것으로 볼 수도 있다. 우울증이 신체적인 질병이나 정신분열병 등 다른 정신장애에 의하여 발생한 경우를 이차성(二次性, secondary) 우울증이라고 하며, 여기에 비하여 다른 선행질환 없이 우울증이 발생한 경우를 일차성(一次性, primary) 우울증이라고 한다. 정신신체적 초조가 뚜렷한 경우를 초조성(焦燥性, agitated) 우울증, 정신운동 지체가 뚜렷한 경우를 지체성(遲滯性, retarded) 우울증이라고 한다. 계절이나 특정 계절에 따라 발생하는 경우를 계절성 우울증이라고 하며 최근에는 연령, 직업적으로 특징적인 증상을 보인다고 하여 주부 우울증, 노인 우울증, 청소년 우울증 등의 이름을 붙이는 경우가 있는데, 이는 모두 특정한 연령층 혹은 사회계층에서 나타나는 주요 우울장애라고 할 수 있다.[106]

DSM-Ⅳ와 ICD 10의 기분장애 분류
· DSM-Ⅳ **기분장애(Mood disorder)**
1. 우울장애(Depressive disorder)
주요우울장애(Major depressive disorder) 기분부전장애(Dysthymia disorder)
2. 양극성장애(Bipolar disorder)
양극성장애 I (Bipolar I disorder) 양극성장애 II (Bipolar II disorder) 기분순환장애(Cyclothymia)
· ICD-10 **기분(정감)장애(Mood: affective disorder)**
1. 조증 삽화(Manic episode)
2. 양극성 정동장애(Bipolar affective disorder)
3. 우울증 삽화(Depression episode)
4. 반복성 우울장애(Recurrent depressive disorder)
5. 지속적 기분 (정동)장애(Persistent mood: affective disorder)

106 대한신경정신의학회 편, 『신경정신의학』, 166-168.

기분순환장애(Cyclothymia) 기분부전장애(Dysthymic) 기타기분(정동)장애(Other mood: affective disorder)

〈표1-5〉 기분장애의 분류

단극성 및 양극성 우울증에는 단극성 우울증, 양극성 우울증, 순환성 장애로 구분되는데 단극성 우울증(unipolar depression)은 양극성 장애(bipolar disorder)로도 불리우며 반대되는 정서 상태인 조증(mania)과 함께 나타나는 경우이다. 양극성 우울증(bipolar depression)은 두 가지 증상이 경험되는 현상으로 조증과 우울증이 동시에 발생하는 상태를 말한다.[107] 순환성 장애(cyclothymia disorder)는 기분의 변동이 심한 만성적인 기분장애로 경조증과 함께 우울증이 번갈아 나타나는 경우이다. 양극성 장애는 양극성 장애 I, 양극성 장애 II, 순환성 장애로 분류한다. 기타 병인에 따른 기분장애로 우울증 유형의 진단 체계는 아니지만 임상에서 활용되는 아치볼트 하트(A. D. Hart)는 임상경험에 근거한 체계를 제시하고 있는데, 일차적 우울증(primary depression), 내인성 우울증(endogenous depression), 이차적 우울증(secondary depression), 신경증적 우울증(neurotic depression), 정신병적 우울증(psychotic depression), 반응성 우울증(reactive depression), 갱년기 우울증(evolutional depression)으로 구분한다.[108]

---

107 R. E. Roberts, Manifestation of depressive symptoms among adolescents: A comparison Mexican Americans with the majority and other minority populations, *Journal of Nervose and Mental Disease* 180(1992), 627-633.

108 미국정신의학 / 이근후 역 외 14명, 『정신장애의 진단 및 통계편람 제 4판 DSM-Ⅳ』(서울: 하나의학사, 1995), 419-420; Archibald D. Hart, *Counseling the Depression* (Dallas: World Publishing, 1987), 34-35.

Ⅳ. 종교중독과 편집증

종교중독의 증상과 관련된 네 번째 문제는 편집증이다. 앞장에서 우리는 종교중독의 증상과 관련된 강박증의 문제, 불안증의 문제, 우울증의 문제를 탐색해 보았다. 네 번째로 문제가 되는 편집증은 어떻게 종교중독과의 문제적 요소가 되는지 살펴보도록 한다.

1. 편집증과 편집망상의 의미

편집증은 영어로는 paranoia이며, 그리스어의 para(beside)와 nous(mind)에 뿌리를 둔 것이다. 이를 19세기 말 독일 정신의학에서는 일반적으로 망상이라고 기술하는 데 사용되었다. '편집증' 이라는 용어는 19세기 말, 독일 정신의학에서 일반적으로 망상을 기술하는 데 사용되었는데, 프로이트 역시 이 용어를 넓은 의미로 사용하였다. 나중에 에밀 크레펠린은 다양한 망상 유형 간의 근본적인 구별을 도입하여 정신이상을 가져오는 조발성 치매를 정신적 퇴화가 없는 체계화된 편집망상들과 분리했다. '조발설 치매' 라는 용어는 유진 블로일러의 연구에 힘입어 곧 정신 분열증으로 대체되었는데, 프로이트는 '편집증' 이라는 용어를 박해망상 뿐 아니라 색정광, 질투망상, 과대망상까지도 포함시켜 사용하였다.

이는 마음을 벗어난 상태, 마음의 결함으로 정상이 아닌 상태를 의미한다.[109] 편집증은 의심과 결함이 피해망상이나 과대망상으로 발전해 가는 특징이 있다. 이러한 증상은 결국 타인을 지목하여 더욱 악의적으로 해석하게 된다는 점에서 종교중독과 관련된 징후로 볼 수 있다.

---

109 장 미셸 키노도즈 / PIP정신연구소 역, 『리딩 프로이트』, 172; P. T. Costa & T. A. Widiger, Introduction. In Costa & Widiger, eds., *Personality Disorders and the five Factor Model of Personality* (Washington, DC: American Psychological Association 1994), 1-10.

편집증적 불신감은 초기 아동기의 학대나 결핍 경험으로 나타난다. 방어기제로는 투사와 부인이 과잉 발달하였고 억압을 완전하게 하지 못하는 상태이며, 수치심, 굴욕감을 느낄 상황에서는 다른 사람의 부당함을 탓함으로써 수치심을 피하고 분노와 불안을 느끼는 기제를 가지고 있다. 수치심이나 자기 문제에 대한 합리화가 다른 사람에 대한 의심의 핵심이 된다.[110]

편집증은 나 외에 다른 사람에 대한 불신과 의심으로 타인과의 관계에서 자주 흥분하고 긴장하여 적개심을 갖고 타인을 비판하는 문제점을 갖고 있다고 할 수 있다. 실제로 이들은 대인관계에서도 윗자리에 앉아야만 하며 항상 자신의 위치를 상석에 올려야만 하며 권력에 집착하고 약자나 아랫사람을 경멸하는 편견과 고집을 가지고 있다. 그중에서도 자신만의 편견으로 집요하게 파고들며 집착하는 고집스러운 특성이 평생 동안 변함없이 나타난다. DSM-IV-TR의 진단에 따른 편집성 인격 장애(paranoid personality disorder)의 기본적 특징을 통하여 개인의 편집성 인격 장애의 진단기준을 세밀하게 살펴본다.[111]

편집성 인격 장애의 DSM-Ⅳ-TR 진단기준
A. **다른 사람의 동기를 악의가 있는 것으로 해석하는 등 타인에 대한 전반적인 불신과 의심이 있으며 이는 청년기에 시작되며 여러 상황에서 나타나고 다음 중 네 가지(또는그 이상) 항목으로 나타난다.**
① 충분한 근거 없이 다른 사람이 자신을 관찰하고 해를 끼치고 기만한다고 의심함
② 친구들이나 동료들의 충정이나 신뢰에 대한 근거 없는 의심에 사로잡혀 있음
③ 어떠한 정보가 자신에게 나쁘게 이용될 것이라는 잘못된 두려움 때문에 다른 사람에게 비밀을 털어놓기를 꺼림
④ 보통 악의 없는 말이나 사건에 대해 자신의 품위를 손상하려는 또는 위협적 의미가 있는 것으로 해석함

110 대한신경정신의학회 편, 『신경정신의학』, 359-361.

111 Ibid., 361.

⑤ 지속적으로 원한을 품는다. 즉, 모욕이나 상처를 줌, 혹은 경멸을 용서하지 못함
⑥ 다른 사람에게는 그렇게 보이지 않지만 자신의 성격이나 평판이 공격당했다고 지각하고 꼭 화를 내고 반격함
⑦ 정당한 이유 없이 애인이나 배우자의 정절에 대해 반복적으로 의심함
B. **정신분열병, 정신병적 양상이 있는 기분장애, 기타 정신병적 자애의 과정에서 발생한 것은 여기에 포함시키지 않으며, 일반 신체적 상태에서 직접적인 효과에 의한 것이 아니어야 한다.**

〈표1-6〉 편집성 인격 장애의 진단기준

편집증상의 발병 시기는 대개 청년기나 성인 초기에 시작되어서 거의 평생 여러 상황 가운데 폭넓게 나타나는데 이러한 편집증상이 지속되는 이유는 타인에게 고통을 주면서도 자신은 불안감을 느끼지 않기 때문으로 생각된다. 자신의 예상에 확신을 가지고 있으며 예상이 적중했다는 생각에 의심과 경계를 더욱 강화하여 경멸과 비난에 대한 과민 반응, 의심, 불신, 병적 질투, 복수심, 부적응적인 지각, 관계형성, 사고의 유형을 보이기 때문이다. 이들은 혼자서도 잘 기능하지만, 권위적 인물과의 관계에서는 어려움을 겪으며, 혼자서 스스로 자신의 독립성을 지키려고 한다는 점이 편집증의 병리적 특징이다.[112]

이러한 편집증의 특유의 병리적 특징 안에서 발견되는 기제를 통하여 정신병리 구조에서 강하게 드러나는 저항의 방어기제를 제시하면서 편집증의 증례에 대해 고찰한다. 방어기제의 하나인 저항(Resistance)은 지각, 관념, 기억 감정, 또는 그러한 요소들의 복합체인 콤플렉스에 대한 인식을 가로막음으로써, 현재의 경험과 초기 경험 사이의 연관성을 깨닫지 못하게 하는 무의식적 갈등의 성질을 통찰하지 못하게 하는 것으로 정신분석 치료에서 부딪치는 역설적 현상을 의미한다. 저항은 종종 자유 연상을 회피하는 것에서 드러나기도

112 W. W. Meissner, *The Paranoid Process* (New York: Jason Aronson, 1978), 15; F. Kemberg, O. *Severe Personality Disorders* (New Haven: Yale University Press, 1984), 82.

하지만, 넓은 의미에서 자기 인식을 회피하고자 하는 방어적 태도에서도 드러난다.

처음에 나타나는 저항은 무의식적으로 행하여지지만, 의식적으로 인식된 후에는 오랫동안 지속될 수 있음을 알 수 있다. 저항은 심한 직접적 행동에서부터 우회적으로 표현되는 형태이다. 저항은 특히 정신분석 치료에서 발생하는 현상인데 이것은 상황에서 빚어지는 형태와 강도가 다르다고 할 수 있다. 때로는 같은 내담자라도 단계에 따라 다르게 나타나며 저항은 자아가 스스로를 방어하고자 하는 노력의 단계라고 볼 수 있다. 그 예로 분석에서 수용될 수 없는 아동기 소망, 환상, 그리고 고통스런 정서를 일으키는 충동을 인식하도록 돕는다. 이때 이러한 충동은 위협적으로 느껴지기 때문에 자아는 분석 자체를 반대함으로써 위협으로부터 회피하고자 하는 저항을 투사하게 된다.[113]

2. 편집증의 억압된 동성애

편집증은 슈레버의 증례에서 보여진 것처럼 신경증으로부터 서서히 시작됨을 알 수 있다. 편집증(편집 망상증)을 구별하는 특징적 요소는 그 증상만이 가지고 있는 특별한 형태에서 찾는 것이 우선 중요하다고 할 수 있다. 왜냐하면 다른 정신병리 현상에서도 이와 유사한 특징을 발견할 수 있기 때문이다. 특히 편집증의 증상이 가지고 있는 형태는 콤플렉스가 본성에 의해 결정되는 것이 아니라 증상이 형성되는 기제, 억압이 일어나는 기제에 의해 결정된다는 것이다.[114]

---

113 L. Stone, On resistance to the psychoanalytic process *In Psychoanalysis and Contemporary Science*, ed. B. B. Rubinstein (New York: Macmillan), 42-73.

114 지그문트 프로이트 / 김명희 옮김, "편집증 환자 슈레버," 『늑대인간: 프로이트 전집 9』, 110-111, 166.

> 편집증 환자들은 보통 신경증 환자들이 비밀로 감추는 것들을 비록 변형된 모습으로라도 내보이는 이상한 면을 가지고 있다. 또 편집증 환자는 내적인 저항을 없앨 수가 없기 때문에 자기가 하고 싶은 말만 한다. 이러한 증례는 슈레버의 경우에 강하게 드러나는 아버지 콤플레스와 그의 병의 중심이었던 소망 환상에서 볼 수 있다.[115]

슈레버의 증례에서 보여 주는 성애적 망상은 그가 거세되고 여자로 변해야 하는 불안을 야기시키는 박해망상임을 알 수 있다. 이러한 성애를 기초로 한 망상은 나중에 구원망상으로 변형되는 과정에서 수행되어야 하는 신성한 사명으로 신과의 동맹을 맺는 생각과 연결된다고 할 수 있다. 프로이트는 슈레버의 종교 망상이 억압된 동성애에서 생긴 것이라고 말한다. 즉, 남자가 여자로 변신하려는 욕구와 아버지 같은 신과 성적 관계를 하여 새 종족을 일으키는 망상은 동성애 욕구를 보여준다는 것이다. 이러한 변형에 대한 망상은 사실은 망상 형성이 회복하려는 시도로 병리의 산물이기는 하나 재구성하는 과정임을 알 수 있다고 할 수 있으며, 이러한 동성애적인 소망 환상을 버리기 위해 피해망상이라는 특별한 형태로 대응한다는 사실이다.[116]

피해망상에는 몸이 썩는 환상, 구세주, 여자로 변신하기 전에는 구제 불가능하던 사랑이 미움이라는 변형된 대치를 보여주고 있음을 알 수 있다. 편집증은 특히 사람과 환경에 대해 불신하고 의심하며, 타인들이 자신을 박해하거나 악의를 가지고 음모를 꾸민다는 비현실적인 생각으로 외부 요인에 대해 책임을 전가하고 한쪽으로 편향된 자신만의 생각에 집착한다. 이로써 피해망상, 불안, 공포, 분노, 불행 등의 현상을 일으키는 과민현상은 종교중독에서도 동일하게 나타남을 알 수 있다.

---

115 대한신경정신의학회 편, 『신경정신의학』, 107-166.

116 지그문트 프로이트 / 김명희 옮김,"편집증 환자 슈레버,"『늑대인간: 프로이트 전집 9』, 115-120. 장 미셸 키노도즈 지음 / PIP 정신분석연구소 역, 『리딩프로이트』, 167-169.

3. 편집증 특유의 기제

편집증의 증상 형성에서 두드러진 정신증의 특징은 투사기제라고 할 수 있다. 왜냐하면 투사는 내부의 인식이 억압되어, 그 내용이 외부 인식으로 나타나는 의식 세계에서 발견되기 때문이다. 즉, 편집증에 나타나는 피해망상은 감정이 변형되어 나타나는 왜곡이기 때문이다. 내부에서 느껴져야 할 사랑의 감정이 외부로부터 오는 미움으로 인식된다는 점에서다. 그러나 또한 주의할 점은 모든 형태의 편집증에서 나타나는 투사의 역할이 같지 않다는 점과 이러한 양상은 편집증에서뿐 아니라 다른 심리적 상태에서도 나타난다는 것이다.[117]

편집증의 다양한 형태 가운데 하나의 예를 들자면 "나는 그를 사랑한다" 는 하나의 명제를 제시하며 개인의 의식 가운데 받아들일 수 없는 정반대의 명제로 변형되는 것을 발견할 수 있다. "나는 그를 사랑하지 않는다. 즉, 나는 그를 미워(박해)한다." 로 변형된다는 사실이다. 이러한 미움이라는 증오는 무의식 가운데 억압된 외부와의 세계가 타자를 향해 투사하는 경우이다. "나는 그를 미워한다." 왜냐하면 "그가 나를 미워하기 때문에 내가 타인을 미워하는 것은 당연하다는 논리를 정당화한다는 사실이다.[118]

이러한 명제는 개인이 가지고 있는 무의식적 증오가 마치 외부에 있는 것처럼 나타나기 때문이다. "나는 그를 사랑하지 않고, 나는 그를 증오한다. 왜냐하면 그가 나를 박해하기 때문이라는 무의식적 표현은 결국 자신이 사랑했던 사람임을 알려 주는 박해망상의 투사임을 알 수 있는 하나의 명제이다. "나는 그를 사랑한다." 라는 세 단어로 구성된 명제를 투사하는 방법에서 질투망상은 주어를 부정하고, 피해망상은 동사를 부정하고, 색정광은 목적어를 부정하며, 마지막으로 명제 전체를 부정하는 방법은 과대망상이라 할 수 있다. 과대

---

117 지그문트 프로이트 / 김명희 옮김,"편집증 환자 슈레버,"『늑대인간: 프로이트 전집 9』, 174.-175.

118 장 미셸 키노도즈 / PIP정신연구소 역, 『리딩 프로이트』, 171.

망상은 자아를 성적으로 과대평가하는 것으로 우리에게 익숙한 사랑-대상을 과대평가하는 것이라 할 수 있다.

편집증에서 나타나는 타인에 대한 투사는 박해자가 한때 사랑했던 사람이었음을 알려주는 여지를 남긴다는 것을 알 수 있다. 결국 편집증에서 나타나는 편집증적 기제는 박해망상, 질투망상, 과대망상에 적용된다고 할 수 있다. 편집증 혹은 편집 망상증은 그 자체 본성에 의해 결정되는 것이 아니라 증상이 형성되는 기제나 억압이 일어나는 기제에 의해 결정되는 것이다. 왜냐하면 편집증의 특징으로 볼 수 있는 동성애적인 소망 환상은 결국 피해망상으로 대응하기 때문이다.[119]

4. 편집증의 억압된 동성애적 소망의 방어

편집증은 성적인 이유로 생기는 병이 아니다. 오히려 사회적인 수치와 경멸 특히 남자의 경우 사회적으로 상처 입은 영향이 미치는 요소가 더 크게 작용한다. 정서생활에 관련하여 동성애적인 면에 작용해 이웃과의 감성적 관계가 성(性)과의 관계로, 망상에서 사회적 관계로, 사회적 감정의 뿌리가 관능적 성적 소망으로 나아간다. 프로이트는 슈레버의 증례에서 보여주는 아버지 콤플렉스와 연결된 동성애적 소망 환상은 건강한 사람에게도 나타날 수 있다고 말한다. 그는 이 사례에서 편집증적인 것이란 동성애적인 소망 환상이 무의식에 유지하는 것이 실패할 때, 자신을 방어하기 위해 만들어 내는 박해망상의 배후에 있는 신경증을 만들어 반응하는 기제라고 말한다.

프로이트가 말하는 동성애는 유아의 성적 발달단계 과정에서 아버지에게 거세되는 두려움의 산물이며 아버지 콤플렉스 속에서 복종과 반항의 유아적 갈등에 기초한 것이다. 자가-성애적 성적 만족을 거세위협으로 느껴 수동적

---

119 지그문트 프로이트 / 김명희 옮김, "편집증 환자 슈레버," 『늑대인간: 프로이트 전집 9』, 173. 166-167.

인 동성애적인 태도를 취하는 단계를 (자가-성애와 대상-사랑 사이에 있는, 자신을) 자기애적 단계라 명명하며, 이러한 단계는 고착 퇴행하여 편집증과 함께 박해불안에 민감하게 작용한다는 것이다. 프로이트는 편집증 특성에서 나타나는 망상이라는 병이 진행될수록 박해자는 분열된다고 말한다. 여성으로 변형되는 슈레버의 박해망상은 아버지의 상징적 특성인 거세위협을 지각하지 못한 무능력의 결과이다.

결국 동성애에 대한 방어로서의 소망은 자기애라는 심리성적 발달의 단계를 거쳐 자기애적 단계를 낳으며 편집증을 유발하여 고착화된다. 박해망상이라는 퇴행을 거듭하여 투사의 기제로 나타나 자신을 합리화시키는 자아 분열(자아가 현실을 부정하는 부분과 수용하는 부분으로 분열되는 것으로, 망상이라는 부분과 다른 부분으로 적응하는 상태)이라는 정신증 고유의 기제를 받아들이는 것이다.[120]

> 개인발달에서 사랑-대상을 얻기 위해(그때까지 자가 성생활을 하고 있던) 자기의 성적 본능들이 통합되는 시기가 온다. 그는 자기 자신, 즉 자신의 몸을 사랑-대상으로 취하는 것으로부터 시작한다. 그 다음에 비로소 자신이 아닌 다른 누군가를 대상으로 선택하기에 이른다.[121]

자가 성애적 단계에서 대상 사랑의 단계를 자기애 단계라고 할 수 있는데, 이 과정을 살펴보면 한 사람의 발달 과정에는 개인이 사랑의 대상을 얻기 위해 성적본능을 통합하는 시기가 있는데 이 시기에 자기 몸을 사랑의 대상으로 삼는다는 것이다. 그 다음에 자신이 아닌 다른 사람을 대상으로 선택하여

---

120 장 미셸 키노도즈 / PIP정신연구소 역, 『리딩 프로이트』, 170-176.

121 지그문트 프로이트 / 김명희 옮김, "편집증 환자 슈레버," 『늑대인간: 프로이트 전집 9』, 168.

자가 성애적 사랑과 대상 사랑의 중간에 없어서는 안 되는 정상 단계의 과정을 형성한다는 것이다. 그러나 많은 사람들이 이 단계에서 개인의 발달 단계 후반까지 머물러 비슷한 외부의 대상을 선택하게 된다.

자기애의 단계에서 벗어나지 못하는 사람은 나중에 병에 걸리는 기질로 고착화되는데 이미 고착화 된 사람은 강한 리비도가 출구를 찾지 못해 사회적 본능이 성적인 경향에 있는 것이다. 이러한 상황이 발생하는 요소로는 리비도가 여자관계에서 실망을 하였거나, 혹은 다른 남자와의 관계가 원만하지 못해 길이 막히는 상황으로 인해 발생한다는 것이다. 이들의 발달단계의 약점은 자가 성애적 단계이거나, 자기애 단계, 동성애 단계에 붙어 있는 것이다. 남자 편집증 환자가 가지고 있는 갈등의 문제는 사랑하는 자의 동성애적 환상이 있다는 견해로 볼 수 있다.[122]

이상에서 우리는 종교중독에 대해서 고찰했다. 그것은 5개 부분에 있어서, 즉 종교중독의 이론적 이해, 종교중독의 분석적 이해, 종교중독의 특징적인 문제들, 종교중독과 관련되는 병리적인 증상, 종교중독과의 병리적인 징후에 대해서 고찰했다.

이론적 이해에서 종교중독은 지나치게 종교에 몰입되는 것이며, 여기에는 위기와 단계가 있다는 점이 중요하다. 종교중독의 분석적인 이해에서는 생물학적인 측면과 자아도취 그리고 문제행동이 다루어졌지만, 특히 자아도취의 측면이 중요시된다. 종교중독의 특징적인 문제들에서는 심리적인 결핍으로써 강박증의 문제, 이분법적인 사고, 욕구불충족의 문제, 현실의 도피와 회피의 문제, 포장과 가식에 관련된 문제, 심취의 문제 등이었다. 그 중에서도 종교중독

122 Ibid., 167-170.

은 심리적인 결핍과 욕구 불충족의 문제 등이 중요시된다고 볼 수 있다. 그것은 이러한 문제들로 인해서 현실을 도피하게 만들거나 포장과 가식, 그리고 종교에의 심취가 일어나게 된다는 점이다.

이런 문제들은 급기야 병리적인 증상으로 이행된다는 점에서 종교중독과 관련된 증상들이 다루어졌다. 여기에는 일차적으로 강박증, 불안증, 우울증, 편집증 등이 대표적인 증상으로 고찰되었다. 종교중독과 관련된 병리적 징후들은 진단을 통해서 치유가 가능함을 알 수 있다. 앞에서 드러난 이러한 실제는 진실되지 못한 신앙의 문제로 종교 중독이라는 질병을 유발하지만, 여기에서 끝나지 않고 다양한 병리적인 증상과 징후를 함께 가지고 나타난다. 따라서 종교중독은 하나의 중독으로만 간과하지 말아야 한다.

제 9 장

종교중독의 병리적 증후 이해

종교중독이 범람하는 시대에 살고 있지만 종교중독이라는 말은 그리 친숙한 단어는 아니다. 그것은 거룩이라는 이름 아래 숨겨진 실제이기 때문이다. 그런 의미에서 종교중독이라는 말은 오히려 낯설고 어색한 언어라 할 수 있다. 그럼에도 불구하고 종교중독(宗教中毒, religious addiction)에 더욱 관심을 갖게 하는 것은 현대사회의 흐름 속에 범람하는 종교 중독적 증후가 질병으로 자리 잡아가고 있다는 점에서다.

I. 종교중독의 세계

종교중독으로 인하여 황폐해진 개인의 심리는 가정과 사회는 물론 나 자신에게도 침범하는 연속성을 발견하게 된다. 종교중독은 한 가지 증상에만 제한되는 것이 아니라 다발적인 중독적 증상을 나타내기 때문이다. 이처럼 종교중독이란 그 시대의 문화적인 흐름에 자리 잡아가는 중심적인 시대의 잔류라 평할 수 있다. 과거에는 중독이 약물에 의해 발생하는 한정된 중독현상으로 이해되어 왔으나 현재에는 넓은 의미로 확장되고 있으며 종교중독의 증상과 징후도 점점 다양해지고 있는 실정이다.[123]

이처럼 중독의 범주가 다양해진 세계에서 알코올중독을 비롯한 도박중독, 성 중독, 인터넷중독, 종교중독, 일중독은 특히 우리사회의 심각한 문제로 부각되고 있다. 또한 중독이란 일반적으로 '습관적 탐닉'(addiction)정도로 생각할 수 있으나 중독이 범람하는 시대에 그 범위는 삶의 실존에 깊이 침투하여 있음을 발견할 수 있다. 그 예로 생각, 웃음, 친절함, 사고, 이미지, 강박적인 자아상, 세계관 등을 통하여 '나', '가정', '사회', '교회'를 중심으로 대상을 가리지 않고 다양한 형태로 나타나고 있다.

123 약물중독이란 물질중독에만 제한된 현상이다.

특히 '종교중독' 은 우리가 잘 인식하지 못하며 눈에 보이지 않는 신앙이 병들 때 나타나는 병리적이며 숨겨진 종교적 태도이다. 삶의 고통과 불안으로부터의 도피로, 심리적 기저가 내면의 불안을 자극하여 억압된 공격성이 파괴로까지 나아간다. 종교중독에서 나타나는 행위는 불안을 더욱 자극하여 심리적 강박증을 불러일으키는 역동적인 측면에서 볼 수 있다. 역동은 우리의 무의식 가운데 갈등하는 에너지인데 종교중독의 원인이 되는 역동적인 증상으로는 의존과 남용, 학대 등을 들 수 있다. 중독적인 종교생활은 자신의 삶과 타인의 삶까지도 황폐화시키는 결과를 낳는다.

우리 삶의 주변까지도 침해 받는 종교중독은 현실과 관련하여 외상으로 인해 중독된 사람들의 세계, 학대받은 사람들의 세계, 의존적인 정신장애를 호소하는 사람들로 집단을 이루어가고 있다. 이제 종교중독은 사회에 병리적 지배의 요인이 되어서 여러 문화, 교육, 경제생활에도 영향을 미치고 있는 실정이다. 여러 문화 장르에서 일어나는 많은 일이 중독적 요인과 관련되어 있다고 해도 과언이 아닐 것이다. 이런 시대적 흐름 속에서 우리들은 이러한 증상과 직면하기를 두려워한다. 그것은 개인과 집단이 종교중독의 증상을 잘 인식하지 못하고 이해하지 못하고 있다는 점에서 그러하다. 일상생활의 범주 안에서 발견되고 보여지고 있는 상황을 그냥 지나쳐 버리기 때문이다.

이러한 노출을 방관하면 우리를 지배하는 중독적 대상은 외상적 중독에 경험이 있는 자들을 향하여 의존성과 학대의 이름으로 더욱 공격하며 파괴할 것이다. 따라서 우리는 종교중독 증상으로 나타나는 외상(外傷, trauma)과 학대(虐待, abuse)에 대하여 잘 알아야 한다. 외상(Trauma)이란 내부 또는 외부에서 오는 강력한 자극으로 인해 정신 기구가 갑자기 붕괴되거나 고장을 일으키는 현상을 가리키는 용어이다. 외상은 프로이트의 초기 신경증 이론에서 핵심적인 부분을 차지하며 발달과정에서 항상 발생하는 것이지만, 어떤 외상적 경험들은 발달에 부정적 영향을 주고 외상에 대한 자아의 취약성을 증가시킨다.

그런 점에서 자아와 초자아 발달에서 타고난 요소, 고착 퇴행은 자아의 취약성에 중요한 영향을 미치게 된다. 특히 유아기적 욕구를 충족시켜주는 일과 관련돼 반복되는 작은 실패들은 아동의 자아를 외상에 취약하게 만드는 누적된 외상(cumulative trauma)을 발생시켰다.[124] 이처럼 누적된 증상들은 종교중독의 세계를 이해하는 첫 번째 실제 대상이 된다.

II. 종교중독의 실재

종교중독의 실재적 사실의 중요성은 이러한 종교중독의 위기에 처한 우리의 심리적 불황에 대하여 주목하지 못하고 있다는 점에서다. 중독 상태를 나타내는 다섯 가지 주요 특징으로는 1)내성(tolerance) 2)금단증상(withdrawal symptom) 3)자기기만(self-deception) 4)의지력 상실(loss of willpower) 5)주의력 왜곡(distortion of attention)이 있는데 이러한 결과로 교회는 중독자를 도와주는 일에 거의 무기력하게 대처하고 있다는 점에서다. 결국 교회라는 공동체 안에서 자신에게 중독된 종교 없는 기독교로, 기독교를 종교로 만드는 의례와 물리적 체계로, 온갖 종교적 전통과 제의를 통하여 자신의 경건과 종교성은 은폐된 거울 속에 가려진 것이다.[125]

더구나 의례적 행위(Ritual)는 정형화되거나 강박적으로 반복하는 행동으로 더욱 강화되는 증상을 가리키는 용어이다. 의례 행동은 성적 공격적 욕동의 파생물과 방어적 세력 사이의 타협을 형성하는 것으로 위장되고 왜곡된 방식으로 표현된다. 의례 행동의 다양한 요소들은 무의식적 갈등의 요소로 마술적 사고를 포함하며 의례 행동은 빈번하게 강박 신경증의 증상으로 나타나는

124 미국정신분석학회 편 / 이재훈 외 역, 『정신분석 용어사전』(서울: 한국심리치료연구소, 2002), 295-296.

125 종교중독과 유사한 예배중독, 하나님중독, 기도중독을 종교중독으로 정의한다.

데 강박신경증의 전형적인 방어기제들인 반동 형성, 취소, 감정의 고립 그리고 주지화가 뚜렷이 나타난다. 의례 행동을 통해서 방어되는 공격적 욕동과 파생물은 항문기적 갈등과 관련이 깊다. 성인에게 있어서, 반복적인 행동은 일과로부터의 신경증 환자의 강박적 의례, 행동에 속하는 유사 종교적 의식과 정신증 환자의 마술적인 의례 행동에 이르기까지 광범위하다. 이처럼 의례 행동은 공격성의 표현으로 불안, 죄책감, 무력감에 대한 방어로 나타난다.[126]

이러한 방어적 태도는 진정한 자아의 모습이 두려워 가면을 쓰고 있는 자로, 도덕적 공백의 원형 앞에 사로잡힌 자로, 자기해체와 자기실종의 틈새를 견디지 못하는 율법주의의 변형인 일류애 성공애 물질애에 노예가 되는 자로, 강박적인 나르시시즘의 소유로 인한 완고함과 엄격함으로 여기에 두려움과 불안에 허덕이는 자로 나타난다. 현재 나에게 이러한 결과로 나타나는 자기정체성은 무엇인지 질문해 보아야 할 것이다. 21세기가 필요로 하는 사람은 자신의 욕구충족을 넘어 '나란 누구인가' 라는 질문에 답할 수 있는 자기정체성을 소유자한 자임을 확인해야 한다.[127]

하나님을 하나님이라 말하지 않아도 하나님을 나타낼 수 있는 자, 소유하려는 자가 아니라 무엇을 가지려고 애쓰는가에 힘쓰는 내 존재를 조금씩 회복함으로써 '행위' 중심에서 '존재' 중심의 삶으로 나아가야 한다. 더 가지려고만 하는 욕망에서 초탈한 '자기존재'도 확립해야 한다. 우리가 잘 알지 못하는 중독의 증상 중에서 역사 속에 존재해 왔으며 일반인에게 잘 알려지지 않은 질병임을 먼저 인식하고 이해하는 것이 종교중독을 알리는 첫걸음이다.[128]

---

126 미국정신분석학회 편 / 이재훈 외 역, 『정신분석 용어사전』(서울; 한국심리치료연구소, 2002), 342-344.

127 지그문트 프로이트 / 윤희기 역,"나르시시즘의 서론"『정신분석학의 근본개념: 프로이트 전집 11권 』(경기도: 열린책들, 2011), 45; DaIe Ryan/정동섭 역, 『중독 그리고 회복』(서울: 예찬사, 2005), 19-20.

128 Gerald G. May / 이지영 역, 『중독과 은혜』(서울: 한국기독교학생회출판부, 2005), 30-31.

종교중독은 인간 욕구의 자유를 제한하는 강박적이고 습관적인 모든 행동이며 특정한 대상을 향한 집착이나 속박에서 야기된다. 이런 점에서 행동(behavior)이라는 단어는 중독의 정의에서 매우 중요한데 그 이유는 실행(action)이 중독의 본질이기 때문이다. 욕구에 대한 집착은 종교중독이라는 병리적 행동으로 이어지는 기초 과정이며 그 집착을 실제 중독으로 만든 것은 행위 때문이다. 또한 집착과 중독의 관계는 그리 단순하지 않다. 뇌는 한 번 가졌던 집착을 결코 완전히 잊지 않기 때문이다. 그런즉 욕구를 느끼지 않는다는 것이 곧 집착이 사라졌다는 것을 의미하지는 않는다. 생각의 속임수로 인해 수많은 중독이 오랫동안 전혀 인식되지 못한 채 존재할 수 있으며, 중독 행위를 할 수 없게 되거나 우리 안에서 갈등을 유발할 때에야 비로소 집착의 심각성을 깨닫게 된다.

Ⅲ. 종교중독의 위험

종교중독(宗敎中毒, religious addiction)은 자신의 기분을 고양시키기 위해서 종교적 행위를 되풀이하는 것을 말한다. 헌금, 기도, 봉사, 예배, 전도, 등을 통한 종교적인 헌신과 행위에 매달리며 그럼에도 불구하고 기분이 고양되지 않으면 더욱 더 강렬한 종교적 헌신과 행위를 통하여 아예 그런 기분을 느끼지 못하도록 자신의 감정을 차단하고 억압한다는 것이다. 이런 점에서 종교중독에 빠지게 되는 원인은 무엇보다도 내가 어떠한 신학을 만나는가에 있다. 내가 만나는 접촉점이 무엇이냐에 있다는 점이다. 종교중독이 영성으로 둔갑하여 하나님 자리를 대신하며 자유의지를 파괴하고 훼방하여 영적 학대(spiritual abuse)가 진행되기 시작하기 때문이다. 종교중독자들은 하나님을 만나는 것이 아니라 헌신의 도구가 되는 물질과 영적 과정으로 인해 순간의 불안을 행위에 의지함으로써 감정으로부터 도피하기 시작한다고 말할 수 있다.

이로 인해 빚어지는 증상은 의존성(依存性, dependence)이다. 이것은 신의 이름을 빌려 행위와 헌신의 도구에 의존함으로 참된 대상을 상실한 왜곡된 종교적 양태를 빚어낸다. 왜곡된 신앙을 영적으로 포장하여 강박적인 신앙적 양태가 병존하게 되는 것이다.

그렇다면 신앙이 병들었다는 것은 무엇을 의미하는가? 여기서 '병들었다' 는 말을 사용할 때 그것은 특정한 기능의 와해를 뜻한다. 신앙이 병들게 되면 그것은 삶의 기본적인 기능들을 철저하게 파괴하기 때문이다. 따라서 기능장애는 병의 범주에 속한다고 할 수 있다. 어떤 사람이 그가 소속해 있는 공동체가 영적 의미를 부여한 '공동 규칙'에 따라 금식을 했다 하더라도 그것이 먹는 일에 대한 하나님의 벌이 두려워서 아무것도 먹지 않으려 한 것이라면 그는 '정상적인' 기능을 발휘하지 못하고 있는 것이다. 또한 어떤 사람이 자기는 매일 밤 규칙적으로 사람을 깨워서 그리스도께 인도해야 하기 때문에 잠시도 쉬어서는 안 된다고 주장한다면 주위 사람들은 그의 정신 상태를 의심하게 될 것이다. '병들었다' 는 말이 여기서는 일반적인 의미로 또는 도덕적인 의미로 사용된 것이 아니다. 여기서 '병들었다' 는 말은 종교적 선입관 때문에 일상생활에서 중대한 기능장애를 겪는 특정한 사람들의 특수한 상황을 지시한다. 결국 '병들었다' 는 말은 일반적이고 '넓은' 의미에서가 아니라 제한된 의미로 사용된 것이다. 병들었다는 의미는 치료적 접근을 필요로 한다.[129]

이런 점에서 예배자는 쓰리고 아린 몸을 안고 기독교 공동체인 교회에 와서 열심히 예배에 참석한다. 습관적 예배가 되어버린 예배자는 습관적 예배가 바른 예배인 양 하나의 신약(new drug)이라는 새로운 병리를 창조한다.[130] 예배가 끝나면 쓰리고 아린 몸은 더 지치고 허탈해지지만 신약을 놓고 싶지 않아

129 W. E. 오츠 / 정태기 역, 『신앙이 병들 때』(서울: 대한기독교출판사, 1987), 13-14.

130 신약(Drug)이란 단어는 중독자들이 만들어내는 중독의 병리적 양상을 저자의 주관적 개념으로 신약이라 명명한다.

매시간 예배로 봉사로 헌금으로 기도로 자신을 위로하며 더욱 더 열심히 습관적 예배에 탐닉한다.

시간이 흐르면 자신도 모르게 황홀한 기분에 빠져들고 나를 누군가 알아주기를 기대하며 스스로 조금씩 자신을 학대해 간다. 때로는 슬픈 감정에, 때로는 완벽하게 종교적인 이중적 양가감정(Ambivalence)으로 감정을 고조시킨다. 시간이 흐를수록 주변에서는 믿음이 좋다고 자신을 드높여 준다. 이때부터 종교중독은 자신의 삶 속에 깊이 고착되고 불안을 해소하려는 의례적 행위로써 반복된다. 여기에서 양가감정은 다른 사람이나 사물, 상황에 대해 서로 반대되는 감정이나 태도가 동시에 존재하는 것을 말한다. 보통 일반적인 의미에서 양가감정은 보편적인 것이며 심각한 것은 아니다. 그러나 감정의 갈등 정도가 강해져서 행동으로 드러날 때 받아들여지지 않으면 곧바로 정신적 질병(정신증, 강박신경증)으로 나타난다.[131]

종교중독의 위험을 알리는 측면에서 이러한 위기는 안정, 행복, 성공으로 이어지는 공식이 존재한다는 신념과 관련이 있다고 말한다. 이러한 신념은 자신을 비존재적인 실존에 앉히는 것이다. 더욱이 종교중독의 위험은 종교적 행위를 통해 얻어지는 결과보다는 종교적 노력이나 행위 자체를 더 중요시하는 데 있다고 한다.[132] 이는 결국 주술적 황홀경에 빠지는 종교중독의 위험을 알리는 적신호이다. 행위를 함에 있어 결과보다는 습관적이고 반복적인 종교적 노력을 더욱 중요시하는 이유가 여기에 있다. 환자가 환부를 말끔히 도려내고 새살을 돋게 해주는 명의를 찾는 것처럼, 무능한 존재로 삶의 에너지를 소진한 이들이 몸과 마음을 치유하고 회복되어 새로운 생명으로 잉태되고 싶은 간절한 소망을 종교라는 이름으로 방치하는 결과를 낳게 된다. 이는 비단 종교적

---

131 미국정신분석학회 / 이재훈 외 역, 『정신분석 용어사전』(서울: 한국심리치료연구소, 2002), 272-274.

132 강경호, 『중독의 위기와 상담』(경기도: 한사랑가족상담연구소, 2002), 430.

병리나 병폐만을 말하려는 것이 아니다. 종교공동체에 찾아온 하나님의 자녀를 전인적 인간 이해에 앞서 종교적인 행위에서 접촉점을 찾으려고 한다는 것이다.

신앙이란 인간을 살리고 삶을 충실하게 해주는 매우 적극적이면서도 '건전한' 어떤 교리를 지칭한다. '건강한 신앙', '건전한 신앙' 이란 한 개인이 궁극적이면서도 포괄적으로 하나님과의 관계 속에서 표출되는 전인적 표현이다. 그러나 동시에 '신앙' 이란 용어는 공포와 죽음을 무기로 삼아 인간성을 위축시키는 거짓 신들의 만신전을 지칭하기도 한다. 신앙이 객체화될 때, 다시 말해서 한 인간의 모든 삶으로부터 우러나오는 총체적인 표현이 되지 못할 때 그것은 외적이며 비인간적인 '대상'(it)이 되기 때문이다. 이런 비인격적 신앙은 모든 삶으로부터 완전히 차단된 밀실 안에서만 갖는 자율성 즉, 자신의 신념체계로 굳어지게 된다. 신앙이 병드는 것은 바로 이때이다.[133] 신앙이 점점 종교적으로 변할 때 하나님으로부터 받는 기쁨은 줄어드는데도 그들은 스스로 그 상태에 쾌감을 느끼며 주술적인 황홀경에 이르게 된다.

하지만 반가운 소식은 종교중독은 다른 중독에 비해 비교적 치료적 접근이 용이하며 다른 물질중독이나 행위중독 과정중독과는 달리 완전히 치료될 수 있다는 사실이다. 유명한 중독 치료자인 부쓰(Father Leo Booth)는 사람들에게 종교중독의 세계를 알리는 데 가장 중요한 역할을 한 사람이다. 그의 저서 『When God becomes a drug』에서 종교의 위험을 알리면서 종교중독은 치료적 접근을 해야 할 대상이라고 제안한다.[134] 이를 기초로 종교중독은 정신분석학 관점에서 신앙이 병들 때 어떻게 종교중독에 이르는가? 신앙이 병든다는 것은 무엇인가? 신앙생활을 병들게 하는 숨겨진 중독의 요인은 무엇인가? 라

---

133 W. E. 오츠 / 정태기 역, 『신앙이 병들 때』(서울: 기독교서회, 1987), 10.

134 Father Leo Booth/ *When God Becomes a Drug: Understanding Religious Addition & Religious Abuse,* (Long Beach: SCP Limited, 1998), 15.

는 질문을 안고 종교중독의 심리적인 이해와 돌봄, 회복, 치유를 중심으로 프로이트의 정신분석을 통해 치유의 가능성이 열린다. 공격성과 내면의 불안을 통합하는 사랑의 역동적 신앙을 회복하는 것이다.

더 나아가 종교중독의 이해를 돕기 위해 하트(Archilbald D. Hart)의 연구에서, 아터번(stephen Arterburn)과 & 펠톤 (Jack Felton)의 해로운 믿음 연구를 통하여, 메이(Gerald G. May)의 중독과 은혜에서, 율라노프(Ann Ulanov)의 영성과 심리치료에서, 코헛(Hinz Kohut)의 자기심리학을 통해서 위니캇(D. W. Winnicott)의 성숙과정과 촉진적 환경에서 종교적 정신장애로 인해 불행을 겪는 사람들의 문제를 이해하며 이들의 삶이 건강한 종교적 삶의 가능성을 찾는데 도움을 줄 수 있는 목회상담학적인 대안을 모색한다. 저자의 의도는 종교중독의 해악과 취약점을 통하여 다른 대상으로 변질된 애착의 행위를 치유하여 병든 영성을 회복하며, 하나님에 대한 갈망을 대상으로 충족시키려는 노력을 간과하지 않는 동시에 그들을 영적, 정신적, 육체적으로 회복할 수 있도록 지지하는 데 있다. 인간은 하나님의 형상대로 지음 받은 절대적인 신의 피조물이기에 가능한 것이다.

Ⅳ. 종교중독의 변형

종교중독은 기분을 향상시키기 위하여 종교적 행위를 되풀이하는 것이다. 기분을 고양시키기 위한 종교행위 자체가 문제라거나 어떤 것을 해서 기분이 변화되었다고 해서 나쁜 것은 아니다. 다만 어떤 특정한 것을 강박적으로 되풀이함으로 다른 것은 느낄 수 없도록 하는 것이 문제이다. 또한 종교중독은 하나님께서 내 마음의 짐을 다 가져간 양 다른 감정을 느끼지 못하게 하며 남을 돕는 일에 무조건 '예'라고 대답하고, 평생을 바치도록 하는 경계성 없는 의존성을 들 수 있다. 종교의 중독적 현상은 하나님께 초점이 맞춰져 있지 않고

예배장소, 의식(儀式) 등에 지나치게 의존하는 등 비합리적으로 심취하는 행동이다.[135]

이것은 정신 역동적 이론에 의하면 자위행위(masturbatory equivalent)와 유사하다. 자위(Masturbation)란 일반적으로 성기를 스스로 자극하여 성적 쾌락을 얻는 행위로서, 오르가즘에 도달할 수도 그렇지 않을 수도 있다. 자위는 자신이나 다른 사람에게, 혼자서 혹은 다른 사람들 앞에서 이루어지며, 성기가 아닌 다른 성감대를 자극함으로써 이루어진다. 다른 성감대를 자극하는 자위는 성도착에 해당될 수 있다. 자위는 전 생애 동안 행해지며 다양한 감정들과 의식적, 무의식적 환상을 수반할 수 있다. 프로이트는 자위는 '일차적 중독' 이며, 살아가면서 술, 마약, 담배, 등 다른 물질에의 중독이 자위에의 중독을 대체한다고 생각했다.[136] 종교적 행위의 가면은 의존의 가면, 동성애의 충동에 대한 방어이고 구강기적 퇴행(oral regression)의 표현이라고 설명하고 있다.

여기에서 퇴행(Regression)이란 감당할 수 없는 현실에 마주쳤을 때 미성숙한 정신 기능의 단계로 거슬러 되돌아가는 심리적 과정이다. 가장 극단적인 퇴행의 형태는 태아의 자세로 방에 틀어 박혀서 꼼짝도 하지 않는 정신분열병 환자의 예를 들 수 있다. 성인이 갑자기 어떤 상황에서 어린애 같은 말투나 행동을 보이는 경우도 이에 해당한다. 또한 병적인 퇴행만 있는 것이 아니라 정상적인 퇴행도 존재한다. 집단 모임의 여흥 시간에 적절히 퇴행하지 못하는 사람은 분위기를 어색하게 만들기 쉽다. 대개의 경우 신경증 환자보다 정신병 환자에서 퇴행의 정도가 심하게 나타난다. 종교적 행위의 가면으로는 의존의 가면, 포장된 인격의 가면, 자기 확신의 가면, 적대감과 공격성의 가면, 수동성과

---

135 정삼열, "건강한 크리스천 만들기: 종교적 중독에서 벗어나라," 「빈들의 소리2(2005/2), 82-83.

136 미국정신분석학회 편, 『정신분석 용어사전』, 417; 고병인, 『중독자 가정의 가족치료』(서울: 학지사, 2003), 55.

공격성의 가면, 의심의 가면, 삶으로부터 초연함의 가면, 혼돈의 가장자리에 있는 사람들의 성격장애 등을 들 수 있다.[137]

종교중독에서 드러나는 중독이란 "어린이를 교묘하게 통제하고 조종하기 위해서 하나님을 끌어들이는 교육, 어린이를 부자유하게 하는 교육을 말한다. 가장 대표적인 것은 하나님의 이미지로 어린이에게 겁을 주는 것이다. '하나님 중독'이라는 상징적 표현은 정도의 차이는 있지만 하나님을 어떤 대상으로써 전능한 감시자로 심판관으로 내세우는 종교교육을 가리킨다." 이런 식의 종교교육은 어린이의 내면에 고통과 강박, 부정적 영향을 끼치게 되며 훗날 어른이 된 후에도 이런 영향으로부터 자유로워지지 못하는 경우이다. 그 결과 기독교라는 공동체 안에서 신앙의 동기가 두려움과 양심의 가책으로 바람직하지 못한 상황이 발생하고 부정적인 경험의 영향으로 평생 종교에 거리를 두는 일도 발생한다.

종교중독에서 드러나는 또 하나는 예배이다. 이것은 어떠한 것에 화를 참지 못할 때 예배에 참석함으로써 그 화로 인한 분노조차 잊어버리게 만드는 망각적인 행위이다. 기분이 나쁘면 종교라는 이름으로 교회에 가서 예배를 드리며 그래도 기분이 안 풀리면 더 열심히 예배를 드린다. 예배가 나쁜 마음을 해결하기 때문이 아니라 아예 그런 기분을 느끼지 않기 위해 예배를 드린다는 데 문제가 있다.[138]

V. 종교중독의 범주

---

137 대한신경정신의학회 편, 『신경정신의학』(서울: 중앙문화사, 2011), 76-77; Wayne Oates/장성식 역, 『가면의 삶: 종교적 행위의 성격 장애들』(서울: 나단, 1996), 173.

138 손성현, "프로테스탄트교육은 인권의 파트너가 될 수 있는가?" 「한국종교교육학회」39(2012). 1-19; 데일 라이언 / 정동섭 역, 『중독 그리고 회복』(서울: 예찬사, 2005), 57.

종교중독은 DSM-1에서 DSM IV-TR text revision(2000)에 등록되지 않은 병증이다. 미국 정신의학회의 DSM 체계는 히포크라테스(Hippocrates)가 기원전 5세기경에 매니아(mania)와 히스테리(hystery)라는 용어를 처음으로 사용하면서 진단 분류가 시작되었다고 할 수 있다. 1869년에 미국 정신의학회 American Psychiatric Association: APA의 전신인 미국의료-심리학회 American Medico Psychological Association에 의해 처음으로 미국에 분류체계를 도입하게 되었으며 정신장애의 이해와 관심이 고조되면서 점차 확산된 결과 WHO에 의해 ICD 체계가 확립되었다. 후에 APA에 의한 DSM 체계가 도입되었고 DSM-I(1952), ~ DSM-II(1968), ~ DSM-III(1980), ~ DSM-III-R(1987), ~ DSM-IV(1994), ~ DSM-IV ~ TR text revision(2000)까지 확립되었다.[139]

전통적으로 신념이나 믿음, 또는 종교의 문제는 철학이 다루어 왔으나 철학의 후예인 심리학은 그 동안 철학에 속해 있던 과제들을 과학적으로 연구하는 임무를 수행하게 되었다. 이러한 심리학이 철학의 한 부분으로 존재하던 것을 분리시켜 하나의 독립된 학문으로 위상을 정립한 것은 분트(Wilhelm Max Wundt, 1832 ~ 1920)가 라이프리치 대학에 실험심리학 연구실을 창설하여(1879) 구조주의 심리학의 기틀을 마련하면서부터이다. 이에 종교는 인간의 삶에 전인적인 측면에서 영향을 미치기에 심리학이나 그 외 분야의 학문분야가 고찰되고 탐구되어야 한다고 보게 되었다. 그런 의미에서 종교와 심리학은 적대적인 관계가 아닌 서로 보완하고 소통해야하는 협력의 관계이다. 심리학의 이중적 언어의 또 하나는 신학인데 신학의 주된 의미는 인간이 무엇을 믿고 믿음의 대상이 누구이며, 믿음의 과정에서 믿는 사람의 마음에 어떤 변이가 일어나는가를 이해하고 다스리고 회복하는 과정을 규명하는 것이라고 할

139 대한신경정신의학회 편, 『Textbook of Neuropsychiatry, 신경정신의학』(서울: 중앙문화사, 2011), 133-35; 사미자, 『종교심리학』(서울: 장로회신학학교출판부, 2007), 23.

수 있다. 그런 의미에서 인간 내면의 삶을 이해하고 다가가는 심리학과 신학, 상담학의 학문이 긴밀하게 협력해야 한다고 볼 수 있다.[140]

이 같은 맥락에서 성공회 신부이자 유명한 중독 치료자인 부쓰(Father Leo Booth)는 'When God becomes a drug' 을 통해 중독으로 변한 종교의 위험성을 알리고 있으며, 종교중독을 치료적 관심을 가지고 접근해야 할 대상으로 제안한다. 그는 알코올 중독에서 회복되었던 자신의 삶의 경험을 토대로 성도들의 신앙생활에도 역기능적인 종교적 신앙이 마치 알코올처럼 그들의 삶을 황폐화시키고 있으며, 사람들이 알코올에 중독되는 것처럼 종교에도 중독될 수 있고 그것이 결국 심각한 결과를 가져온다고 말한다.[141]

1998년 한국 상담치료연구소를 설립하여 정신분석사로 활동하면서 국내외 상담치료사 양성에 힘쓰고 있는 김충렬은 『알코올 중독과 목회상담적 치료』 (Alcoholic & Pastoral counseling to heal)에서 목회자를 비롯하여 모든 그리스도인이 기억해야 할 것은 소중한 인간의 생명을 먼저 이해하는 인간이해의 정신이 우선시되어야 한다고 말한다.[142] 그는 생물학적, 심리적, 환경적, 사회적 원인이라는 굴레 속에서 다양하게 나타나고 있는 중독증의 원인을 밝히고 있다.

김병오의 『중독을 치유하는 영성』(Spirituality which Heals an Addiction)에서는 죄로서의 중독, 타락한 욕망으로서의 중독, 의지의 굴레로서의 중독, 실존적 불안의 반응으로서의 중독, 신비적 경험으로서의 중독, 실존적 공허감으로서의 중독을 신학적으로 잘 나타내고 있다. 특별히 대상관계 이론을 통하여 중독의 원인을 분석하고 치유의 방법을 제안한다. AA의 12단계를 영적 의미로 풀이하여 AA의 각 단계마다 12단계 영성의 특징들을 단계별로 잘 보여 주

140 Ibid., 13.

141 정연득,"종교중독에 대한 목회신학적 대응," 「신학과 실천」26(2011), 49.

142 김충렬, 『알코올중독과 목회상담적 치료』(서울: 한들출판사, 2011), 55-111.

고 있다. 중독을 치유하는 다섯 단계의 영성을 통하여 중독자가 인정해야 하는 절망의 밑바닥을 치는 경험, 겸손, 자기포기, 회심경험, 은혜의 치유 능력 등을 안내한다. 중독의 치유를 돕는 목회상담의 과정을 중독단계, 과도기 단계, 초기의 회복단계, 계속적인 회복단계로 구분하고 각 단계마다 목회상담가가 어떤 일을 할 수 있나, 어떻게 할 수 있는가를 알리고 있다.[143]

라이언(Dale Ryan)의 『중독 그리고 회복』(Addiction and recoverey)에서는 중독의 시대에 자신을 들여다보는 시대적 눈을 통하여 중독에서 벗어나는 여행을 스케치한다. 결국 자기고백에서 시작되는 회복을 통하여 영적 훈련으로써 회복의 과정을 그려낸다. 행동, 고백, 간증, 기도 등 회복의 원리들을 상세히 이야기한다. 또한 종교중독, 예배중독이라는 회복사역의 신학적 특성을 경전신학과 경험신학을 대조적으로 비교하며 영적 쇼핑을 즐기는 사람들의 유형을 그려낸다. 중독에 걸리는 자는 수치심을 버려야만 살 수 있다는 역동적인 아이러니를 함께 제공한다. 그는 중독자들이 가지고 있는 감정의 부분 중 두려움을 극복하라, 진실하라, 슬퍼하라, 그리고 하나님과 시간을 보내라고 경고한다. 교회 안에서의 회복공간을 만들기 위한 회복부서 신설, 교회 자체적으로 중독된 문화 바꾸기 등을 시도하여 교회를 통한 회복의 가능성을 제시한다. 마지막으로 하나님을 왜곡하는 영적 학대를 하나님의 침묵을 받아들여 상한 심령을 회복하기를 권고한다.[144]

오츠(Wayne E. Oates)는 『신앙이 병들 때』(When Religion Gets Sick)에서 정신장애에 있어서의 신앙적 용인으로 우상숭배, 신뢰와 불신, 희망과 절망, 정신건강에 있어서 사랑과 무관심의 신앙적 요인에 대해서도 설명한다. 종교 지도자들의 정신병리학 중에서도 이상화(idealization)와 전능의 가설을 제시한

143 김병오, 『중독을 치유하는 영성』(서울: 대서, 2009), 29-138.

144 Dale Ryan / 정동섭 역, 『중독 그리고 회복』, 21, 195.

다. 이때 코헛의 개념인 이상화(idealization)는 일차적 자기애의 행복한 상태를 회복하려는 두 가지의 본래적 시도로써 온전함, 안전감, 강건함을 애착 가능한 전능한 대상을 갈망함으로써 느끼는 것을 의미한다. 이상화는 강력한 인물과의 연결을 유지하기 위해 부모를 이상화하려는 지속적인 필요성을 갖는데 이러한 욕구의 좌절로 인한 상실, 무반응, 박탈, 실망은 자아 이상과 초자아의 기본구조를 확립하는 과정을 방해한다. 내재화(internalization)가 이루어진 후에도 부모에 대한 실망은 불안정하게 확립된 이상적 외부 대상에 대한 새로운 탐색을 시도한다. 이상화된 상태의 공격적이며 금지하는 인물이 초자아 안에서 내재화될 죄책감을 유발하고 잘못에 대해 벌을 주는 양심의 역할을 담당하게 된다.[145]

한편 종교 지도자들에게 흔히 볼 수 있는 병적 요인으로는 '임무'를 수행하는 능력에 자신의 모든 운명을 걸 때 결국 허구적인 목적들이 삶의 목표가 되고 신앙은 병들어 중독이라는 병리적인 증상을 나타낸다는 것이다. 이러한 허구의 목적들로 인해 스스로 전능하다는 망상에 빠지게 되고 인간 능력의 한계를 부인하게 되는 것이다. 또한 강박 증상의 하나로 완벽성의 추구로 종교지도자들은 마법과 속임수 그리고 임의적 조작에 의지하는 증상을 나타낸다.[146]

병든 신앙에서 볼 수 있는 강박장애에 대한 최초의 공식적인 기술은 프랑스 정신과 의사인 Esquirol에 의해서였다. 19세기 말까지 강박증상은 우울증에서 동반될 수 있는 증상으로 간주되었다. 그러다가 19세기 후반 프로이트가 이러한 증상이 정신 내부의, 갈등에 의해 생기는 강박신경증이라고 기술한다. 이후 강박장애에 관한 생물학적 연구가 활발해지면서 1980년대에는 강박장애(obsessive-compulsive disorder)란 진단명이 붙여졌다. 강박장애는 DSM-IV

---

145 Allen M. Siegal / 권명수 역, 『하인즈코헛과 자기심리학』, 354-356.

146 W. E. 오츠 / 정태기 역, 『신앙이 병들 때』, 180.

-TR에는 불안장애의 범주에 포함되어 있다. 강박사고는 불안을 증가시키고, 강박행동은 불안을 감소시키는 경향이 있다. 그러나 한편에서는 강박장애의 본질은 불안이 아니라 반복적인 사고와 이에 수반된 행동이라는 점에서 불안장애와는 무관한 독립 질병 단위의 가능성이 끊임없이 제기되어 왔다. 현재 ICD-10에서는 강박장애를 불안장애와 별개로 분류하고 있다. 강박장애는 자신의 의지와는 무관하게 특정한 생각이나 행동을 병적으로 반복하는 상태를 말한다. 강박행동을 통해 내재된 불안은 일시적으로 감소하지만, 강박행동을 중지하면 다시 불안 증세가 나타나므로 불합리한줄 알면서도 반복하지 않을 수 없는 장애이다. 강박장애 환자는 대부분 강박사고(obsession)와 강박행동(compulsion)이 같이 있지만 때로는 하나의 증상만 나타나기도 한다.[147]

오츠(Wayne E. Oates)는 『가면의 삶』(Behind the Masks)에서 종교적 행위의 성격장애를 들고 있다. 희랍신화를 중심으로 한 그리스 로마 문화(헬레니즘)는 가면의 삶을 긍정적으로 보고 있다. 인격 Personality라는 말도 가면 Persona이라는 말에서 근원을 찾는다. 인격, 성격을 의미하는 Charactor도 배우, 배역의 의미를 나타낸다. 희랍 비극에서 배우는 여러 가지 배역을 맡게 된다. 배우의 역할과 마찬가지로 훌륭한 가면도 여러 가지 가면을 어떻게 잘 소화시키고 조화시키느냐에 달려 있다. 희랍문화의 가면은 인격에 관한 하나의 표현이다. 우리나라도 형식과 체면을 중시하는 유교문화이다. 가문, 명예, 체면을 중시하며 사는 것이 하나의 성숙한 모토인 것으로 철저히 자신을 속이며 가면으로 위장하고 산다. 하지만 가면은 사회생활 가정생활에서 필요하기도 하다. '나' 라는 존재 위에 사회인으로서 부모로서 생활해 가야 하기 때문이다.

성경에서 예수는 이런 위선과 가면을 몹시 싫어하셨다. 위선적인 가면을 쓴 바리새인들을 경멸하셨다. 서서 큰소리로 회당에서 기도하는 자들을 향하여

---

147 대한신경정신의학회 편, 『신경정신의학』, 232.

분노하셨다. 그러나 세리의 기도는 예수께서 기쁘게 받으셨던 것이다. 오츠는 중독으로 장애를 앓고 있는 자들이 성격장애(Personality disorder)로 가면을 쓰고 사는 삶에서 벗어나지 못하고 있다고 한다. 물론 종교중독자도 인격장애로 인한 삶의 가면을 쓰고 있다고 볼 수 있다. 이들이 인격에 가면을 위장할 때 마음은 병들어가는 중독의 증상을 바라볼 수 있기 때문이다. 종교적 행위의 가면으로는 의존의 가면, 간헐적 우울증, 포장된 인격의 가면, 자기 확신의 가면, 적대감과 공격성의 가면, 수동성과 공격성의 가면, 의심의 가면, 삶으로부터 초연함의 가면, 혼돈의 가장자리에 있는 사람들의 성격장애를 들 수 있다.[148]

하트(Archibald D. Hart)의 『숨겨진 중독』(Hidden addiction)에서는 다양한 중독의 형태를 나타낸다고 말한다. 하트는 숨겨진 중독의 증상, 공통점, 성격유형을 보인다고 해서 중독자는 아니라고 한다. 즐거움을 찾는 활동이나 지속적인 습관이 모두 중독은 아니라는 것이다. 강박 충동적인 행동이나 강박관념적인 행동도 반드시 중독은 아님을 강조한다. 그러나 그는 숨겨진 중독으로 나타나는 병리적 증상의 관점이 세 가지 양식으로 나타난다고 본다.

· 이 중독은 숨겨진 것인데, 희생자는 그것이 있다는 사실을 의식적으로 인식하지 못한다. 그는 중독을 인식하지 못하여 어떤 생각이나 결심 없이 그것에 굴복한다.
· 이 중독은 숨겨진 것인데, 일반적으로 사회는 그 문제를 중독이라고 인정하지 않는다.
· 이 중독은 숨겨진 것인데 우리들은 그 중독의 심리과정을 아직 완전히 이해하지 못한다.

위에서 말한 것처럼 중독의 심리 과정은 기분을 바꾸어주는 물질을 취하는

---

148 Wayne E. Oates / 장성식 역, 『가면의 삶』, 19-173.

것 자체를 뛰어넘는 강력한 증거를 말한다. 이러한 깨달음으로 인해 우리들은 중독을 두 가지 범주로 구분하여 본다. 두 가지 범주는 물질중독과 과정중독이다. '물질'이란 약물, 술, 니코틴, 카페인, 특정한 음식과 같은 외부 물질에 중독되는 것을 말한다. '과정' 은 사람을 '홀리게' 만들거나 사람이 의존하게 되는 일련의 활동이나 상호작용을 의미한다. 일중독이나 성중독 종교중독과 같은 대부분의 숨겨진 중독은 이 범주로 구분된다.[149]

또한 강박관념(obsession)과 강박충동(compulsion)이 어떻게 중독의 과정으로 연결되는지 이해하지 못하면 완전한 이해라고 볼 수 없다. 왜냐하면 중독은 강박관념적인 생각이나 강박충동적인 행동에 그 뿌리를 두고 있거나 또는 그러한 생각이나 행동을 수반할 수 있기 때문이다. 동시에 강박 관념적인 장애나 강박 충동적인 장애로 불리는 신경증적 질병과 중독은 거의 관련이 없다고 말한다. 그는 표면적으로는 비슷하지만 장애로는 볼 수 없고 다만 그러한 성향 즉, 잠재적인 소인을 가지고 있다고 본다. 하트(Archibald D. Hart)는 숨겨진 중독의 증상을 긍정적 중독으로 전치(displacement)하고자 한다.[150]

하재성의 『강박적인 그리스도인』에서는 행위 중심으로 살아가는 그리스도인의 삶을 존재 중심의 삶으로 전환하는 데 많은 지혜를 준다. 그는 인간심리와 관련된 강박성의 문제를 현대의 교회의 현실과 그 안에서 생활하는 그리스도인들의 두려움과 죄의식에서 찾는다. 참 기쁨을 얻지 못하여 교회가 생명력과 자유를 잃고 강박증적이 되어 강박증적인 사회와 전혀 구분이 되지 않으며, 때문에 진정한 쉼과 안식을 누리지 못하고 있다고 한다. 더 나아가 강박증은 고전적 정신분석의 이론에서 강박증(Obsessive-Compulsive Disorder)은 강박신경증이며, 무의식적 충동에 대한 심리적 방어기제에 의해 강박증상이

---

149 Archibald D. Hart / 윤귀남 역, 『숨겨진 중독』(서울: 참 미디어, 1997), 23.

150 Ibid., 23., 95.

나타난다고 본다.[151]

강경호의 『중독의 위기와 상담』에서는 중독의 이해를 통하여 중독의 여러 형태인 무형 중독과 유형 중독의 위기를 말하고 있다. 물질중독은 마약이나 알코올 같은 물질을 신체에 주입하거나 섭취하는 것을 말하며, 행위중독 또는 과정중독은 성적 활동과 같이 어떤 행동이나 활동을 반복하는 것을 말한다. 행위중독은 중독되었다는 사실을 의식하지 못할 뿐만 아니라 때로는 이것에 의해 사람이 완전히 지배당하고 더 나아가 찬사를 받는 양상이 있기에 쉽게 감별하지 못하는 경우가 있다. 하지만 중독이라는 측면에서 보면 물질중독과 크게 다르지 않다. 과정중독의 위기 중에서 자신이 종교중독에 걸렸다고 말하는 사람은 없다고 한다.

그러나 주변에서 볼 때 종교중독자는 많다. 바울 역시 종교중독자로 볼 수 있다. 한때 그는 하나님의 의를 바라보지 못하고 인간인 자신의 의를 위해 열심히 뛰었던 율법주의자였다. 처음에는 호의적인 태도로 시작하다가 책임감을 느낄 때 지도자는 권력중독에 빠지게 되고 추종자는 종교중독에 빠질 가능성이 높다고 한다. 종교중독에는 도취적이고 신비적인 기쁨이 있기 때문이다.[152] '믿음이 좋다, 신령하다, 영적 은사가 많다' 고 말하게 됨으로 우리 영혼은 병들어 간다. 그러면서 많은 사람들이 종교 활동에 중독이 되어 그들 스스로 믿음이 좋다는 소리에 익숙해져 간다.

율라노프(Ann Ulanov)의 『영성과 심리치료』(Spirituality & Psychoth-erapy)에서 인간에게는 종교적 본능이 있다고 말한다. 우리가 이 본능을 억압한다면, 식욕에 이상이 생기듯 병이 든다고 말한다. 약물 남용의 많은 사례들은 그 밑바닥에서 존재의 힘과 원천에 연결되고 싶어 하는 욕구가 마약이나 알코올

---

151 권춘수 외 공저, 『강박증의 통합적 이해』(서울: 학지사, 2010), 123-125.

152 강경호, 『중독의 위기와 상담』(경기도: 한사랑가족상담연구소, 2002), 431.

등으로 전치(displacement)된 것이다. 결국 우리가 가지고 있는 종교적 본능은 어느 곳으로든 흘러야 하는데 그 에너지가 궁극적인 것을 향해 흐르지 않는다면 본능의 욕구는 우상을 만드는 데로 흐르게 된다고 말한다. 이런 측면에서 종교적 본능은 사회적 기능을 갖고 있다. 우리는 초월적인 권위에 연결되어 있을 때 우리 자신을 지킬 수 있다. 생명의 주인과 연결됨으로 우리자신을 지키며 권위를 유지할 수 있는 것이다. 그 결과 사회의 건강이 유지되고 즐거운 공동체의 삶이 전개되며 우리는 우리 사회보다 더 큰 존재 안에 자신의 뿌리를 둘 수 있다. 종교적 본능은 모든 형태의 정신적 장애 뒤에 숨어 있을 수 있다. 정신적 장애의 배후에는 궁극을 향한 충동이 아동기에 받은 상처들과 다른 사람들과의 왜곡된 관계 경험들과 함께 뒤섞인 채 있다. 그것은 중심을 향해 흘러야 할 에너지가 자리를 잃고 방황할 때 병이 된다고 한다.

율라노프(Ann Ulanov)는 종교와 무의식이라는 관계를 신학과 심리학의 상호 학문적 만남의 가능성을 탐구하는 것으로 본다. 심층심리학의 언어를 신학의 언어로 환원시키지 아니한 채 생산적인 학문의 대화를 전개한다. 따라서 모든 질병을 심리적인 차원으로도 영적인 것으로도 환원시키지 않는다. 정신적인 차원과 영적인 차원은 서로 다른 차원에 속한 것으로 이 둘은 서로 영향을 주고받는다.[153] 율라노프는 인간의 종교적인 본능을 무시하지 말고 보이지 않는 무의식의 에너지를 심리학과 신학이라는 학문적 대화로 전개해 가기를 요구한다.

위니캇(D. W. Winnicot)은 『성숙과정과 촉진적 환경』(The maturational Processes and The facilitating Environment)이라는 정서발달 연구에서 유아기적 정서 발달과정에 정신분석이론을 적용시킨다. 프로이트는 유아기 때 형성되는 대인관계 안에 정신신경증의 기원이 있다고 말하는데 유아기의 정서

---

153 Ann Ulanov / 이재훈 역, 『영성과 심리치료』(서울: 한국심리치료연구소, 2005), 20.

발달 실패와 관련되어 유아기의 정서적 발달과정이 정신분열증적 질병이 될 수도 있다는 결론을 내린다. 이와 관련하여 신경증(Neurosis)이란 1977년 쿨렌(William Cullen)에 의해 도입된 것으로 신경증은 현재 정신 신경증과 동일한 의미로 사용되고 있다. 이 용어는 신체기관의 결함과는 상관없는 기능적 생리 장애를 지칭하는 것이었다. 이후 프로이트(1896)는 실제 신경증이라는 용어를 사용하였는데, 이는 성기능 장애로 인한 불안증과 신경쇠약 같은 증상들을 지칭하는 것이었다. 그는 실제 신경증을 정신 신경증과 구별하였는데 정신 신경증에서는 증상이 발생하기 이전 초기 아동기 경험에 기반을 두고 있는 무의식적 갈등이 원인이라고 보았다.[154] 유아기의 발달과정에서 나타나는 의존성은 성격발달 이론에 큰 변화를 나타내며 이에 따르는 환경적 요인은 해리장애(海狸, dissociative disorder)를 초래해 참자기와 거짓자기의 경계선이 분명치 않다고 지적한다. 유아의 발달과정 중 환경적 요인은 정신병적인 장애와 깊은 관련이 있어 자아가 외상(Trauma)을 입게 될 때 극심한 혼란을 겪게 되면서 성인에 이르러 중독의 증상을 초래한다고 한다.[155]

메이(Gerald G. May)는 『중독과 은혜』(Addiction and Grace)에서 중독과 인간의 자유에 대한 욕구를 은혜 안에서 극복하는 능력을 강화한다. 중독의 힘을 극복하려면 인간의 의지는 반드시 하나님의 뜻과 조화를 이루어 움직여야 한다고 한다. 인간의 영은 성령과 함께 흘러야 하고 개인의 능력은 은혜의 능력과 힘을 이루어야 한다고 말한다. 이것은 개인의 자발적인 의지력만으로는 불가능하다. 왜냐하면 중독된 뇌 조직들은 너무도 압도적이기 때문이다. 또한 의지를 조절하는 것은 지적인 시도만으로는 불가능하다. 이것 또한 우리

---

154 미국정신분석학회 편 / 이재훈 외 역, 『정신분석 용어사전』, 247.

155 해리장애(Dissociative disorder)는 주체성, 기억, 의식의 정상적 통합 기능에 장해와 변화를 보이는 것이다. 여기에는 기억상실 상태(해리성 기억상실증, 해리성 둔주, 해리성 주체 장애(이전의 다중 인격 multiple personality disorder), 이인화 장애 등이 포함된다. 대한신경정신의학회 편,『신경정신의학』, 264.

가 의지를 신의 뜻에 맞추어 반드시 마음에서 신의 능력을 받은 진정한 믿음의 선택을 통하여 일어나야 한다. 우리 스스로는 능력의 강화가 일어나도록 만들 수 없기 때문이다. 우리도 중독을 적극적으로 인식하고 수용하고 체험하기 위해 최선을 다할 때 정직하게 중독에 대면할 수 있다.

이러한 과정을 통하여 은혜는 우리의 노력만으로는 충분하지 않다는 것을 깨닫게 해줌으로써 우리 안에 겸손을 심어 주고 은혜는 믿음의 위험을 감수하려는 자발성과 신뢰를 자라나게 해 줌으로써 우리 안에 수용 능력과 민감성을 심어준다. 결국 이 모든 은혜는 우리 안에서 부드럽게 활동하시는 내재하시는 신, 빛으로 사랑으로 다가오시는 초월적인 신으로부터 오는 것이다.[156] 메이(Gerald G. May)는 중독에 대한 자기 파괴적 행동이 사실상 억압에 의해 야기된다고 한다. 욕구를 억압할 때 우리는 그것을 인식하지 않으려 한다는 점이다. 그리고 좀 더 안전한 다른 것들에 집중하려 한다. 억압은 욕구를 억누르는 반면 중독은 욕구에 집착하며 욕구의 에너지를 특정한 행위나 사물 혹은 사람들에게로 속박시켜 노예로 만든다. 그리하여 이 집착의 대상들은 우리의 마음을 빼앗고 강박관념이 되어 삶을 지배하게 된다. 중독의 역설은 많은 질문을 가져온다. 중독이란 무엇인가? 그 영적인 의미는 무엇인가? 은혜와는 어떤 관련이 있는가? 메이는 이러한 의문을 풀어주는 초탈(detachment)의 자유를 선사한다.[157]

프로이트(Sigmund Freud, 1856-1939)는 오스트리아의 정신과 의사이며 정신분석의 창시자로 강박적인 행동이나 의례에 집착하는 사람들은 강박적인 생각, 강박 관념, 강박적인 충동 같은 것으로 강박 신경증의 실체를 발표하고 있다. 프로이트는 신경증적 의례는 특정 일상 활동에 대한 사소한 조정 행위

---

156 Gerald G. May, M. D. *Addiction & Grace,* 140-141.

157 Ibld., 14.-27.

로 이루어진다. 이러한 행동은 늘 같은 식으로 이루어지기도 하고, 방식은 일정하되 양상은 다양하게 나타나기도 한다. 이런 행동은 언뜻 보면 단순한 형식에 지나지 않는 것 같지만 강박증 환자에게는 두드러지게 나타나는 행동이다. 환자들은 이런 의례에 태만할 경우 그들 스스로 불안해서 견딜 수 없는 상태에 이른다는 점이다.

여기에서 나타나는 의례적인 행동의 예를 들자면 가령 의자는 침대 옆 특정 장소에 놓여 있어야 하고, 옷은 특정한 방식에 따라 그 위에 정리되어 있어야 하며, 이불은 특정 부분이 시트 밑으로 접혀 들어가 있어야 하고, 시트는 부드러워야 하며, 베개는 이러이러한 식으로 놓여 있어야 한다는 것 등이다. 이러한 의례행위는 일반적인 수면 과정에서 조금 과장된 것, 관례적인 것이라 보아 넘길 수도 있다. 그러나 환자가 이러한 행위에 세심한 주의를 하게 되며 이런 의례적 행위를 하지 못할 경우 불안을 느낀다면, 이런 행위에 대해 방해를 받을 경우 견디지 못하여, 특정한 행위에 어떤 의미를 덧붙이고 공을 들인다든지, 중지와 반복을 통하여 일정한 주기적 성격을 부여할 경우를 강박행위라고 할 수 있다. 대체로 강박적인 행위는 의례적인 행위에서 발전한 것이라고 할 수 있다.[158]

이 두 가지 외에도 금제(禁制)와 의지상실(abulias)이 신경장애의 내용물을 구성한다. 주목할 것은 이 강박과 금제(어떤 일을 해야 한다는 것과 어떤 일을 해서는 〈안 된다〉는 것)는 환자의 독자적인 활동을 통해서 나타났다가 오랫동안 환자의 사회적인 역할에 아무 영향도 미치지 않는다는 점이다. 많은 환자들이 이런 장애가 있는데도 이를 감추고 사는 데 별 어려움을 겪지 않는다. 결국 신경증적 의례 행위와 종교 의례의 신성한 행위에서 공통되는 것은 이 행위에 태만할 경우 불안에 휩싸인다는 점, 다른 행위와는 분리되어 처음부터 끝

158 Ibid., 12.

까지, 그리고 세부사항에 이르기까지 지극히 세심하다는 점이다. 무의식 속에 잠복해 있는 불안, 불행에 대한 예감은 결국 죄에 상응하는 벌에 대한 예감을 통하여 유혹의 내적 지각과 관련되어 의례적 행위로 이어진다. 종교인들의 기도, 의례적 예배 등은 하나의 방어 혹은 방어수단과 같은 방어기제의 의미를 지닌다.[159]

이런 점에서 볼 때 정신분석학의 목표는 무의식을 의식하게 만드는 것이라기보다는 투사와 같이 심하게 진리를 왜곡하는 방어기제 대신 승화와 같이 진리에 가장 가까운 방어기제로 대체하는 것이 주된 목표가 된다. 정신분석에서 프로이트(Sigmund Freud)는 생물학과 심리학이 만나는 영역에서 욕동(drive)이라는 개념을 바탕으로 정신분석학을 발달시켰는데 저자는 정신분석을 통한 강박적 행동과 의례적 행동이 종교중독에 이르게 하고 신성한 종교적 표상이 둔갑하여 하나의 거룩한 모델로 나타난다고 본다. 거짓된 가면을 벗기고 신의 고유하고 신성한 사랑 안에서 본질을 찾아가는 데 의미를 둔다.[160] 사람들은 우리가 의식하지 못하는 정신 현상의 총칭인 무의식을 사람들은 흔히 의식이 없는 상태로 잘못 이해하는 경우가 있다. 그러나 무의식은 지극히 정상적인 생활을 하고 있는 사람이나 신경증적인 상태에 있는 사람을 막론하고 자신이 하고 있는 행동의 원인을 알지 못하는 상태를 의미한다. 즉, 우리가 경험하는 무의식은 무의식적인 상태로 표현된다고 할 수 있다. 인간의 행동은 무의식 안에 억압되어 있어서 의식적으로 이해할 수 없는 동기로 인해 발생한다. 무의식의 개념은 정신신경증뿐만 아니라 종교 현상과도 밀접한 관계를 가지고

---

159 Sigmund Freud / 이윤기 역, "강박행동과 종교행위" 『종교의 기원: 프로이트 전집 13』(서울: 열린책들, 2003), 16.

160 욕동(drivse)은 프로이트의 개념으로 인간의 사고와 행동에 동기를 부여하는 생물학적 힘을 의미한다. 본능적 욕동에는 성욕 욕동과 공격적 욕동 두 가지를 들 수 있다. Allen M. Siegal / 권명수 역, 『하인즈코헛과 자기심리학』(서울: 한국심리치료연구소, 2002), 324; 김정선, 『외상, 심리치료 그리고 목회신학』(서울: 한국심리치료연구소, 2006), 19; 사미자, 『종교심리학』, 45.

있다.

프로이트(Sigmund Freud)의 정신분석이론에서 암시되고 있는 대상관계 이론(Object-Relation Theory)의 선도자인 코헛(Heinz Kohut)은 이러한 정신신경증적 증상을 프로이트(Sigmund Freud)의 삼중구조 모델에서 찾는다. 코헛(Heinz Kohut)과 자기심리학(Heinz Kohut and the Psychology of the Self)에서 심리학적 영역은 공감(empathy)과 내성(introspection)을 통해 접근할 수 있다고 주장한다.[161] 코헛의 자기(핵심자기) 붕괴는 고립된 욕동의 출현, 즉 자기애적 격노(rage)의 폭발로 이어진다. 그는 프로이트의 의견을 받아들여 일차적 자기애를 부모에게 투자해서 이상화된 부모 대상을 만든 후에, 그 대상과의 경험을 통해 일차적 자기애를 재내재화하는데 이것이 충분치 못할 때 어렸을 때 받은 외상으로 인해 붕괴되고 격노하게 된다. 정신분석적 측면에서 발생하는 환경의 지배, 부모와의 관계에서 빚어지는 갈등과 외상, 더 나아가 사랑의 그리움으로 인해 빚어지는 나를 전능자로 만들어주는 종교에서 중독의 원인을 찾을 수 있다고 보는 것이다.

코헛(Heinz Kohut)은 모든 정신병리는 궁극적으로 자기발달의 정지에서 생긴 것이며, 이것은 자기대상 환경 실패했음을 의미한다. 코헛은 정신분석 과정이란 발달이 정지된 자기가 새로운 자기대상 경험을 통해서 그 발달을 완성하는 과정으로 본다. 환자가 자기대상으로 사용되기 위해서 분석가는 분석적 공감이 있어야 한다. 코헛은 해석과정을 이해단계와 설명단계로 나누는데, 고전적 분석가(프로이트파의 정신분석가)들은 이해 없이 설명 없이 나아가는 경향이 있음을 비판하면서, 먼저 공감을 통해서 전이의 이해가 선행되어야 한다고 말한다.

코헛은 욕동은 심리학을 위한 기초일 수 없다고 말한다. 왜냐하면 욕동은

---

161 Allen M. Siegal / 권명수 역, 『하인즈코헛과 자기심리학』, 82.

공감과 내적 성찰에 의해 알려질 수 있는 것이 아니기 때문이다. 코헛에 따르면 심리적 삶은 자기대상이 유아에게 공감 반응을 주면서 시작된다고 한다. 유아의 타고난 자질들이 최초 자기대상의 공감과 만나면서 '초기 핵심자기'(rudimentary nuclear self)가 출현하며 각 발달단계의 핵심적인 요소는 자기가 자기대상과 맺는 관계로 구성된다. 이렇게 볼 때 심리발달의 근본 문제는 자기의 성장이요, 병리는 자기대상의 공감 실패로 인한 자기의 '발달정지'에서 기인하며, 발달정지로 인해 생긴 '취약한 자기'를 보호하기 위해 '방어'가 생긴다.

정신분석의 핵심요소는 방어에 대한 해석이 아니라 공감적 참여를 통해 발달이 정지된 자기를 활성화시키고 자기의 발달을 재개하는 변형적 내재화(Transmuting internalization)라고 할 수 있다.[162] 변형적 내재화(Transmuting internalization)란 프로이트의 내재화 개념을 토대로 만들어진 상실경험에 뒤따르는 심리적 구조 형성에 관한 코헛의 개념이다. 어떠한 대상을 이상화하는 자기 대상의 기능에 실패할 때 이상화의 정도가 재내재화되는 현상이다. 적절한 좌절에 해당하는 작은 상실은 변형적 내재화의 과정을 촉진시킨다. 프로이트(Sigmund Freud) 이후 현대 정신의분석학의 새로운 물꼬를 튼 위니캇(D. W. Winnicott)은 『Playing and Reality』 에서, 놀이와 현실에서 인간을 이해하고, 인간 정신의 건강과 병리 그리고 치유를 이해하는 데 있어서 엄마 품에 안긴 아기의 첫 경험으로부터 설명한다. 상징적 대상의 창조가 놀이의 세계 안에서 뛰놀면서 문화, 예술, 종교의 세계를 확장해 갈 수 있다고 보는 것이다.[163]

철학가이며 신학자인 틸리히(Paul Tillich)는 『존재의 용기』 (The Courage to Be)에서 "용기란 무의미와 불만이라는 현대의 가장 절박한 위기를 위해 사용

---

162 Ibid., 114-179, 323.

163 D. W. Winnicott, *Playing and Reality,* 41-45.

하는 수단이다" 라고 한다. 종교라는 주제보다 용기가 신학적, 사회학적, 철학적 문제들이 집중되는 개념이다. 왜냐하면 인간의 상황에 대한 유용한 분석을 제공하는 용기는 도덕적 실체(reality)이지만, 인간 실존의 전 영역에 그리고 궁극적으로 존재 자체의 그 구조 속에 뿌리내리고 있기 때문이다. 용기가 도덕적으로 이해되기 위해서서는 존재론적으로 고찰되어야 한다.[164] 종교중독도 중독자 스스로가 먼저 중독자임을 인식하고 자신이 용기를 내어 시인할 때 치료가 시작된다.

이상에서 우리가 종교중독에 관한 목회상담학적 대안을 찾고자 한 것은 보이지 않는 숨겨진 중독 안에 해로운 믿음(Toxic Faith)의 전형적이며 다중적인 종교중독의 양상이 지속적으로 나타나고 그로 인해 신앙이 병들어가며 더 나아가 정신 병리적인 현상까지도 초래하기 때문이다. 이와 관련하여 우리는 3부에서 중독의 증후에 대한 치료적 진단과 전환점을 제시하게 될 것이다.

164 Paul Tillich, *The Courage To Be* (California: Yale University Press, 2000), 11.

03

종교중독의 문제에 대한 진단

앞에서 우리는 종교중독의 문제들에 대하여 고찰했다. 종교중독은 일종의 숨겨진 중독이기에 은밀한 가운데 행해지는 중독의 유형이었다. 더욱이 종교중독은 종교적인 참여의 본질보다 형식에 집착하는 것이 가장 큰 문제였다. 그럼에도 불구하고 종교중독자가 그것을 질병으로 인식하지 못하는 것은 물질적인 것이 아니기 때문이다. 이제 이런 종교중독을 잘 인식하기 위해서는 그에 대한 정확한 진단이 필수적이다. 따라서 제3부에서는 종교중독의 문제와 진단에 대해서 알아본다.

제 10 장

종교중독의 문제적 진단 이해

종교중독의 문제적 요소들을 통하여 우리는 지금까지 종교중독의 특징이 매우 다양하다는 사실을 살펴보았다. 거룩이라는 가면 아래 덮어진 종교중독의 기능은 매우 파괴적이며 공격적이다는 사실도 알게 되었다. 왜냐하면 숨겨진 중독은 은밀한 가운데 행해지는 부정적인 관계를 초래하기 때문이다. 더욱이 종교적 본질보다 형식에 집착하는 종교중독자는 중독의 여러 기능에 중독적 특성이 강화됨을 알 수 있다. 사실 많은 사람이 중독을 앓고 있어 고통과 책임을 회피하고 탈피하기 위해 문제점을 발견하려고 애쓰기도 한다. 그럼에도 불구하고 종교중독이라는 숨겨진 질병에 대하여 잘 알지 못하는 이유는 일상생활 속에서 비물질을 중독으로 인식하지 못하기 때문이다. 종교중독에서 다루고자 하는 비물질 중독은 신(God) 외에, 특히 영적 훈련까지도 중독의 대상이 될 수 있음을 먼저 인식해야 한다는 것이다. 이제 III부에서는 종교중독에서 나타나는 특징을 문제적 치유를 위해 자가 진단과 단계를 고찰함으로써 중독적 기능 진단을 모색한다.

I. 종교중독의 진단 이해

종교중독은 본질보다는 형식에 의존함으로 종교 중독의 기능에 힘을 가하는 특징이 있다. 기능적 진단을 통한 중독적 특성에의 강화가 어떻게 종교중독의 기능에 힘을 더하는지 다음 몇 가지 진단을 통하여 이해를 시도해 보고자 한다.[1]

1. 친밀함의 기능으로서 회피

친밀함(kindness)의 기능에서 종교중독자는 의식적인 행위와 교리에 몰두하

1 Grant Martin, *When Good Things Become Addictions,* 215-220.

여 신과 거리를 두고 다른 신자와도 영적, 정신적 만남을 회피한다고 말한다. 이는 신앙과 행사에만 몰두함으로 나타나는 결과로 볼 수 있다. 종교중독자는 본질보다는 형식에 집착함으로써 신과의 적당한 거리를 유지하면서 변화와 봉사 등의 중독으로 인해 종교적 기능을 저하시킨다고 볼 수 있다.

> 의식이나 교리에의 몰두는 신과의 거리감을 유지하게 한다. 이것은 마치 자기 과목에 너무 몰두해 있는 교사가 학생들과 의사소통이 안 되고 있다는 사실을 모르고 있는 것과 흡사하다. 종교적 습관은 중독자를 잠들게 한다.[2]

신앙적 행동과 행사에 집착하는 종교 중독자는 스스로 자신을 의롭다고 여기나 사실은 진실한 정신적, 영적인 만남을 회피하여 신과 거리감을 조성하게 된다는 결론이다. 자신의 종교적 행위에 몰두해 중독적인 특성이 더욱 강화되고 신과의 친밀한 기능 회복은 더욱 멀어져 친밀감의 회피에 한 몫을 한다고 볼 수 있다. 적당한 간격 속에서 자신의 감정적 에너지의 몰입을 위한 충성의 표현과 습관적 행위로 신과의 관계를 위장하며 점점 신과 친밀함에서 멀어져 나가는 학대적 행위이다.

2. 도피로서의 욕구

종교중독자들은 신과의 교제를 통해 일어날 일들을 무척 두려워한다. 이들의 행위는 무엇보다도 자신들의 고통을 사라지게 하는 것은 왜곡된 신념이라는 사실을 알지 못한다. 결국 왜곡된 신조로 자리잡은 감정적 에너지는 도피 행위로 그 대가를 치르는데 쓰이는 결과를 얻는다. 이는 무의식 가운데 감추어 두었던 묵은 감정들이 겉으로 드러나 고통과 혼란을 줄 것을 미리 두려워

---

2 Ibid., 215.

하기 때문이다. 때로는 가족 관계에서 지난날의 괴로웠던 묵은 감정들의 기억이 두려움의 표현으로 대치된다고 할 수 있다.[3]

> "나는 끔찍하고 가치 없는 사람이라서 신께서는 내 모습 그대로 받아주시지 않을 거야. 신께 용납받기 위해서 나는 이러한 일들을 해야 해. 그래야만 나의 고통에 대해 이야기할 수 있어. 신께서도 이 고통에 대해 무슨 일인가 하실 거야" 라는 그릇된 사고에 의해 더 많은 압박을 받는다.[4]

이러한 그릇된 사고들은 두려움 가운데 떨게 하고 깊은 감정의 고통은 드러내지 않고 거룩한 의식적 틀에만 몰두하게 되는 결과를 얻는다. 종교중독자들은 아직 해결하지 못한 여러 감정을 들춰내는 것을 염려하기 때문이다. 해결하지 못한 자신의 기억이 되살아나 고통을 떠올릴 수도 있기 때문이다. 자신도 모르게 그릇된 사고로 은밀한 두려움 속에 몰아넣은 감정들로 인해 압박을 당하게 되기 때문이다. 이러한 종교중독자들의 감정적 도피는 계속해서 종교중독의 사이클을 강화시킨다는 결론을 갖게 된다. 그릇된 사고와 신념들 속에 감추어진 은밀한 두려움은 계속해서 은닉의 상태를 유지하고자 영적인 활동에 투자하게 되는데 이는 자신의 고통을 억압하고 그 몫을 담당하는 대가로 치르게 되는 도피적 행위로 몰두해 나아간다고 할 수 있다.

3. 기분과 감정으로의 상승

많은 사람들이 부르심에 응답하는 것을 볼 때 생기는 스릴은 몰핀과 같은 아편을 주사했을 때 느끼는 화학적 유사성 즉 쾌락의 흥분을 가지고 있다고

---

3 Ibid., 215-220.

4 Ibid., 216.

한다. 그랜드 마틴은 이러한 흥분이 종교적 체험과도 연관성이 있다고 말하고 있다. 왜냐하면 피조물인 인간은 신의 창조에 의해 반응하기 때문이다. 우리의 일상생활 속에서 접하는 기호식품도 때로는 조절해야 하는 이유가 여기에 있다. 이는 기독교 안에서의 감각적 자극에 해당하는 양을 조절해야 한다는 의미이기도 하다. 기분의 고저에서 전율을 느끼지 않을 자는 없다. 더구나 종교중독자의 감정의 고양은 기독교 공동체 내의 활동에서 부산물이 아닌 목적이 되어 창조주와는 거리가 먼 종교에 중독되기 때문이다.[5]

> '할렐루야 합창'을 하고 있는 동안에 누가 전율을 느끼지 않겠으며, 부활절의 감동적인 이야기에 감명 받을 때 어느 누가 눈물을 흘리지 않겠는가? 이점에 있어서 이것은 스카이다이빙이나 강박 관념의 유출과 같다. 행위를 통해 흥분과 활기가 기분 전환을 가져오고 체내의 엔돌핀이 활성화되어 각성 상태를 유발시키기 때문이다.[6]

종교중독자들에게 감정의 상승은 단순히 기분이 좋아지는 정도가 아닌 기독교 내 종교 활동의 목적이 되기에 더욱 위험하다. 강박 관념적 행위를 반복함으로 스스로 자신의 기분을 고양시켜 흥분과 기분전환을 느끼게 하고 스스로 아드레날린 분비를 촉진시키는 체내의 엔돌핀의 각성 상태를 유발시키는 결론이 되기 때문이다. 이러한 호르몬 분비는 분명 신이 아닌 자신의 스릴(thrill)과 기분(mood)에 맞추는 맹종이 된다. 누구나 우리의 창조주이신 신에게 초점을 맞추지 않을 때 종교중독에 중독되기 쉬우며 나 자신과의 스릴 기분 감정에 묻히게 된다는 사실이다.

---

5 Ibid., 216-217.

6 Janet Hopson, A Pleasurable Chemistry, "*Psychology Today*," July/August(1988), 29-33.

4. 추앙대상의 권위에 대한 복종성

종교 중독성에 물든 사람은 자신이 신봉하고 추앙하는 대상에게 무조건 복종한다. 종교중독자들의 심리적 영향은 강압적인 압력에서 연유되는 경향이 짙다. 이는 스스로가 대상을 결정하여 한쪽에 맹종함으로써 위로와 격려와 위안을 받는 나르시즘의 결과이다.

> 대다수의 사람들은 권위가 있어 보이는 사람에게는 기꺼이 복종하는 경향이 있다. 기독교인들은 기독교의 권위에 복종하라고 가르침을 받았기 때문에 권위에 복종하는 정도가 심하다.[7]

많은 사람들이 권위 있는 사람을 따르는 경향을 볼 수 있다. 종교 중독성에 신봉하는 사람들은 절대 복종에 따르는 경향이 있는데, 이는 기독교 안에서 권위에 복종하라고 가르침을 받기 때문이다(고전 16:16; 히 13;17). 여기에는 두 가지의 중요한 원리가 존재함을 알 수 있는데 첫째 지도자는 다른 사람에게 유익을 주기 위한 은사와 섬김을 행사할 때를 말하며, 더더욱 권위 있는 자를 추앙하는 사람들을 권위에의 복종으로 이끌어서는 안 된다는 원리이다(벧전 5:8). 둘째로는 권위에 따르는 추종자들은 권위에 대한 올바른 깨우침과 행동을 가지고 자기 통제를 해야 한다는 것이다(벧전 5:8). 이러한 행위는 신의 뜻에 따르는 권리와 법을 분별해야 한다는 점에서이다(고전 12:8 골 2:6). 우리에게 요구하는 권위에의 복종에 대한 분별력은 때로는 파괴적일 수 있지만 무조건적인 인간의 권위에 대한 복종을 요구하지는 않는다는 사실이다. 그러나 기독교 안에서의 권위의 복종은 때로는 정도를 넘어서는 경우를 볼 수 있다. 권위에의 복종은 특정인의 권위에 순종하고 순응함으로 자신들이 정당하다는

---

7 Grant Martin, *When Good Things Become Addictions*, 218.

정당성의 주체를 가지고 규칙에 순종하려는 의식의 발로이기에 더욱 그렇다. 바로 이러한 순종과 순응에 따르면서 내적으로는 매우 의존적인 힘에 의지하기에 내적인 압력과 저항에 맞서지를 못한다는 이유이다. 그랜드 마틴은 순응에 따르는 조건을 다음과 같이 말하고 있다.

> 이웃 사람들의 쑥덕거리는 소리가 듣기 싫어 잔디를 깎는다든가, 최신 유행의 옷을 입고 있다면 상황에 순응하기 위해서인가? 만일 진정으로 옷 모양이 마음에 들어 옷을 입는 다든가, 잘 깎여진 잔디밭을 보유하기 위해서라면 이것은 압력에 따른 순응은 아니다.[8]

종교적인 행사나 참여에서도 종교중독자가 자신의 의견보다는 집단의 의견에 압력을 받아 행사한다면 이는 특정한 의식과 특정한 신조에 신봉하는 순응이라고 볼 수 있다는 것이다. 압력에 의한 순응의 예는 규칙과 요청, 명령 등에 의해 순종을 요구하는데 예를 들어 기독교 안에서 예배의 행위에서 여자가 바지를 입어서는 안 된다는 규칙은 여성들 나름대로의 정당성이 있을 수 있으나 규칙에 순응하게 된다. 압력의 기대에 순응함으로써 의존적인 순응은 강한 압력에 저항을 하지 못할 뿐 아니라 순응의 대가로 보이지 않는 은밀한 암시적인 승인을 받는다는 것이다. 권력에의 복종은 종교 중독자들은 그들의 정체성을 확립하지 못하며 특정한 활동과 프로그램에 순종함으로 타인들로 하여금 인정을 받고 그들의 말과 칭찬에 의지하여 승인을 받게 된다. 종교중독자들은 순응과 암시적인 승인을 토대로 더욱 더 종교중독적인 중독성에 깊이 빠져 든다는 사실이다.[9]

---

8 Ibid., 218.

9 Ibid., 219-220.

창조적인 권력에 대한 부가적인 설명으로 리챠드 포스터(Richard Foster)는 사랑, 겸손, 기쁨, 취약성, 복종 그리고 자유가 이에 속하며, 영적 권력을 일상생활에 어떻게 적용시킬지에 대해 다음과 같이 말하고 있다.[10]

1. 개인에게 있어서 권력은 자기를 통제하고 방종을 제어하기 위해서 사용되어야 한다.
2. 가정에서의 권력은 맹종을 위한 것이 아니라 신뢰감을 기르는 데 사용되어야 한다.
3. 결혼에 있어서 권력은 소외가 아닌 의사 소통을 촉진시키기 위해 사용되어야 한다.
4. 교회에 있어서 권력은 순응부의가 아닌 의사소통을 촉진시키기 위해 사용되어야 한다.
5. 학교에 있어서 권력은 열등감이 아니라 성장을 진전시키기 위해 사용되어야 한다.
6. 직장에서의 권력은 무능력에 대한 질책을 증진시키기 위해서가 아니라 경쟁을 촉진하는데 사용되어야 한다.

〈표1-7〉 창조적인 권력

참된 권력은 소유하는 것도 아니며, 권력을 축적하는 것도 아니라는 것이다. 종교적인 측면에서 신의 권세가 우리 가운데 흐르도록 명령을 받았기에 우리를 통한 신의 권세가 전달되도록 변화되고, 치유되고, 양육하여 신의 도구에 부합하여 신의 도구로써 쓰임을 받는 데에 있다고 할 것이다.

5. 영적 권위를 가진 자로의 증거자가 되기

종교중독자는 자신이 최고의 영적 무장자로서의 증거를 늘 제시하려 한다. 이는 외적인 행동에 의한 의례적 행위에 자신의 무게를 두기에 더욱 그렇다. 영적 무장자로의 독보적 행위는 예배, 기도, 금식, 규칙, 요청, 명령 등의 행동에 의해 판단된다는 사고를 가지기 때문이다. 자신이 참되고 신실하다는 사고체계는 이러한 의례적 행위를 통하여 더욱 강화되기 때문에 사고체계는 더욱 심

---

10 Richard Foster, *Money, Sex & Power* (San Francisco: Harper & Row), 1985, 201-211.

화되어간다고 할 수 있다.

종교중독자들은 스스로 종교 활동에 복종하고 참여함으로써 자기 정체성을 확인한다. 자기 자신은 행동에 있어 신실하고, 신앙을 가졌다고 간주한다. 이러한 행동을 통해 자기 자신에게나 다른 사람들에게 자신의 영적 헌신을 확인시킨다.[11]

종교중독자는 자신이 진실로 '영적'이라고 생각한다는 것이다. 왜냐하면 영성의 기반을 외적인 행동에 의해 판단되는 사고에 무게를 두기 때문이다. 왜곡된 사고는 기도하고 금식하며 모든 외적인 행위에 참석하고 믿고 이야기함으로써 '나는 이러한 일들을 아주 열심히 하고 있는 참된 신자'라는 사고 체계로 더욱 심화되어 간다. 이러한 논리는 다음과 같이 이어진다고 할 수 있다. "내가 이러한 행동을 하면 할수록 나는 점점 영성이 풍부해질 거야."

이러한 외적인 종교 활동에 참여하고 복종함으로써 중독자는 스스로 자신의 정체를 재확인하고 자신의 행동이 신실한 신앙을 가졌다고 무장시키며 다른 사람에게 자신의 영적 헌신을 각인시킴을 볼 수 있다.

---

11 Grant Martin, *When Good Things Become Addictions,* 220.

제 11 장

종교중독의 단계적 진단

종교중독은 일순간에 일어나지 않는다. 서서히 그러면서도 점진적으로 개인의 삶을 황폐화시킨다. 특별히 초기 단계에서 종교중독의 시기를 확인하고 진단하기란 쉽지 않다. 중독자들은 자신을 믿으면서 신을 섬기는 것처럼 보이기 때문이다.[12] 중독이 어느 정도 진행 과정의 속도를 내기 시작하면 그것은 굉장한 파괴력을 가져온다. 이는 여느 중독과 크게 다르지 않다.

I. 진단을 위한 기초 작업

중독의 뿌리는 두 가지의 중요한 충동(흥분추구와 긴장완화)이라는 특별한 촉발자극에 의해 시작된다. 이것을 중독에서는 '촉발기제' (trigger mechanism) 라고 부른다. 촉발기제란 중독의 단계에서 진행되는 행동의 정서나 사건을 말한다. 신을 대체하는 종교 중독은 신과의 분리를 낳게 만들고 신을 유사품으로 대체하며 신이 모든 것을 가지고 모든 일을 기록하고 있다고 생각하여 그 채점표에 죄를 지울 수 있는 길은 무엇이든 열심히 해야한다는 것으로 시작되어 이로부터 파생되는 느낌들이 신을 대체하게 되는 결과를 얻는다.

중독의 촉발기제는 실패감, 충족되지 못한 성적 욕구, 비평, 이기적인 욕구 등이다. 이 중 '이기적인 욕구' 는 중독의 방아쇠 역할의 충실한 신하라고 말할 수 있다. 이기적인 욕구의 전문 용어는 '양극화된 나르시시즘' 인데 이것은 어린 시절 혼란이나 상처로 고통 받았거나 양육이나 의존 욕구가 충족되지 못한 사람에게서 발견된다. 이러한 사람들은 즉각적인 만족에 대한 깊은 욕망을 추구하며 발전시킨다. 이들은 언제, 어디서, 어떻게 원하는지를 알고 있으며 일이나 관계에서의 작은 시도에 대해서도 즉각적이고도 과도한 인정을 요구한다. 다른 사람들의 욕구는 문제되지 않는다. 이들은 자기 자신의 욕구에만 집

12 Stephen Arterburn & Jack Felton, *Toxic Faith,* 103-104.

중하기 때문이다. 이러한 촉발기제는 욕구의 주기에 대한 중독적 갈망을 토대로 시작한다. 촉발기제는 사람이나 중독 행동에 따라 다르나, 원뿌리는 어릴 때 싫어하던 경험으로 거슬러 올라간다. 이에 따르는 촉발기제의 방아쇠 역할은 다양하다.[13]

중독의 행동을 일으키는 유형에는 비물질의 중독에서 행동이나 활동을 반복하여 일어나는 경우가 있다. 실패하거나, 거부당하거나, 버림받도록 위협하는 그 어떤 것도 중독 주기의 자극물이 될 수 있다. 이러한 것에다가 수동적이라든가, 단호하지 못하다든가, 의존적이라든가 하는 인격특성이 더해지면 그 사람은 매우 강력한 중독의 방아쇠 역할을 갖게 된다. 그중 중독 행동을 일으키는 요인은 일상생활이나 환경 가운데에도 은밀하게 작용하고 있음을 기억해야 한다.

II. 진단의 단계

종교중독에서 중독적인 요소들은 신을 경배하는 데서 오는 열매가 아니라 개인의 노력이 목적이 될 때에 생긴다.[14] 회피라는 이름 아래 진실한 감정으로부터 떼어 놓는 도피를 제공하기 때문이다. 종교중독자는 현실로부터 관계에 따르는 책임을 회피하면서도 열심히 일하는 듯한 분위기를 연출한다. 이들은 신께 의존하는 것이 아니라 아주 깊숙이 문제를 잘 처리해 주는 일과 위로라는 활동에 의존하면서 불안을 피한다. 아드리안 밴 캄은 (Adrian Van Kaam)은 참된 대상이 없는 종교를 일컬어 다음과 같이 말하고 있다.

---

13 Archibald D.Hart, *Healing Life's Hidden Addictions*, 89-91.

14 Stephen Arterburn & Jack Felton, *Toxic Faith*, 98-102.

> 중독이 참된 대상을 상실한 왜곡된 종교의 실재(實在)이다. 처음에 종교중독에 빠진 중독자들은 영적인 무언가를 추구한다. 그들은 위안, 좀더 영적인 용어로는 평안을 추구한다. 실제적으로 중독과 일어나는 상호작용은 나름의 의식과 규칙을 거치면서 종교적 경험이 된다. 시간이 흐르면서 중독이 가져다주는 위안이 줄면 의식은 복잡해진다. 의식과 규칙이 많아질수록 신은 더욱 뒷전으로 밀려나고 참된 대상은 사라진다.[15]

나아가 밴 캄은 종교중독에 대해 더 강하게 지적하고 있다. 물질 중독자들만이 인격형성이 의존적인 것은 아니라는 것이다. 종교중독자들도 정확하게 인격과 더불어 생활 방식이 보조적으로 변한다. 신을 닮기보다는 기독교가 그들에게 충만하기를 원하고 자신들이 인식되기를 바라는 존재로 변질되어 간다는 것이다.

> 내가 얻으려고 애쓰는 대상은 최소한의 책임, 숙달, 결단, 혹은 헌신으로 나에게 가장 깊고 오래 지속되는 온전함과 성취의 경험을 약속하는 상황, 대상 혹은 경험이다. 한 가지 혹은 다른 중독의 형태가 내 인격과 삶에서 중심적인 생활 방식이 될 때, 그리고 다른 모든 생활 방식이 중독에 보조적인 것으로 전락할 때에만 나에게 중독이 된다.

중독의 진단에서 나타나는 중독자들의 문제는 자신이 중요한 존재라는 점과 자신이 의미와 목적을 충실히 가지고 있다는 경험으로 짧은 순간에 성취감을 얻기를 열망하는 데에 있다. 이제 두 번째 치유적 진단의 단계로의 과정을 위한 종교중독의 기초가 되는 요인을 살펴봄으로 종교중독 진단의 선이해를

---

15 Adrian Van Kaam, "Addiction: Counterfeit of Religious Addiction," *Studies in Formative Spirituality* 8(May, 1987), 243.

돕고자 한다.[16]

종교중독의 기초(Foundation for Religious Addiction)
1. 학대하는 부모- 대개 아버지 학대는 신체적이거나, 정서적이거나 성적인 것이다.
2. 제대로 양육 받지 못한 아이- 부모 중 어느 누구도 아이의 기본적인 정서적 필요들을 채워주지 못한다.
3. 소외감- 아이는 가족에게서 그리고 다른 사람들에게는 완벽한 세계로 인식되는 것에서 멀리 떨어져 있다고 느낀다.
4. 불완전한 부모의 완벽주의적인 태도- 요구가 많은 부모는 완벽해야 하고 아무런 실수도 용납되지 않는 비합리적인 바람으로 아이를 힘들게 한다.
5. 높은 기대감- 부모는 냉혹하게도 아이에게 그들이 되지 못한 것이 되고 그들이 이루지 못한 것을 이루도록 요구한다.
6. 인색한 칭찬- 아무리 아이들이 노력을 한다고 할지라도 부모는 결코 만족하지 않고 긍정적인 조언을 거의 주지 않는다.
7. 부모의 중독 문제- 흔히 부모 중에서 한 명이나 두 명 또는 모두 알코올 중독자이거나 성중독자인 경우, 혹은 어떤 다른 명백한 강박적 행동을 드러낸다.
8. 부성(父性) 부재- 이혼한 가정의 아이들은 남성의 영향력을 거의 받지 못한다.
9. 불결한 느낌-학대와 부정적인 관심은 아이들에게 죄책감과 불결하다는 느낌을 남긴다.
10. 빈약한 또래관계- 아이는 다른 사람들과 개인적인 현실을 부딪치는 것을 두려워하기 때문에 친구들과 감정적으로 단절되어 있다고 느끼고 때로는 파괴적인 관계를 추구한다.
11. 생생한 환상의 세계-현실이 너무 어렵기 때문에 아이는 환상의 세계를 만들고 종종 그곳으로 도피한다.
12. 드러내지 못한 감정- 가정에서 감정을 표현할 수 있는 자유가 거의 없다. 아이는 이것을 어떻게 해야 하는지 혹은 왜 그것이 유익한지 전혀 배우지 못한다.

〈표1-8〉 종교중독의 기초

16 Stephen Arterburn & Jack Felton, *Toxic Faith*, 100-106.

스티븐 아터번과 잭 펠턴은 해로운 믿음에 대해 말하기를 종교 중독에서 나타나는 중독이라는 진행과정은 도피하려는 욕망에서 생겨난다고 말한다. 종교중독은 장기간의 진행과정을 거친다. 중독의 뿌리는 어려웠던 어린 시절에 서서히 뿌려져 엄격한 양육과정과 의식적 학대를 거쳐 더욱 깊이 자라게 된다. 이러한 기초 위에 중독이 더욱 자라난다. 이들은 위로라는 타이틀을 얻는 것이 어려워지거나 도피하는 것이 더 이상 가능하지 못할 때 또 다른 중독으로 옷을 갈아입는다고 한다. 중독자들은 중독이라는 대안으로 도피하기 위하여 이외의 모든 것을 파괴하며 먹거나, 마시거나, 훔치거나, 거짓말하거나, 부정한 성관계를 갖게 되며, 결국 자신을 지배하게 되는 다른 강박적 행동을 취하게 된다. 중독자들은 현실로부터 도피하기 위해 도피처가 될 수 있는 모든 형태가 함께 동원되어 또 다른 중독으로 옮겨간다.

스티븐 아터번과 잭 펠턴은 종교중독은 자신의 부족한 자존감의 욕구에서 시작된 집착이라는 횡포에서 벗어나 안전한 기지의 위로를 찾으려는 욕구라고 말하고 있다.

> 어떤 사람은 술에서 안전감을 찾고, 어떤 사람은 약물에서, 어떤 사람은 성에서 안전감을 찾는다. 종교적인 학대자들은 종교를 이용하여 안전감을 찾는다. 중독이 시작되면 중독자는 모든 면에서 중독의 근원을 신뢰하는 법을 배운다. 중독이 종교이든 알코올이든 그것은 중독의 신이 된다.[17]

이어 종교중독의 단계를 제시한 그랜드 마틴의 진행 과정을 참고해 보자. 그랜드 마틴은 종교적 중독에 관한 단계를 첫 번째 습득, 두 번째 자기 통제 상

17 Ibid., 176-177.

실, 세 번째 삶의 파괴를 거쳐 진행되는 과정으로 설명하고 있다.[18]

1. 종교중독의 초기 단계

종교적 중독의 단계에서 가장 먼저 행해지는 과정은 종교적 체험에 의한 도취이다. 종교중독자가 빠져드는 도취는 신과 함께 한다는 착각 속에서 행해진다. 도취는 하나의 기분전환 행동에 대한 정신적인 몰입으로 시작된다. 신이 아닌 다른 것에 도취하기 시작할 때 중독이 시작되며 이는 불쾌한 기분을 전환하거나, 자신의 정체성을 확립하고자 할 때, 그룹에 순응하기 위하여 특정한 행동을 추구하는 것으로 나타난다.[19]

그랜드 마틴은 종교중독에서 나타나는 1단계를 습득이라고 지적한다. 습득의 단계는 종교적 체험에서 빚어지는 몰입의 현상으로 이것은 기분전환을 가져다주는 대상이나 행동에 대한 정신적 몰입이다. 체험이란 치유를 받을 수도 있고 회심의 경우일 수도 있으며 다른 사람과의 영적인 만남일 수도 있으나 중독자에게 있어서의 도취적 체험이란 신과 함께 한다는 착각 속에서 위로와 기쁨과 만족을 얻기에 신이 아닌 체험 그 자체에 관심을 갖는 것이다. 이에 영성과 중독을 구별하는 주요한 사실은 신보다 사람, 기관, 이념, 행동 등에 더 큰 관심을 가지고 합세한다는 점이 중독자에게 나타나는 단계라고 할 수 있다. 그랜드 마틴의 종교중독의 단계에서 나타나는 습득의 단계는 스티븐 아터번과 잭 펠턴의 종교중독의 초기 단계에서 나타나는 특징과 크게 다르지 않음을 알 수 있다.[20]

---

18 종교적이란 종교가 목적이 되어 나아가는 행위를 뜻한다. Grant Martin, *When Good Things Become Addictions,* 220-224.

19 Ibid., 221.

20 Stephen Arterburn & Jack Felton, *Toxic Faith,* 115-116.

종교중독의 초기 단계에서 나타나는 특징 (Characteristics of the Early Stage of Religious Addiction)
1. 극도의 스트레스 - 가중된 스트레스는 판단을 흐리게 하고 해로운 믿음의 경고 신호들을 모호하게 만든다.
2. 반복적인 실망 - 아무것도 제대로 해결되지 않았다는 느낌 때문에 잠재적인 중독자는 잃어버린 기대에 대한 신속한 해결책을 찾게 된다.
3. 비참한 존재 - 중독자들은 희망을 찾기 위해 여러 곳을 기웃거려 보았지만 아무것도 찾지 못했다.
4. 무가치하다는 느낌 - 중독자들은 삶이 중요하지 않으며 그 가운데에서 자신이 감당할 아무런 생산적인 역할도 없다고 믿기 시작한다.
5. 영적인 추구를 시작함 - 절망에서 벗어나기 위해서 중독자는 최후의 수단으로 영적인 해답을 추구한다.
6. 외로움 - 어디에서 어떤 관심이 주어져도 환영받게 될 것이다.
7. 불행을 해결해 줄 사람을 갈망 - 문제를 해결하는 것은 너무나 어렵게 보인다. 구원받을 필요성이 증대된다.
8. 점증하는 신에 대한 의심 - 신이 돌보시는지 혹은 신이 실재하시는지 의문을 갖게 되면서 전통적인 신앙에서 벗어난 집단들의 접근에 취약해진다.
9. 다른 사람들에 대한 의존이 커짐 - 다른 사람들과 어울리면서 비현실적인 세계에 대한 망상적 사고와 존재를 받아들이게 된다.
10. 죄책감 - 아무것도 강렬한 죄책감을 극복할 수는 없다.
11. 불안감 - 끔찍한 재앙이 숨어 있는 것 같고, 모든 것이 잠재적인 운명을 드러내는 신호로 보인다.
12. 지리적인 치료(geographic cures) - 문제를 해결하려는 노력의 일환으로 중독자는 새로운 출발이 삶을 보다 향상시킬 것이라고 믿지만 오히려 문제가 더 복잡해졌다는 것을 발견한다.
13. 다른 관심들의 상실 - 가족, 친구, 다른 활동은 해로운 믿음을 실천하는 것과 관련된 강박적인 활동으로 대체한다.

14. 친구와 가족에게 버림받음 - 동료들은 밉살스러운 행동 때문에 너무나 화가 나서 더 이상 종교 중독자와 시간을 보내지 않는다.
15. 문제에 대한 토론을 꺼림 - 사람들은 점점 더 통제하기 힘든 행동 때문에 접근하기가 쉽지 않다.
16. 일방적인 설교 - 지나친 포고, 성경구절, 판단이 사람들과의 대화를 채우기 때문에 모든 대화를 멈추게 한다.
17. 특정인을 애착(愛着)하는 신앙 - 위로해 주는 사람은 해로운 믿음으로 고리를 삼는다.
18. 도취시키는 소속 - 새로운 해로운 믿음의 집단에서 첫 경험은 믿음의 집단에 대한 매력을 증가시킨다.
19. 증가하는 매력 - 모든 새로운 모임, 사람, 경험은 해로운 믿음의 집단에 대한 매력을 증가시킨다.
20. 힘겨운 교회 출석 - 출석은 회피의 수단이자 신과의 관계가 거의 없는 집단의 일원이 되기 위한 하나의 방편으로 이용된다.
21. 다른 중독자에게 순응함 - 그 사람은 어떤 집단의 다른 사람들처럼 보고, 입고, 말하기 시작한다.
22. 친밀한 관계의 결핍 - 친구와 가족 사이의 친밀감이 종교를 위해 희생된다.
23. 증가하는 부인과 자기 정당화 - 그 사람은 문제를 올바로 보지 못하고 행동을 정당화한다.
24. 무기로서의 성경 - 성경구절이 다른 사람을 판단하고 자신을 정당화하기 위해서 인용된다.

〈표1-9〉 종교중독의 초기 단계에서 나타나는 특징

종교중독의 초기 단계에서 나타나는 특징은 자존감의 박탈, 갈망의 추구, 학대적 환경, 무가치함, 박탈감 등에서 나타나는 고통을 피해보려는 행위에서 시작됨을 알 수 있다. 중독을 고통을 피하고자 할 때 화학 물질을 과다 남용할 때 일어남을 알 수 있다. 중독적 행동이란 때로 우리가 직면한 문제들을 회피할 때 파괴적인 것이 될 때 진행이 시작된다. 중독의 시작은 물질이나 비물질을 통제할 수 없는 방식으로 반복되는 경우보다 그러한 행위가 감정으로부터 도피하기 위한 수단인지 여부에 달려 있다.[21]

삶 가운데서 고통과 슬픔을 직면하지 못해 안전감을 기지로 도피를 택하는 것은 탁월한 선택으로 보이기도 한다. 그러나 중독의 진행 과정에서 보이는 도피는 결국 현실과 개인의 고립으로부터 벗어나 또 다른 소속감에 대한 진행 단계로 도취되는 것이다. 종교중독의 초기에서 나타나는 특징으로는 정에 메말라 있는 중독자들이 고립된 생활에서 벗어나서 영적인 추구를 하는 사람들과의 정서적 분주함 속에 섞이는 것이다. 이는 합리적인 사고나 객관적인 평가 대신 그저 그 상황이 좋기 때문에 신이 준 것이라 쉽게 확신하게 된다는 사실이다. 상처 입은 사람에게 손을 내밀면 필요가 채워지고 관심이 주어지기에 잠재적 중독자는 해로운 믿음의 체계에 빠져드는 것을 인식하지 못하며 위로 받기 위해 강박적인 행동에 더욱 의존하게 되며 이는 절망감이 일정한 깊이에 도달할 때 도취의 매력에 더욱 빠지게 된다.[22] 중독에서 처음 맛보는 도취는 기분을 전환시켜 주는데 이는 종교 중독의 초기 단계에 나타나는 특징이라고 할 수 있다.

2. 종교중독의 중기 단계

그래드 마틴은 종교중독의 두 번째 단계에서는 강박적 성격을 나타낸다고 말한다. 강박적 성격이란 언제 습관적 행동을 통제하고 끝내야 할지를 몰라 통제력을 상실하는 경우이다. 스스로의 의지가 아닌 이미 내면에 형성된 내성과 감정적 체험의 욕구로 인해 행동 표출이 증가됨을 알 수 있다.

---

21 Mark Lasser, *Faithful & True,* 127.

22 Stephen Arterburn & Jack Felton, *Toxic Faith,* 109-112.

이들은 이성적인 사고보다는 행위에 더 의존한다. 모든 영적 활동에 참여하는데도 불구하고 내용이 없고 천박하게 보인다. 영적 성숙에 대한 중독자의 주장은 그의 삶의 열매와 일치하지 않는다. 중독자는 만족하지 못하는 듯 보인다. 대신 신과 자신의 영적 지도자를 섬기기 위한 보다 나은 방법을 끊임없이 모색하느라 분주하다.[23]

두 번째에 나타나는 중독자들은 의식적인 행동 양식이 강화된다는 것이다. 끊임없는 영적 성숙에의 주장은 중독자의 삶의 열매와 일치하지 않아 중독자 스스로 만족해하지 못하며 모든 영적인 활동에 참여하는데도 불구하고 내용이 없다. 이들은 교리와 신앙의 특정 지도자들의 권위를 추종하며 신격화하고 우상시하고 여기에 최고의 권위를 부여하면서 심화된다. 신과 자신의 영적 지도자를 보다 나은 방법으로 섬기느라 매우 분주하게 움직인다.

그랜드 마틴에 이어 스티븐 아터번과 잭 펠턴은 종교중독의 중간 단계에서 나타나는 특징을 다음과 같이 말하고 있다.[24]

종교중독의 중간 단계에서 나타나는 특징 (Characteristics of he Middle Stage of Religious Addiction)
1. 체계에 몰두한다 - 그 사람은 적극적인 회원이 되고 그 집단과 완전히 동일시한다.
2. 그 집단에서 선전하는 내용을 숙지하고 있다 - 지도자의 저술에서 많은 부분이 손쉽게 인용된다.
3. 대담하게 말한다 - 신앙의 이름으로 행해지는 공격적인 비판을 별로 고려하지 않는다.
4. 특별히 많은 돈을 바친다 - 그 조직에서 주목받는 은사를 받고 호의를 얻기 위해서 가족들의 기본적인 필요가 희생된다.
5. 집단 밖에 있는 사람들과는 거의 관계를 맺지 않는다 - 관계는 다른 해로운 믿음의 신자들에게 제한된다.

23 Grant Martin, *When Good Things Become Addictions,* 221-222.

24 Stephen Arterburn & Jack Felton, *Toxic Faith,* 123-124.

6. 다른 사람들을 영입 - 중독자들은 다른 사람들을 해로운 믿음으로 끌어들이려고 하지 신께로 가까이 인도하려고 하지 않는다.
7. 자가 치료 - 종교 경험은 중독자의 고통을 치료하는 중독적인 절정감이 된다. 날마다 새로운 종교적 절정감이 추구된다.
8. 절정감이 일어나지 않으면 실망한다 - 중독자는 위로를 가져다주는 정서적 카타르시스를 갈망하기 때문에 해로운 믿음이 이를 가져다주지 못할 때는 다른 형태의 위로 를 찾는다.
9. 이중 중독 - 종교적 절망감에서 주어지는 기쁨이 사라지면 먹고, 마시고 부적절한 성 관계를 갖는 것과 같은 다른 중독들이 발전한다.
10. 거절을 다루기가 힘들다 - 집단에 동참하는 것을 거절하는 사람들은 그 거절감을 극복하기 위해 무시된다.
11. 모든 것을 망라하는 신앙 실천 - 중독자의 삶에서 모든 측면은 해로운 믿음에 영향을 받는다.
12. 항상 신앙을 증진시키기 위한 방법들을 찾는다 - 모든 활동은 집단과 그곳의 믿음에 대해 말하기 위한 방편으로 사용된다.
13. 특별한 은사의 발견과 사용 - 스스로 만들어낸 재능과 진정한 영적 은사는 착취하고 조종하기 위해서 사용된다.
14. 특별한 기름 부음을 받았다고 주장한다 - 중독자는 신께 신앙이 약한 사람들에게 주신 것보다 더욱 독특한 사명과 은사를 주셨다고 믿는다.
15. 점증하는 부담감 - 무언가를 하려는 노력과 기쁘게 하려는 충동이 멈추지 않는다.
16. 생존을 위한 참여 - 중독자는 정신적 대변동을 받아들이거나 감행하는 것 외에는 다른 선택의 여지없이 그 체계에 사로잡히게 된다.
17. 심해지는 부인 - 중독자는 마술적 사고 때문에 지불되어야 할 대가를 올바로 바라보지 못하고 신앙의 실체에 대해 의심하려고 하지 않는다.

〈표1-10〉 종교중독의 중간 단계에서 나타나는 특징

스티븐 아터번과 잭 펠턴은 중간 단계의 특징으로는 제일 먼저 체계에 몰두하기 시작한다고 한다. 종교중독자의 치료의 자원이란 스스로 종교적 카타르시스를 경험하기 위해서 광란의 상태로 몰입되는 경우로써 비명을 지르고 큰 소리를 지르며 도취감에 의한 흥분의 상태를 뜻한다. 신과의 초자연적인 만남은 화학적 반응에 불과하다. 중독자는 신이 아닌 아드레날린의 분비에서 오는 절정감을 느끼며 이러한 엄청난 흥분감을 맛보지 못하면 늘 불안하고 불충분하다고 느낀다. 체계적 몰두는 애착으로 바뀌어 소속집단에 깊이 빠져 들면서 중독자 개인의 정체성을 이루고 종교 경험이 치료의 자원으로 발전하게 된다는 것이다.

마트에 가는 것도 하나의 신앙생활이고 길거리를 걸어가는 것도 신앙생활이며 다가오는 사람들에게도 성경말씀으로 접근한다. 이들은 스스로 신께 자신의 행동이 받아들여지고 다른 사람들을 기쁘게 하려고 노력함으로써 그 절정감을 지속시키며, 그 결과 자신의 희생적인 노력의 행위를 그 누구보다도 우월하게 보이려고 한다. 이러한 결과로 부담감이 점증되어 기독교내 공적인 출석을 하지 못할 때에 엄청난 죄책감을 느낀다. 왜냐하면 중독자는 스스로 어떤 기준에 도달하지 못했다는 느낌에 대해서 강박적으로 방어하기 때문이다. 중독자는 이러한 강박적 행동을 나타내기 시작할 때 나름의 희망이라는 환상을 유지하기 위해 더욱 의례적인 행동으로 의식화되기 때문이다. 이들은 또한 모든 생활이 신앙생활이어야 한다. 더욱이 이들이 참여하는 기독교내에서의 출석과 참여는 소속감을 얻기 위한 방편으로 중독자들은 다른 사람들보다 의롭게 행동함으로 절정감을 취하게 된다. 종교중독의 진행 과정에서 중간 단계에 이르게 되면 자신의 규칙으로 체계를 만들고 그 규칙을 지키지 않는 다른 사람들을 고립시키고 함께 하지 않으려 한다는 것이 주요 특징이라고 볼 수 있다.

3. 종교중독의 말기 단계

종교중독자는 세 번째에 단계에 접어들면 완전히 중독증에 몰입한다. 기분전환을 위한 자아도취감을 발전시키지 못하게 되면 중독자는 행위의 정지에서 오는 두려움으로 인해 습관적인 행위를 유지하고자 한다. 이 시점에서 개인의 생활과 가족들의 생활은 더욱 혼란에 빠지게 되어 삶 자체의 의미를 상실하는 단계에 이른다.

세 번째 단계에서는 가치관의 붕괴가 일어난다. 중독자는 간음을 하기도 하고, 근친상간을 하고, 범죄를 알리지 않고, 지도자의 행동을 숨기고, 거짓말을 하고, 책임을 회피하려고 애쓰기도 한다. 가치관의 붕괴에 의한 타격은 파괴적 성질을 갖는다.[25] 중독자는 직장을 잃기도 하고 이로 인한 범죄적 행위와 함께 비이성적 행동을 자행하여 자살에 이르는 결과로 이어지기도 한다. 이러한 행위는 왜곡된 신념과 함께 신의 인도함이라고 책임을 회피하며 일상생활에 혼돈을 가져오는 단계로 지속된다.

그래드 마틴에 이어 스티븐 아터번과 잭 펠턴의 종교중독 말기 단계에서 나타나는 특징을 살펴보고 진단적 대처 방안을 모색해 보도록 한다.[26]

종교중독의 말기 단계에서 나타나는 특징들 (Characteristics of the Late Stage of the Religious Addiction)
1. 절망 - 중독자는 해로운 믿음이 바라던 결과를 가져다주지 못하기 때문에 희망이 없음을 느끼기 시작한다.
2. 기괴한 행동 - 무언가 잘못되었다는 것을 알고서도 믿음을 변화시키는 것을 거부하기 때문에 중독자는 마음의 중심보다는 오히려 외적인 행동을 변화시켜서 문제를 해결하려고 시도한다.
3. 분노와 화 - 중독자의 세계가 무너지면서 다른 모든 사람이 비난을 받게 되고 모든 사람이 분노의 원천이 된다.
4. 믿음에 대한 강박적인 사고 - 중독자는 신앙에 무엇이 잘못되었는지를 계속적으로 의아스럽게 여기면서 자신이 완전히 집중할 수 없을 때까지 온갖 믿음 체계에 대해 의문을 가져보고 숙고해 보고 생각해 본다.

25 Ibid., 223-224.

26 Stephen Arterburn & Jack Felton, Toxic Faith, 130-131.

5. 깊은 우울증 - 믿음의 붕괴로 더 이상 기능할 수 없게 된다.
6. 신체적 퇴행 - 우울증과 스트레스는 신체에 해를 끼쳐서 피로와 식욕부진, 의학적인 합병증을 유발한다.
7. 침체 - 일단 신앙을 잃으면 그 외의 모든 것을 잃은 것 같아 중독자는 아무것도 할 수 없고 과거의 실수에 대한 강박 관념을 갖는다.
8. 다른 해결책을 찾음 - 중독자는 다른 자원으로 도망가려고 하기 때문에 음식, 약물, 성과 같은 다른 중독들이 강화된다.
9. 두려움 - 커다란 불안감을 경험하기 때문에 중독자는 각 사람을 위협적인 존재로 보면서 모든 사람을 두려워한다. 중독자는 해로운 믿음 체계에 계속 머물러 있는 것을 두려워할 뿐만 아니라 떠나는 것도 두려워한다.
10. 재정적인 몰락 - 직장과 관련된 문제와 재정에 대한 무책임은 흔히 재정적인 몰락을 가져온다.
11. 가정의 붕괴 - 스트레스와 불신이 가족 관계를 파괴시키고 연애 사건과 이혼으로 귀결된다.
12. 막다른 골목에 이름 - 자기 의지와 조종이 더 이상 힘을 발휘할 수 없기 때문에 중독자는 중독을 포기하고 신께로 돌이킨다.

〈표1-11〉 종교중독의 말기 단계에서 나타나는 특징

스티븐 아터번과 잭 펠턴은 중독의 마지막 단계에 이르러서 삶에 대한 절망감이 찾아온다고 한다. 종교중독의 마지막 단계에서는 오는 절망적 위기는 어떠한 종교적 경험도 즐겁지 않고 삶에 흥미를 잃는 진행 과정을 밟게 된다. 물론 절정감은 여전히 중독자를 지배하지만 횟수며 시간도 확연히 짧아져 다른 중독으로의 이중적 중독에 의존하게 된다. 종교적 절정감이 감소될 때마다 절망감과 고통을 대체하기 위해 또 다른 희망의 위로에 가담하게 된다. 그러나 완벽함에 대한 이미지는 파괴되기에 종교는 힘을 잃고 삶은 방향을 잃어 스트레스를 받으면서 중독자는 의심과 불신 혼란과 심리적이고 정서적인 퇴행을 경험하게 된다. 중독자의 퇴행적 행동은 여기에서 그치지 않고 스스로 박해를 받음으로 언젠가 축복이 주어진다는 왜곡된 신념 체계 아래 놓인다. 이는 뛰어난 신앙적 군사로서 아주 좋은 일을 하고 있다고 확신하는 단계로 진행된다. 도피는 더 이상 일어나지 않으나 중독자들은 현실과의 관계에서 오는 소외감과 더불어 분노와 화가 정서를 지배하고 망상적 사고의 결함으로 더욱 격노하게 된다는 사실이다.

중독자들의 마지막 단계는 실망, 화, 분노로 이어져 부단한 노력을 거듭한다. 때로 변화의 필요를 찾기도 하는데 이는 상처의 원인을 죄와 결부시켜 정욕의 마음 또는 세상으로 투사한다는 것이 특징이다. 상처의 대상은 자기가 아닌 다른 누군가가 행한 행동의 경과로 결부하여 분노와 비난의 표적이 되기도 한다. 중독자들이 변화를 요구하고자 하는 것은 마음이 아니며 행동의 영역으로 사고나 인식의 변화를 요구하는 것이다. 이들은 오직 행동만을 다르게 하므로 행동적 제약에서 따라오는 문제를 기도의 부족으로 규정하고 해로운 신념체계를 고수하는데 최선을 다한다. 중독자들은 마음의 변화, 성숙, 발달의 필요성을 인식하지 못하고 행동을 달리하면 어려움에서 놓여나올 수 있다는 왜곡된 체계 아래 자신들만이 진리를 소유한다는 강박적인 종교 행위로 전락한다.[27] 중독자는 자신의 문제를 해결하려고 행동의 변화를 시도해 보고 다양한 방법을 모색해 보기도 한다.

그러나 이미 중독자 가정의 붕괴는 가족 구성원간의 관계를 파괴시키고 중독자는 엄청난 죄책감과 고통 가운데 혼란을 거듭한다. 어느 누구도 신뢰하지 않으며 자신을 자학하며 무기력한 삶을 통제할 수 없이 더욱 우울해져 자살을 시도하는 지경에 이르기도 한다. 중독자들의 마음의 불일치는 극단적인 행동을 감행한다. 중독의 진행 과정이 절정에 이르면 정신적으로 정서적으로 쇠약해지고 절망감이 너무 커져서 타살 후 스스로 자신도 죽음에 가담하는 일을 하

---

27 Ibid., 125-128.

게 된다.[28] 그러나 종교중독이 꼭 불행만을 의미하지는 않는다. 왜냐하면 이러한 다양한 방법과 행동을 통해 인식된 사고의 체계는 신과의 관계를 다시 회복할 수 있는 과정으로 재정립될 수도 있기 때문이다. 이제 종교중독의 진단 마지막 단계인 자가 검사와 평가를 통하여 중독 여부를 점검해본다.

---

28 중독자들의 마음의 불일치는 극단적인 행동을 감행한다. 중독의 진행 과정이 절정에 이르면 절망감이 너무 커져서 억지의 변화가 일어나 정신적으로 정서적으로 쇠약해져서 다른 사람을 타살 후 자신도 죽음에 가담하는 역할을 하게 된다. Ibid., 129.

제 12 장

종교중독의 치유적 자가 진단

다음의 평가서는 종교중독 여부를 판정하는 검사로서 나 또는 누군가의 종교중독 여부를 자가 진단하는 기준이 될 수 있다. 종교중독의 테스트를 통해 자기평가를 해 보도록 한다.

I. 종교중독의 진단적 테스트

종교중독의 진단적 테스트는 16개 항목 중 8개 이상의 항목에 예라고 대답한다면 중독의 3단계에 속해 있다고 할 수 있다. 3 - 7개에 해당 한다면 종교중독의 가능성이 높으며, 1 - 2개의 대답에 긍정을 표했다면 별로 심각하지 않은 상태로 볼 수 있다. 종교중독의 테스트에서 3단계는 즉각적인 제재와 변화가 필요하며, 2단계는 종교 중독의 가능성이 높은 것으로 자신 스스로 욕구를 인정하고 도움을 받아야 한다. 1단계는 심각하지 않은 상태로서 혹 자신이 스스로 염려할 사항이 있는지 세밀한 평가를 시도해야 한다는 점이다.[29]

종교중독의 테스트
1. 당신은 원인을 이해하지 못하면서 감정적이 되거나 때때로 상황에 민감하게 반응하는가?
2. 당신은 종교적 상황, 즉 결혼식, 장례식, 음악회, 예배에 참석했을 때 으레 강렬하고 격앙된 반응을 보이는가?
3. 인물에게 쉽게 끌리는 자신을 발견하는가?
4. 당신은 어떤 진리에 대해 너무 확신하기에 다른 사람의 사고나 의견을 경청할 때 어려움을 겪는가?
5. 당신은 매우 명료하고 단정적인 의견과 가치관을 신봉하는 편인가?
6. 당신이 특정 진리나 가치관을 확신하게 되었을 때 그것에 대해 자주 이야기하는가?

29 Grant Martin, *When Good Things Become Addictions*, 224-225.

7. 당신은 영적 문제에 대한 당신의 생각을 사람들이 받아들이지 않는다는 이유로 최근 3개월에서 6개월 정도 교회에 나가는 것을 중단한 적이 있는가?
8. 당신의 현 교제권이나 후원 조직에 속하지 않은 사람들을 용납하지 못하는 당신을 발견하는가?
9. 당신의 교제권에 관련된 모임에 여러 번 참석하지 못했을 때 죄책감을 느끼는가? 아니면 당신이 추종하는 라디오 또는 텔레비전의 강사나 설교가의 설교를 여러 번 듣지 못했을 때 죄책감을 느끼는가?
10. 당신의 가족이나 친구들의 충고를 무시하고 교회나 영적 지도자에게 바칠 헌금과 헌물의 양을 늘렸는가?
11. 기도회, 금식, 예배 등과 같은 영적 활동에 빈번히 참석하는데도 불구하고 성취감과 목적 달성의 결핍을 여전히 체험하는가?
12. 당신은 당신의 최근 종교적 신념이나 활동에 대해 함께 이야기하지 않는 가족, 친구 동역자들을 의심하는가?
13. 당신은 당신의 사고와 선생의 사고를 다른 사람에게 확신시키기 위해 많은 시간을 소비하는가?
14. 당신은 두통, 요통, 위경련, 헛소리, 수면 또는 식욕 장애, 불안, 우울 등의 신체적 고통을 겪고 있는가?
15. 당신의 친구와 가족들이 근래의 당신의 영적 연루(involvement)에 대해 물은 적이 있는가?
16. 당신이 영적 신념과 활동의 결과로 별거, 이혼, 법적 조치, 교회 분리 등과 같은 주요한 생의 파탄을 경험했는가?

〈표1-13〉 종교중독의 테스트

II. 종교중독의 진단적 대처 방안

치유적 자가 진단 16개 항목 중에서 예, 또는 아니오 라고 대답해야만 한다. 중독은 자신이 인식하는 것부터 시작되며 인식하는 진행 과정의 단계가 쉽게 이루어지지 않기 때문에 어려움을 겪게 된다. 중독이란 특정 행위나 갈망으로 인한 결핍과 욕구이기에 먼저 인간 본성에 대한 기본적인 사실을 기억할 필요가 있다. 그런 의미에서 종교중독 여부의 자가 진단 요구에 따라 충족되는 답안을 제시해야 한다. 이런 점에서 자가 진단에 따른 종교 중독의 치유적 대처 방안을 제시하고자 한다.

종교중독자를 위한 회복 방안으로 그래드 마틴은 종교중독에 대한 진단 후 어떻게 대처할 것인가에 대해 다음과 같이 제시한다. 첫째, 문제를 인정하라는 것이다. 이는 모든 중독의 병통과 마찬가지로 종교 중독자가 처음 시도해야 할 일은 자신의 기분전환으로 오는 의존성을 인정하라는 것이다. 중독자가 자기 기분의 고양을 느끼는 감정은 무엇보다도 스릴(thrill)을 추구하기 때문이다. 이와 같이 스릴은 분노나 공포로 인해 흥분했을 때 우리의 두뇌에서 호르몬 생성선에 신호를 보내 싸우거나 공포에 대해 대항할 준비를 할 수 있는 화학 물질을 방출한다. 부신은 이러한 혈당량을 증가시키고 신체의 물질 대사를 가속시키는 코르티졸(cortisol)을 생성한다. 또 다른 메시지가 부신에 전달되면 암페타민과 같은 자극성의 에피네피린(아드레날린)을 방출시킨다. 이 에페네피린은 근육과 두뇌에 포도당 공급을 도와주고, 노르에피네피린(norepinephrine)은 심장의 박동을 증진시키고 혈압을 상승시킨다. 이러한 연쇄 반응에 의한 심리학적 부산물은 신체적 용감성과 경쟁에 따른 기분과 강렬한 쾌감을 현저히 증가시킨다. 여러 종류의 스트레스에 의해 생성된 생물학적 심리학적 즉각성은 자극적인 마약의 효과에 의해 모방된다. 스트레스에 취하는 것(stress-drunkenness)은 알코올보다 끼치는 해가 더 크다고 전문가들은 지적한다. 흥분하는 사람들 모두가 통제력을 상실했다거나 의존적이지는 않다. 심리학적 생리학적 측면에서 중독의 가능성이 더 크기 때문에 주의를 기울여야 한다는 것이다. 두뇌는 일단 화학 작용이 시작되면 통제할 수 없기 때문에 기분을 고양시키는 행동이 대뇌를 장악하지 못하도록 하기 위해 습관과 삶의 방식을 더욱 점검해야 한다는 것이다.[30] 영적 체험의 욕구나 종교 의식에서 오는 감정의 고양으로 인한 강박관념은 신과의 관계를 멀리하고 중독자 자신의 삶을 혼란스럽게 한다. 외양으로 나타나는 것이 아무리 종교적이라 해도 그것은 신과의 관계가 아닌 나와의 감정에 대한 의존임을 먼저 인정하라는 것이다.

> 중독은 유혹적이고 지속적이며 점진적이다. 종교 중독자가 강박적 사고에 시달린다면 중독자의 사고는 뒤틀려 있다. 이로 인한 이들의 행동은 파괴적이다. 중독자의 습관적 행동은 점진적인 방법으로 발전하는데 특정 인물에 의존하며 종교 활동의 집착은 경배로부터 멀어지게 된다.[31]

특별히 종교중독 행위의 목적은 사람들과의 관계에서도 나타나듯이 신과의 관계에서도 친밀해지는 것을 방해한다. 그것은 종교중독자는 고통으로부터의 속박과 감정적 흥분 이입을 안겨주는 역할을 하기 때문이다. 종교중독자의 친교는 특별한 지도자의 기대에 부응하는 역할을 한다. 이들의 강박적인 종교 행위는 중독자들의 영성을 증거하는 것처럼 보인다. 이러한 이유로 중독자가 종교적 행위를 수행할 때 이들은 더욱 신과의 거리를 멀게 하는 요인일 수 있다. 강박적인 종교 행위는 영성을 증거하고 있는 것처럼 보여지기 때문이다. 하지만 강박적 행동들이 종교 행위를 수행할 때 그것은 불건전하며 그러한 삶이 신과의 참된 의도와도 반대된다는 사실을 알아야 한다.

둘째로, 문제를 스스로 인정한 후에는 자신과 대화할 상대를 찾아야 한다고 말한다. 특별히 주의할 점은 중독의 원인을 제공한 지도자를 선택하지 말아야

---

30 Harvey Milkman and Stanley Sunderwirth, *Craving for Ecstasy. The Consciousness & Chemistry of Escape* (Lemingtom, Mississippi: D.C. Heath, 1987), 97.

31 Grant Martin, *When Good Things Become Addictions,* 226.

한다고 지적한다. 왜냐하면 중독자의 믿음을 이용하여 왔다면 중독자의 변화에 대해 적극적이지 않기 때문이다. 그러므로 중독자를 진심으로 도울 사람을 택해야 한다고 말한다. 특별히 그랜드 마틴은 다음 질문을 통하여 중독자 자신이 어떻게 중독이 시작되었는지 회상하고 무엇을 해야 할지 알아보기 위한 해답 찾기를 권고한다.

> 친밀해지는 것을 피하고 고통으로부터 벗어나고, 쾌감을 얻기 위해 당신은 언제 어떻게 종교 행동을 이용하기 시작했는가? 스트레스가 증가하는 동안 당신의 종교 활동도 증가했다고 말할 수 있는가? 언제쯤인지는 몰라도 당신의 행동이 통제가 불가능하고 당신 삶의 다른 영역까지 해를 끼친다는 사실을 알았을 때 언제 어떻게 그런 일이 발생했는가?[32]

위에서 보여지는 활동적인 사실에 대한 강박적 의례 행위, 의식, 교리, 권위적 인물에 대한 종교적 행위에 어떤 의미를 부여하는가를 파악해야 한다. 신이 주는 생명과 강박적인 추종의 양상은 전적으로 매우 다르기 때문이다. 셋째로, 후원 집단을 찾아 개인적인 도움을 줄 수 있는 곳을 찾아야 한다. 과거의 고통 속에서의 억압, 그로 인한 정신적 충격과 분노, 자기비하 등과 관련된 그릇된 사고의 인식과 체계, 중독자의 통제력을 잃게 했던 일들을 이야기하고 조언을 들어 개인적 도움을 요청할 필요가 있다. 넷째로, 행동을 중단하라고 말한다. 이는 치료를 위한 주요 조건으로서 절제된 행동으로 다른 프로그램을 시청 관람하고, 시간을 투자하여 특정 활동을 균형 있게 활용함으로 중독적 행위를 중단할 수 있기 때문이다.[33]

---

32 Ibid., 227-228.

33 Ibid., 230.

이상에서 우리는 종교중독 문제의 진단에 대해서 이해했다. 이는 종교중독의 진단을 위한 이해, 종교중독의 단계적 진단, 그리고 종교중독의 치유적인 자가 진단 등으로 구분하여 고찰한 것이다.

종교중독의 진단을 위한 이해에서는 종교중독자들이 경험하는 심리적인 문제에 대해서 고찰했다. 종교적인 행사에는 열심히 참여하지만, 그들의 행위는 결과적으로 신에게 가까이 가려는 것이 아니라 오히려 신을 두려워하는 그들의 도피적인 욕구나 회피적인 심리를 초래한다는 것이 중요시되었다.

종교중독의 단계적 진단에서는 중독을 자극하는 촉발기제와 함께 습득, 도취적인 체험으로서 초기 단계, 추종, 통제력 상실로서 중기 단계, 그리고 붕괴, 삶의 파괴로서 말기 단계 등이 고찰되었다. 특히 종교중독은 중독의 특성상 갑자기 이행되는 것이 아니라 서서히, 그리고 점차 중독으로 이행된다는 점이 중요시되었다.

종교중독의 치유적인 자가 진단에서는 종교중독의 진단적 테스트, 종교중독의 진단에 대한 대처 방안 등이 고찰되었다. 종교중독이 숨겨진 중독이라는 측면에서 보면 이런 진단은 어떤 상태를 종교중독으로 진단을 내릴 수 있는지에 대해서 매우 중요한 역할을 한다고 볼 수 있다. 특히 정확한 진단이 치료를 위한 선결조건이라는 점에서 볼 때 진단의 부분은 치유를 위한 중요한 기초가 되는 작업이라고 할 수 있다.

04

종교중독의 치료

앞에서 우리는 종교중독에 대한 문제적 치유를 위한 진단을 살펴보았다. 여기에 따르는 문제적 치유 진단으로는 크게 세 단계로서 종교중독의 기능적 진단과 단계적 진단, 그리고 자가 진단을 통한 대처 방안을 탐색하였다. 이러한 진단을 통하여 종교중독에서 나타나는 문제적 요소는 심취와 관련된 자기애 몰입으로 인한 회피, 심상의 문제로부터의 결함, 자신의 결핍과 욕구와 상처에 대한 분노와 대치하는 인정받고 싶은 마음, 외적인 업적으로 인한 자신의 과대포장과 가식이라는 심리적 결핍에 따른 요인임을 알 수 있었다. 이제 제4부에서는 종교중독에 대한 치료를 시도해야 한다. 이것은 물론 치유로서 위니캇의 이론을 통한 목회 상담적 대안이 될 것이다.

제 13 장

종교중독자의 심리적 결핍의 해소

종교중독은 다른 중독과 마찬가지로 심리적인 결핍이 주된 원인이라고 했다. 이것은 마땅히 그들에게 긍정적인 정신에너지가 충족되지 않은 상태를 의미하는 것이기도 하다. 그렇다면 이런 정신에너지의 충족을 위해서 하나의 방법을 시도하게 되는데, 그것이 바로 대상관계론에서 중요시하는 모성애의 발휘이다. 이런 점에서 위니캇은 모성애가 아동이 자기를 형성하는데 중요하게 작용한다고 보았을 것이다.

이와 관련하여 우리는 위니캇이 말한 모성적 이미지의 회복을 통하여 종교중독자가 겪는 심리적 결핍을 해소할 수 있는가? 라는 질문을 제기할 수 있다. 이에 대한 답변은 긍정적이라고 할 수 있다. 그것은 위니캇이 말하는 모성적 이미지의 회복은 중독자에게 자율성과 창의성을 회복하는 변형이 되기 때문이다. 여기에서 모성적 이미지란 위니캇 이론에서 말하는 안아주기 환경을 통한 돌봄의 자세를 뜻한다. 중독자에게 필요한 것은 따뜻한 사랑과 온화한 전적인 환경의 돌봄을 뜻하기에 현재 중독자에게 돌봄을 제공하고 시도함으로써 과거의 결핍을 회복할 수 있다. 이런 점을 고려하여 우리는 다음의 몇 가지로 그 충족을 시도한다.

1. 목회적 돌봄을 통한 심리적 결핍의 해소

종교중독에서는 여러 가지 문제가 복합적으로 드러나고 있다. 그 중에서도 타인으로부터 자기가 인정받지 않고 사랑받지 못한 결핍으로 인한 존재의 부정성과 관련된 심리적 갈등 요소가 일차적인 것으로 볼 수 있다. 그것의 결핍으로 인해 드러나는 문제들 중에 우리는 강박성향을 대표적인 것으로 들 수 있다. 종교중독에서 드러나는 이분법적인 사고와 분리의 특성은 완고함, 엄격함, 두려움이라는 강박적 성격장애를 지닌 사고를 갖게 된다는 점에서다. 이러한 사고는 존재 중심에서 벗어나 행위 중심의 역할에 충실하게 되어, 결과적으로 의례적인 규칙과 함께 불안이라는 무의식이 늘 병행하는 모습을 보인다.

이와 관련하여 율라노프(Ann Belford. Ulanov)의 견해는 우리에게 시사점을 던져준다. 자신의 저서인 『영성과 심리치료』에서 그는 이러한 행위 중심의 소유자들을 일컬어 도덕적 자학인(moral masochist)이라고 칭했기 때문이다. 더 나아가 그는 종교적 복종에 대해 지적하면서 세 단계의 자아발달 상태의 예를 들어 제시하기도 했다.[1] 첫 단계는 자아의 핵이 아직 무의식의 모체에 덮여 있는 상태로서, 유아가 엄마의 테두리 안에서 살아가듯 어린 자아가 자체보다 더 큰 무의식과의 동일시 상태로 살아간다. 무의식과의 이러한 연합 상태에서 자아는 안전하고 만족스러우며, 존재하는 모든 것과 마술적으로 연결되어 있다고 느낀다. 두 번째 단계는 무의식으로부터 구별된 자아가 자신의 의지를 사용하고 공격성을 조절할 수 있는 단계이다. 자아는 차츰 무의식과 외부세계에 맞서 자체의 영역을 건설해 가며, 자신이 누구인지, 무엇을 할 수 있고 할 수 없는지 어디로 가기를 원하는지에 대해 깨닫게 된다. 세 번째 단계는 사람이 자신의 자아를 가지고 무엇을 할 것인지를 묻는 단계이다. 이제 자아는 자기중심의 존재에 머무르면서 모든 가치를 자체의 관점에서만 평가하던 과거의 태도를 버리고 자아를 넘어서는 가치를 위해 헌신한다. 이것은 자아발달 상태를 통하여 종교 중독자의 어린 유아기 시절에 사랑받지 못한 갈망과 욕구로 인한 발달과정을 살펴야 할 이유이다. 여기에는 유아발달에 있어서 유아가 잘 자랄 수 있도록 자아가 원본능을 포함할 수 있도록 해주어야 한다는 데 그 이유가 있으며, 모성적 자아가 유아의 자아를 전폭적으로 지원해 줌으로써 유아의 자아는 강력하고 안정된 자아로 발달해가기 때문이다.[2]

그러면, 이들의 무조건적인 종교적 복종이란 자아의 세 번째 단계에 도달할

---

1 Ann. Belford. Ulanov / 이재훈 역, 『영성과 심리치료』(서울: 한국심리치료연구소, 2005), 23.

2 D. W. Winnicott / 이재훈 역, 『성숙과정과 촉진적 환경』(서울: 한국심리치료연구소, 2000), 56.

때에 가능한 것이기도 한데, 이들은 자아발달의 세 번째 단계의 삶을 사는 척 외식 하는 것으로 나타난다는 것이다. 이것은 자아발달의 첫 번째 단계에서 살아가면서 가식과 외식으로 포장하여 자아발달로부터 도피하고 있는 행위이기도 하다. 이런 점에서 그들의 일차적인 문제는 자아가 아직 발달하지 못한 사랑에 대한 결핍으로 나타나는 것이 위장된 종교 행위로 드러나는 것으로 볼 수 있다. 이것은 결국 그들의 자아는 부모로부터 충분한 사랑을 받지 못한 심리적인 결핍의 상태에 있는 것이기 때문이다.

그들의 심리적인 결핍으로 나타나는 모성애의 문제는 목회적인 돌봄과 밀접하게 연관된다고 볼 수 있다. 목회적 돌봄은 그 중심에 모성애의 특성이 자리하기 때문이다. 이런 것은 목회적 돌봄을 통한 심리적 결핍해소가 가능하다는 것을 의미하는데, 이는 위니캇의 '안아주기 환경'과 유사한 것이기도 하다. 안아주기 환경 안에서의 나와 타자의 관계 즉, 어머니 자아와 유아 자아가 하나가 될 때 유아는 엄마의 전인적 돌봄의 이미지를 기억하기 때문이다. 이런 원리에서는 목회적 돌봄을 통하여 중독자 스스로가 심리적 결핍에 충족감을 갖게 됨으로써 유아의 자아가 인정받고 사랑을 느끼게 되면서 긍정성을 회복하여 살아남을 수 있게 된다. 이는 목회적 돌봄에서 모성애적인 발휘가 상당히 중요함을 역설하는 것으로도 볼 수 있다.

실제로 모든 종교는 이런 모성애의 접촉, 또는 모성애적인 특성의 발휘와 밀접하게 연관되는 측면이 있다. 종파의 신도들이 종교에서 실행하는 모든 행위에는 직접 또는 간접적으로 종교가 갖는 모성애의 특성에 접촉되는 효과가 있기 때문이다. 이와 관련하여 권진숙의 연구는 이를 뒷받침해 주고 있다. 안아주기 환경은 종교 공동체에서도 그 역할이 크다고 말하고 있다는 점이다. 종교 공동체 내에서의 안아주기 환경이란 서로를 위하고 갈망과 욕구를 보듬어 주는 모성적인 돌봄의 장으로써 종교가들이 신도들을 안아주고 신도들이 종교가를 감싸줄 때, 부모와 자녀 사이에, 그리고 교사와 학생 사이에 서로가 서로에게 필요하다는 존재감을 맛보게 된다는 것이다. 실제로 안아주기 환경 안에서 서로를 인도하고 유지할 때 자율성과 창조성을 발견하며 서로를 의지하여 진정한 만남의 장으로써 에너지를 갖게 되기 때문이다.[3]

더 나아가 이런 안아주기 환경에서 생활하며 모성적 돌봄을 받는 종교중독자는 심리적 결핍이 충족되어 이제 신에게 정직하게 나아가는 올바른 신앙생활도 가능하게 될 것이다. 이런 현상은 그들의 안아주기의 환경, 즉 목회적 돌봄이 모성애의 결핍을 충족하는 결과로 나타나는 것을 의미한다. 미성숙한 상태에 있는 유아적 자아가 모성 돌봄으로 회복하고 재생할 때 자아가 자연스럽게 균형을 이루어 나가기 때문이다. 이것은 종교중독자들에게 안아주기 환경이라는 목회적 돌봄이 필요한 이유이다.

II. 신(神)중심의 신앙을 통한 심리적 결핍의 해소

종교중독자들에게는 신(神)중심이 아닌 신앙생활이 문제로 나타난다. 그들의 종교생활은 신이 아니라 다른 부차적인 것들이 신앙의 중심을 차지한다는 점이다. 이것은 그들이 올바른 신중심의 종교생활을 한다면 정신에서 긍정적인 정신에너지가 충족되는 결과를 산출할 수 있다고도 볼 수 있다. 그들이 이렇게 올바른 신중심의 종교생활을 하지 못하는 것은 어린 유아기 시절 받지 못한 갈망과 욕구로 인한 발달과정과 관련이 있다고 보아야 한다. 유아발달에서 유아가 잘 자랄 수 있도록 자아가 원본능을 포함하도록 해주어야 한다는 데 그 이유가 있으며, 모성적 자아가 유아의 자아를 전폭적으로 지원해 줌으로써 유아의 자아는 강력하고 안정된 자아로 발달해 가기 때문이다.[4] 이런 원

3 권진숙, "도널드 위니캇의 안아주기 환경 개념의 여성목회신학적 재고와 목회적 돌봄," 「신학과 실천」Vol 35(2013), 249-252.

4 D. W. Winnicott / 이재훈 역, 『성숙과정과 촉진적 환경』, 56-68.

리에서 보면 그들의 미성숙한 인격의 문제는 모성적 돌봄에서 결핍을 보이는 상태이므로 초기 유아 어머니 관계로부터 자기(Self)를 분리시키지 못한 결과로 볼 수 있는 것이다.

이제 그들은 모성적 환경의 제공을 받음으로 인해 원만한 인격의 발달이 가능해진다. 다시 말하면 그들은 진정한 신중심의 신앙을 가짐으로써 진정한 모성적 환경을 경험하게 된다는 것이다. 이런 것은 위니캇(D. W. Winnicott)의 모성적 돌봄이 유아의 인격을 발달시킨다는 원리와 맥을 같이 한다. 그의 인격발달의 원리는 미성숙한 상태에 있는 유아적 자아가 모성 돌봄의 도움으로 자연스럽게 균형을 이룰 때 홀로 있을 수 있게 되기 때문이다. 이와 관련하여 위니캇은 "나는 홀로 있다."(I am alone)에서 '나' 라는 말은 정서적 성장의 의미로 자아는 개인이 이미 통합되어 나-아닌 외부로부터 보호받을 수 있는 자아라는 구조적 성격이 형성된 지형학적인 의미를 가지고 있다. 다음에 나타나는 "나는 ~ 이다"(I am)라는 말은 개인이라는 구조적 형태를 갖는다. 다시 말해서 "나는 ~ 이다" 라는 개인은 아직 방어할 수 없는 취약한 상태를 가지고 있기에 아직은 잠재적으로 가지고 있는 "나"로서 편집적이며 편향적인 색채라는 것이다.[5]

이런 원리는 종교중독자들이 신중심의 신앙을 회복하여 진정한 자신이 되는 것으로도 볼 수 있다. 그들이 신중심의 단계를 성취하여 진정 신으로부터 보호받을 수 있는 환경을 경험할 수 있다는 점에서다. 그 다음에 이루어지는 그들의 자아는 홀로 있다는 단계로 나아갈 수 있게 된다. 이때 그들은 신중심의 신앙을 갖게 되어 마치 유아가 엄마라는 존재를 통해 인식하고 엄마의 지속적인 돌봄으로 인해 정신적 자각이 가능한 것과도 같다. 결국 그들이 신중심의 신앙을 통하여 스스로 독립적이 된다는 것은 그들이 홀로 있는 경험에

5 Ibid., 43-44.

기초하여 신중심의 신앙적인 경험을 충분히 맛보고 느낄 수 있다는 것이다.

신(神)중심의 종교생활은 위니캇(D. W. Winnicott)의 중간대상과 중간경험의 원리와 맥을 같이 한다고 볼 수 있다. 종교중독자들이 유아기에 마땅히 경험하여 인격 발전의 기회로 삼아야 할 것을 신중심의 종교생활을 그것을 대치하는 효과가 있기 때문이다. 이런 원리는 대상관계론이 중요시하는 원리이기도 하다. 대상관계심리학에 정통한 리주토(Ana Maria Rizzuto)는 『신학과 목회상담』 (Theology and Pastoral Counseling)에서 어린 시절 유아와 관계를 맺었던 타자, 특히 부모와의 경험이 유아의 정서적 구성요소로 작용한다고 보았다.[6] 이와 관련하여 리주토(Ana Maria Rizzuto)는 개인의 절박한 심리적 소망과 욕구 때문에 현실을 환상으로 변형시키는 일에 참여하게 되는 중요한 특성을 지닌 것으로서 상상이라는 단어의 통상적인 의미와 매우 유사한 의미를 지니고 있다고 한다. 즉 " 환상적 기대 속에서 자기 자신을 창조해 내기 위하여, 또는 도저히 견뎌낼 수 없을 것처럼 보이는 것들을 재구성함으로써 자기 자신을 지탱하기 위하여, 또는 있는 그대로의 자신이 아닌 환상의 왜곡을 통하여 자신을 속이기 위하여, 인간은 항상 놀이에 들어간다." 리주토는 그러한 현실의 재고성이 "즉각적인 주의를 필요로 하는" 사례에 속하지 않는 한 결코 병리적인 것으로 보지 않는다. 이것은 중간대상에 대한 상상적 개념화를 통하여 신(神)의 표상으로 증진시키는 데 참여하는 환상적 중간대상이라고 설명하는 것이다.

이와 관련하여 위니캇은 중간현상은 내부 또는 외부에만 있는 것이 아니라 실재적 삶으로 기여하는 경험 부분이 중간영역에 속한다고 말하고 있다.

---

6 Deborah Van Deusen Hunsinger / 이재훈. 신현복 역. 『신학과 목회상담』(서울: 한국심리치료연구소, 2000), 180-188.

중간현상은 내적 실재와 외적 삶 모두가 기여할 수 있는 경험의 중간영역에 속한다. 아동의 어머니, 아버지 그리고 그 밖의 주요 인물들에 대한 사실적, 객관적 실재는 하나님 표상을 만드는 일에 기여하는 외적 요인이며, 아동의 욕구, 소망, 욕망은 유력한 내적 요인이다.[7]

후기 정신분석학 이론에 지대한 영향을 끼친 위니캇(D. W. Winnicott)은 유아에게 존재하는 외적 실재와 내적 실재가 부모를 이상화시킬 수 있으며, 이러한 이미지는 신의 이미지 형성에 어떻게 영향을 주는가라는 문제를 제시했다. 이는 실제로 종교중독자들에게 신중심의 종교생활은 중간대상으로서의 역할을 담당하며, 그들이 살아가면서 겪는 신의 표상으로써의 관심의 초점이 된다. 위니캇에게 있어서 중간대상이란 내가 아닌(not-me) 소유물이면서 동시에 자신의 창조물을 의미하기 때문이다. 이것은 중간대상에서 갖고자하는 것을 환경이 제공하지 못할 때 그들은 외부환경으로부터 받는 공격성에서 살아남을 수 없으며, 그들의 내면에 작용하는 본능은 억압으로의 중간 공간을 차지하여 파괴성으로 전진한다는 것을 의미한다. 위니캇에게 있어서 중간대상은 중간상태에 있는 대상을 가리키는 것으로 내적 대상도 외부 대상도 아니라, 앞으로 나아가는 행동유형이 발달을 촉진시키는 상징적 대상일 뿐이기 때문이다.[8] 이것은 다시 부모로부터 받은 의존이 실패하게 될 때 유아가 앞으로 나아갈 수 있는 이미지도 상징적인 대상도 잃어버린 채 자기상실에 빠지게 된다는 점이다.

그렇다고 해서 그들이 신앙인으로 존재한다는 것이 덮어놓고 신중심의 신앙생활을 한다는 것은 아니다. 그들에게 신중심의 종교생활은 유아가 맛보았

---

7 D. W. Winnicott, *Playing and Reality* , 19.

8 Deborah Van Deusen Hunsinger / 이재훈. 신현복 역. 『신학과 목회상담』, 187-188.

던 초기경험에 기초하게 된다는 점에서다. 이것은 다시 유아가 독립된 존재로서가 아닌 엄마와 내가 하나라는 상호성에서 타자와의 관계가 형성되기 시작한다고 볼 수 있기 때문이다. 반면에 신중심의 신앙생활에 실패한다면, 그들은 만족감을 얻지 못해 불안과 분노 공격적 감정을 갖게 되어 존재의 능력과 행함의 능력에서 패배하여 고유한 통합을 이루어 갈 수 없게 된다는 것을 의미한다.[9]

위니캇이 말하는 중간대상(transitional object)은 부모 이미지가 신의 이미지를 대신하지 못할 때 공격성을 드러낸다는 원리를 잘 설명하고 있다. 동시에 이 원리는 외적 세계에 대한 실재를 인식하는 존재와 행함의 중간영역으로 나아가는 공간이라고 볼 수 있다. 중간대상은 현실과 함께 존재하는 환상의 세계이며, 존재하지 않는 환상의 세계도 현실로부터 분리된 환상도 아니기 때문이다.[10] 이런 시각에서 위니캇은 파괴성으로 변질된 공격성은 반사회적 행동에 앞장서게 되며 타인에게 투사되어 자기 혐오를 타자에게 씌우게 되며 그들과 다툼을 벌이게 된다고 보았다.

더 나아가 중간대상의 원리는 옳고 그름만을 따지고 자신의 기준만이 선하다는 왜곡에 대해 생각하게 만든다. 건강한 신앙생활은 그들에게 내재하는 억압된 공격성을 수용하고 받아들이는 과정이기 때문이다. 억압된 본능은 불안이라는 요소를 자신에게는 물론 종교적 행위로 불안을 표출시킨다. 그것은 강박적 종교 행위로 드러나는 그들의 의례적 행동에서 볼 수 있기 때문이다. 그뿐 아니라 이것은 종교중독자들이 신중심의 생활을 하면서 그들의 종교생활이 더 현실적으로 되는 것을 의미하기도 한다.

그들은 신중심의 생활을 통하여 점차로 모성적인 돌봄의 내용들을 인식하

---

9 Ann. Belford. Ulanov / 이재훈 역, 『일반상담과 목회상담: 위니캇과 영성』(서울: 예영커뮤니케이션, 2003), 505-508.

10 D. W. Winnicott, *Playing and Reality,* 2-4.

게 되고 신뢰할 수 있는 환경에서의 돌봄을 통해서 돌봄 받는 내사가 축적된다는 점이다.[11] 이런 원리는 모성 돌봄에 대한 프로이트의 견해에서도 동일하게 발견되고 있다.

> 쾌락 원리만을 따르면서 외적 세계의 현실을 무시하는 유기체란 한 순간도 살아 있을 수 없으며, 따라서 존재 자체가 성립될 수 없다고 주장할 수 있다. 그러나 이러한 가설은 그 유아가 어머니로부터 충분한 돌봄을 받음으로 해서 하나의 심리 체계를 가지고 있다는 사실을 고려할 때에만 정당화 될 수 있다.[12]

이는 신중심의 생활이 종교중독자들의 생활에 얼마나 도움이 되고 실제적인 것인가를 깨우쳐 주는 대목이라고 볼 수 있다. 이것은 그들이 신중심의 신앙생활을 통해 심리적인 결핍이 해소되는 결과를 산출하는 것과 밀접한 관련이 있다.

III. 목회자의 모성적 돌봄을 통한 심리적 결핍의 해소

돌봄의 영역이란 종교의 고유한 영역이면서 인간이 환경과의 만남을 통하여 맺어지는 생각과 감정과 행동의 부분들과의 관계가 형성되기도 한다. 그러면 돌봄(care)의 관계에서 목회상담자가 중독자에게 주는 영향력은 무엇일까? 그것은 문제의 관계적 회복과 그리스도와의 관계를 온전하게 할 수 있는 갈등과 상처를 치유하는 전체적 기능 회복에 있다고 볼 수 있다.[13] 치유(Healing,

---

11 Ibid., 63-64.

12 Ibid., 53-55.

13 S. Hiltner / 민경배 역, 『목회신학원론』(서울: 대한기독교서회, 1996), 117-130.

Cure)에 있어 영어 단어 heal 또는 healing은 온전한, 온전성을 의미하는 whole, wholeness와, 거룩함을 의미하는 holy와 같은 어원을 가지고 있다. 따라서 치유란 온전성을 잃은 사람에게 이를 회복시켜 주는 일이며, 삶의 거룩한 차원과 분리된 사람들을 다시 거룩한 차원과 연계시키는 행위인 것이다. 이와 관련하여 시워드 힐트너(Seward Hiltner)와 하워드 클라인벨(Howard J. Clinebell)은 다음과 같이 목회상담의 주요한 목적을 말하고 있다.

> 성령의 인도함을 따라 상처받은 인간들을 치료함이며 상호치유와 성장을 전제로 하면서 인간으로 하여금 제각기 직면하고 있는 문제적 위기를 성장 지향적으로 상처의 치유를 경험하도록 돕고 다루는 것이다.[14]

위에서 말한 목회상담이란 큰 틀 속에서 충분히 기능하는 인간으로(the fully functioning person)의 창조적 돌봄의 관계이며 상처받은 인간들을 문제와 위기로부터 성장하도록 조력한다는 것이다. 칼 로저스(C. R, Rogers)는 충분히 기능하는 인간을 다음과 같이 정리한다. 경험에의 개방성의 증대, 실존적 삶의 태도 증대, 자기 유기체에 대한 신뢰의 증대로 특징지어지는 성정과정에 있는 사람은 보다 자유롭고, 창조적이며, 인간성을 신뢰하며, 그리고 보다 풍성한 삶을 살 수 있다고 본다.[15] 사랑이란 생명을 전제로 하는 자기초월의 관계 속에서 세상과 타인과 신을 포함하여 강력한 자기 초월을 실현한 힘을 말한다.

오성춘 교수는 목회 상담은 신의 부름을 받은 자(교역자 또는 상담자)가 문

---

14 Seward Hiltner / 마경일 역, 『목회상담론』(서울: 대한기독교서회, 1976), 63. Howard J. Clinebell / 박근원 역, 『목회상담신론』(서울: 대한예수교총회출판국, 1987), 47.

15 C. R, Rogers, *On Becoming a Person* (Boston: Houghton Mifflin, 1943), 180; Walter E. Conn, *The Desiring Self: Rooting Pastoral Counseling and Spiritual Direction in Self Transcendence* (New York/Mahwah, NJ : Paulist Press, 1988), 132-133.

제적 위기 가운데 직면한 중독자를 만나 파괴된 존재를 신의 형상으로 회복하고 치유하는 목회의 한 부분이라고 강조한다.[16] 목회자는 구원 즉 치유에로 부름을 받은 사람들이며 전인적인 목회상담의 목적을 가지고 있는 사람들이다. 더구나 치유를 의미하는 영어 단어 therapy의 어원 therapeia의 본래적인 의미는 주의 깊게 보살펴 주는 봉사적 의미에 가깝고 고대사회에서 목회자(minister)의 어원이 되는 ministerium으로 번역되었다는 사실을 살펴볼 때 치유로의 책임이 가중됨을 알 수 있다.

목회상담은 주로 대화와 커뮤니케이션을 통해서 신앙적으로 교인들을 지탱하고, 화해시키고, 인도하고, 치유 받도록 돕는 교회의 교역[ministry: 헬라어의 디아코니아(봉사)라는 말을 번역한 것으로 본래의 의미는 모든 성도들이 공동으로 참여하는 봉사를 의미] 으로 볼 수 있다. 특별히 목회상담에 관한 대안적 제안은 자기가 되고자 하는 존재적 독립과 나와 타자와의 관계 안에서 열망과 자율성 회복을 위해서도 필요하다. 결국 목회상담에서의 치료란 인격의 온 전함에 이르는데 그 의미를 둔다고 볼 수 있다.[17] 목회상담은 문자적으로 설명하자면 목회학과 상담학의 통합 학문이다. 다시 말해서 성공적인 목회와 효과 있는 상담 기술 두 분야가 함께 만나서 나름의 새로운 창조를 이루어 내는 것이다. 학문적으로는 신학과 심리학의 만남이다. 과거에는 목회자들이 심리학을 배울 필요가 없었다. 신학의 언어로 충분히 교인들을 이해하고 그들의 필요를 채울 수 있었기 때문이다. 그러나 이제 교회는 인간에 대한 이해를 필요로 하고 있다.

왜냐하면 사회의 급격한 변화가 성도들의 삶에도 직접적인 영향을 끼치면

16 오성춘, 『목회상담학』(서울: 한국장로교출판사, 1993), 23.

17 Walter E. Conn, *The Desiring Self: Rooting Pastoral Counseling and Spiritual Direction in Self Transcendence,* 5; Brooks Holifield, *A History of Pastoral Care in America* (Nashville Abingdon Press, 1983), 43.

서 변화의 물결이 교회 안에도 일어나고 있기 때문이다. 21세기 목회는 사람을 이해하고 도우며 지도하는 구체적인 기술을 필요로 하기 때문이다. 과거에는 신에 대한 이해를 높이고자 신학을 공부했다면 지금은 목회 현장에서 인간 이해의 능력을 절실히 필요로 하고 있다. 따라서 목회상담은 하나님에 대한 연구와 인간에 대한 연구를 병행하면서 시대적 부응에 응답하는 전문 분야라고 말할 수 있다. 다시 말해서 목회적 차원에서의 온전함은 인간을 정신적, 육체적, 신체적으로 온전하게 만들어 가는 전인적 치유이기에 종교중독자들의 심리적, 사회적, 생리적인 속성의 문제를 회복하는 정신건강을 중요시하는 것과 일맥상통한다. 때로 이들의 정신건강은 진정한 영성의 회복과 관련되는 문제이기도 하다.

이와 관련하여 빌 윌슨(Bill. Wilson)은 종교중독자의 영성회복에 대해서 다음과 같이 언급한다. "종교중독은 영적인 질병이기 때문에 이를 간과한다면 그들을 온전히 치유할 수 없다." [18] 그의 견해는 아마도 대상들을 향해 나아가는 애착의 갈망이 신을 대신하여 중독자의 충족의 욕구에 올려놓는 것에 기초한 것이라고 볼 수 있다. 종교중독에 속박된 그들은 신과 관련된 영적인 삶을 파괴하기 때문이다.

이는 목회자의 모성적인 돌봄이 필요한 이유이다. 그들에게 목회자의 모성적인 돌봄이 정상적으로 발휘되지 못하면, 그들의 파괴된 영적 질병이 치료될 수 없다는 것을 의미한다. 그러면 그들에게 목회자 또는 목회상담자의 모성적 돌봄을 통한 치료란 외형적인 치료의 회복으로부터 더 넓은 상황을 내포하는 것이다. 즉 전능성에 대한 의존을 인식하고 자신을 항복하고 자아의 과대함을 포기하는 행동이다. 치유목회는 먼저 하나님과의 화해를 통해 자신과 화해하

---

18 Bill Wilson, Alcoholics Anonymous, *Pass It On: The Story of Bill Wilson and How the AA Message Reached the World* (New York: Alcoholics Anonymous World Servics, Inc., 1984), 381-386.

고 더 나아가 이웃과 화해함으로써 온전한 하나님의 형상을 회복하고 새로운 피조물로서의 감격적인 삶을 살아가는 것이기 때문이다.

여기에 상담치유란 내담자로 하여금 기쁨과 감격을 회복하게 하는데 초점을 두어야 하며 상담자가 먼저 성숙한 영적인 상담자로서 중독자(내담자)를 치유하고(Sustaining)하고 인도(Guiding)하고 화해(Reconciling)하고 양육(Nurturing)하고 예언(Prophesying)하는 상담자의 영성훈련의 기초 위에 영적 상담의 적용이 필요하다.[19] 목회자 또는 목회상담자의 돌봄을 통하여 종교중독자의 심리적 결핍이 해소되는 중요한 이유가 여기에 있다.

---

19 Edward P. Wimberly, *Using Scripture in Pastoral Counseling* (Nashiville: Abing- don Press, 1994), 339.

제 14 장

안아주기를 통한 종교중독의 치유

종교중독은 신(神, God)의 이미지 변화를 통하여 치유될 수 있다. 신의 이미지 변화는 중독자가 가지고 있는 부모 이미지의 왜곡에서 그 원인을 찾을 수 있다. 신에 대한 이미지는 부모 대상 이미지와 연속성을 이루며 의식과 무의식 속에 형성되어 하나님 표상에 그 기초를 이루기 때문이다. 그런 점에서 안아주기는 종교중독자들의 심리적인 특성과 밀접한 연관성을 갖는다고 볼 수 있다. 그들에게 문제로 나타나는 심리적인 결핍의 문제는 부모의 양육에서 안아주기와 관련되어 있기 때문이다. 유아는 부모, 특히 어머니의 안아주기를 통하여 돌봄을 받는다고 생각하게 되어 긍정적인 정신에너지를 축적하게 된다는 점이다. 이런 문제는 그들이 성장한 후에도 주변의 관심에서 소외당하거나 존재의 가치감이 충족되지 않을 때도 동일하게 경험되는 현상이라는 점에 주목하는 것이다. 이는 우리가 종교중독에 빠진 사람에게 더 많은 관심을 갖고 대응해야 하는 이유가 된다.

다시 말하면 그들에게 나타나는 심리적인 결핍을 해소하기 위해서 마치 어린 시절에 충족되지 않았던 부모 양육의 안아주기를 시도해야 하는 것이다. 그것은 모성적 이미지를 통하여 살펴본 것처럼 엄마의 돌봄을 통하여 제공하는 환경이 자아 통합의 공간이 되기 때문이다.

I. 안아주기와 목회신학의 접촉

위니캇의 안아주기(Holding) 이론은 부모-유아 관계 이론에서 이해할 수 있다. 그것은 부모가 유아에게 만족스러운 돌봄을 제공해 주는 방법을 바로 '안아주기'라고 표현했기 때문이다.[20] 물론 위니캇의 안아주기는 모성적인 돌봄을 단순한 용어로 표현한 것이다. 즉 유아가 자아를 발달시키는데 있어서 충

20 Edward P. Wimberly, *Using Scripture in Pastoral Counseling* (Nashiville: Abing- don Press, 1994), 78.

분한 모성적인 돌봄이 필요하며, 불충분한 돌봄은 유아에게 있어서 왜곡된 자아를 가져오게 한다는 점에서다.

이러한 안아주기(holding)는 성격상 목회신학과 유사한 측면이 있음을 알 수 있다. 안아주기는 목회에서 마음으로 관심을 나타내거나 수용하는 돌봄의 특성인 모성과 연결된다는 점이다. 목회신학에 있어서 중독자에게 다가가는 몸의 제스츄어란 목회자가 중독자에게 다가감을 마음으로 표현하는 것이기 때문이다. 그런 점에서 안아주기 환경이란 모성적 돌봄으로의 몸의 행동을 의미한다고 할 수 있다.[21] 이런 측면에서 종교중독자를 치유하는 안아주는 공동체는 어머니의 모성에 대한 이해를 새롭게 각인시키고 안아주기 환경의 이해를 돌보는 공간 접촉의 장이라고 말한다. 안아주는 환경은 아이의 성장을 위해 어머니가 제공하는 사랑과 공격성의 융합을 가능하게 하는 환경인 것처럼 안아주는 공동체는 이전에 그들이 가졌던 하나님의 이미지가 파괴되고 그로 인한 공격성이 살아남을 수 있어야 한다. 살아남는다는 말은 여전히 좋은 것으로 실재해야 한다. 공동체 내에서 구성원들을 억압하는 것이 아니라 구성원들을 안아주어야 한다.[22]

구체적으로 말하면 어머니가 유아에게 집중하여 그 욕구와 몸짓을 정확하게 이해하는 태도를 의미하는 것이다. 안아주는 환경은 유아의 욕구를 충족시킬 수 있는 기본적인 환경이기 때문이다. 이런 점에서 우리는 목회신학에서 다루는 목회자의 영혼의 돌봄이 중요시된다. 다르게 말하면 교회라는 역동적 신앙생활의 배경이 되는 공간에서 목회자와 교인이 그들을 마음으로 안을 수 있는 공동체의 역할이 크다고 볼 수 있다. 그들이 가졌던 왜곡된 하나님에 대한 이미지를 대화의 공동체 안에서 돌봄을 통하여 새롭게 형성될 때 유아가

21 모성적 돌봄은 영혼 돌봄이라는 의미로 사용한다.

22 정연득, "종교중독에 대한 목회신학적 대응: 정신분석학과 몸의 신학의 관점에서,"「신학과 실천」 26(2011), 70-73.

가졌던 어머니의 부정적인 이미지가 변화될 수 있다는 점이다. 이것은 안아주기와 목회신학의 접촉이기도 하다. 어떠한 특정 대상에 결속되기 전에 그들이 안아주는 공동체 내에서 신체와 결속된 감각에 의해 좋고 나쁨을 경험해 가면서 사랑과 공격성의 융합으로 성장해 나갈 때, 관계 안에서 접촉점이 가능해진다.[23]

이런 시각에서 안아주기 환경의 제공은 초기 돌봄의 과정에서 상호적 관계를 뜻하는 것으로 유아가 엄마의 몸을 통해 제공받는 대상적 공간임을 알 수 있다. '안아주기'란 원래 유아를 신체적으로 포옹하는 것부터 시작하여 환경제공을 하는 전체적 의미로 볼 수 있다. 그런 점에서 역동적 신앙생활의 배경이 되는 공간에서 중독자를 마음으로 안을 수 있는 기독교 공동체의 역할은 매우 크다고 볼 수 있다. 그 이유는 중독자가 가졌던 왜곡된 하나님 이미지를 대화의 공간이라는 공동체 안에서 변화될 수 있기 때문이다. 그러므로 안아주기와 목회신학의 접촉이란 어떠한 특정 대상에 결속되기 전 아이의 신체를 돌보아 주는 것처럼 중독자를 안아주는 공동체 내에서 신체와 결속된 감각에 의해 좋고 나쁨을 경험해 가며 사랑과 공격성의 융합으로 성장하여 갈 때 관계 안에서의 접촉점을 가져온다는 것이다.[24] 이것은 결국 유아발달의 특징이 통합되지 않은 상태로 구조화되면 유아가 해체불안을 일으켜 의존 단계로 나아가는 것처럼 종교중독자도 동일하게 이행한다는 점이다.

이런 맥락에서 종교중독자에게 목회자가 영혼을 돌보는 행위를 시도하는 것이나 소속된 교인들이 그들에게 관심을 갖고 대하는 것은 모두 안아주기와 맥을 같이하는 것이다. 공동체가 그들에게 이런 안아주기의 환경을 제공하는 것은 유아가 초기 돌봄의 과정에서 부모와 상호적 관계를 맺는 것과 같다. 안아

23 안아주기 단계에서 유아발달의 특징은 통합되지 않은 상태로 구조화되면, 유아는 해체불안이 일어나고 의존적인 단계로 나아가게 된다. Ibid., 62.

24 D. W. Winnicott / 이재훈 역, 『성숙과정과 촉진적 환경』, 62.

주기를 통하여 종교중독자들에게 모성적인 결핍이 충족되는 것을 의미하는 것이기 때문이다. 더 나아가 이런 현상은 그들이 목회적인 돌봄을 통해 제공받는 대상의 공간이 되기도 한다. 안아주기가 목회적인 접촉과 그다지 다르지 않는 이유이다.

II. 안아주기의 원리와 종교중독자의 욕구해소

종교중독자는 욕구와 욕망의 결핍이라는 점에서 이해해야 한다. 욕망은 본능적인 것으로 무의식이라는 역동적 관점에서 바라볼 수 있다. 실제로 종교중독은 욕구와 관련된 문제로, 자기 존재를 채우려는 욕망에서 출발하기 때문이다. 종교중독자들의 심리적 결핍과 욕구를 이해하려면 그들의 어린 시절로 돌아가 퇴행된 모습을 찾아야 할 것이다. 여기에서 종교중독은 욕망과 결핍이라는 상관관계를 유추해 볼 수 있다.[25] 이와 관련하여 목회상담가들이 연구해온 대상관계 이론을 축약해보면 다음과 같다.

> 누구든지 자신의 진정한 변화를 원한다면 반드시 자신이 어린 시절로 돌아가 거기서부터 다시 시작하지 않으면 안 된다. 그러나 우리가 다시 어린아이가 된다는 것은 불가능하다. 하지만 우리 안에 아직도 살고 있는 내면아이에게로 돌아갈 수는 있다.[26]

여기에서 '내면아이' 는 성장하지 못한 인격을 지칭하는 것으로 볼 수 있다. 이런 아이는 성인이 되어서도 심리적인 결핍을 나타내는 이른바 욕구가 충족되지 않은 인격을 가졌다고 보아야 한다. 사람은 누구나 어린아이 시절에 부

---

25 김충렬, 『알코올중독과 목회상담적 치료』, 374-379.

26 오제은, 『일반상담과 목회상담: 내면아이 치료와 목회상담』(서울: 예영커뮤니케이션, 2003), 112.

모로부터 어떻게 사랑을 받고 부모가 어떻게 대해 주었느냐에 따라 개인의 존재적 가치와 관계형성의 방법을 학습하게 된다. 더 나아가 이러한 관계는 부모이미지와 하나님 이미지 간의 깊은 유비를 가진다고 볼 수 있다. 그러므로 어린 시절에 부모의 이미지가 제한적이고 부정적인 이미지를 가지고 있다면 온전한 하나님 이미지를 가질 수 없으며 그로 인해 자기 이미지도 부모로부터 받은 각인된 이미지가 형성되어 내면화된다고 볼 수 있다. 내면화된 내적 이미지의 세계가 무기력하고 약하게 될 때 외부적인 힘에 의지하거나 강박적인 대상에 더욱 의존하게 되는데 이는 가족 체계 안에서의 역기능적 결과로 상호의존성에 기초를 두어 종교중독이라는 거짓된 실체를 갖게 된다. 이는 결국 자기 이미지에 중독되어 우리를 길들이게 된다.[27]

실제로 종교중독자의 왜곡된 사고와 인식의 편향은 나와 타자 사이에 존재하는 무자비성을 인식하고, 애착과 동일시로 물든 그들의 마음을 안아줄 때 새로운 의식전환을 기대해 볼 수 있다. 그들에겐 엄마의 몸으로 다가오는 사랑을 제공받는 새로운 의식인 것이다. 공동체 안에서의 안아주기는 때로는 분열과 혼란이 있을 수 있지만 성령은 이 틈새를 이용해 역사하고, 혼란이 올 때 공동체는 더욱 성숙한 구성원으로서 나아가고 성숙한 관계로 거듭날 수 있기 때문이다. 중독자로 인하여 기독교 공동체가 나와 타자 사이의 공간으로서의 결점을 가져올 수 있으나 공간이 주는 의미를 신뢰하며 믿고 나아갈 때 한 사람의 치유의 역사는 일어난다. 몸의 아픔을 안을 수 있기 때문이다.[28]

그러나 중독자의 욕구불만에 의해 일어난 공격성을 공동체가 방임할 때 중독자는 더 이상 희망을 가질 수 없다고 생각한다. 이것은 분노나 슬픔이 드러날 때 엄마가 유아의 무자비한 공격에서 살아남는 것처럼 공동체가 새로운 도

---

27 Gerald G. May / 이지영 역, 『중독과 은혜』, 128.

28 Ann. Belford. Ulanov / 이재훈 역, 『영성과 심리치료』, 89.

전에 희망을 안고 중독자를 새로운 길로 인도하고 안아줄 때 회복될 수 있기 때문이다. 살아남는다는 의미는 좋은 대상이 실재한다는 뜻이기 때문이다. 즉 파괴성은 안아주는 공동체의 협력과 노력으로 가는 무한한 중간대상이다. 태어나 엄마 젖을 빠는 초기 엄마가 유아에게 모성적 돌봄을 주지 못할 때 아이는 전멸감을 느끼게 된다. 때로 아이가 손가락을 빤다든가 천 조각의 모서리를 가지고 입속으로 가져가도 외부 세력과의 성장 과정으로 이해하고 잘 인도해 주어야 하듯 교회공동체에서도 억압하거나 치부해 버리거나 거부해서는 안 된다.

종교중독에서 나타나는 억압된 정서들은 공격성과 파괴성까지도 안아주는 회복으로 우리 몸의 자연스러운 현상이다. 바로 이것이 공동체 안에서 이루어져야 할 안아주는 환경의 역동적인 성찰이라고 존 패튼은 강조한다.[29] 목회적 돌봄을 제공하는 주체는 성직자와 평신도를 모두 포함한 돌봄의 공동체라는 것이다. 목회적 돌봄의 사역은 에베소서 4장과 고린도전서 12장에서 바울이 사용한 몸이라는 이미지에 따라, 계층적인 것이 아니라 총체적인 것으로의 이해한다.

이와 더불어 위니캇(Donald W. Winnicott)도 안아주는 환경으로 인하여 성장, 성숙하는 것을 촉진적 환경이라고 한다.[30] 그는 이런 돌봄의 요인들이 모여서 유아의 인간발달 성장에 큰 영향을 끼친 것처럼 공동체 내에서 중독자를 안아주고 돌보아 주는 모성적 돌봄이 곧 회복이라고 한다. 이렇게 될 때 중독자는 성숙 과정(maturational process)의 돌봄을 받아 욕구가 해소되어 통합적인 창조자로서 모든 공동체의 환경적 지지에 힘을 얻어 자기로서의 가능성

29 John Patton / 장성식 역, 『목회적 돌봄과 상황』(서울: 은성 2002), 15.

30 Donald W. Winnicott, *Home is Where We Start From: Essay by a Psychoanalyst* (London and New York: W. W. Norton & Company, 1986), 23.

있는 삶이 재창조된다는 것이다.[31]

III. 안아주기와 공격성의 수용

중독자의 공격성은 안아주기로 수용이 가능하다고 볼 수 있다. 이런 것은 목회에서도 동일하게 적용될 수 있다. 몸의 회복으로의 신앙은 공동체 안에서 이루어지는 상호적 돌봄으로의 촉진적 환경에 있으며 그 중요성은 초기 돌봄 과정에서 몸을 안아주는 환경의 필요성이라고 위니캇(W. W. Winnicot)은 강조하고 있다.[32]

안아주기 단계에서 가장 중요한 것은 지능의 시작이며, 정신(Psyche)과 별개의 생각이 시작되는 것이다. 그 다음에는 이차과정과 상징기능, 꿈이 형성되어 나오며, 살아 있는 관계의 기초를 형성하는 개인적인 심리 내용과 관련된 것들이 뒤따라온다. 동시에 유아에게 나오는 충동적 행동의 두 가지 뿌리가 하나로 결합되기 시작한다. 운동과 근육성애(muscle erotism)에 속하는 산만한 요소들이 성감대의 절정 기능과 융합되기 시작한다. 이 융합은 우리에게 탈융합(defusion)의 반대 개념으로 어느 정도 융합이 이루어진 후에 성애적 경험부터 분리된 공격성에 이르기까지 드러나는 복잡한 방어기제이다. 이 모든 발달은 안아주는 환경에서 발생하며, 만약 충분한 안아주기가 없다면 이런 단계는 성취되지 못하거나 또는 일시적으로 성취된다 하더라도 확고한 것이 되지 못해 붕괴되고 만다. 그 다음에 이어지는 발달 내용은 대상관계의 능력이다. 여기서 유아의 대상관계는 주관적으로 인식된 대상과의 관계로부터 개관적으로 지각된 대상과의 관계로 변하여 어머니와의 융합상태에서 분리 상태로 나아

---

31 Donald W. Winnicott, *The Maturational Process and The Facilitating Environment* (London and New York: Kamac, 1984), 58.

32 D. W. Winnicott / 이재훈 역, 『성숙과정과 촉진적 환경』, 62-63.

간다. 또는 나의 확장으로서 어머니와 관계맺는 것으로부터 타인과의 관계맺는 것으로 변화가 일어난다.

이와 같이 환경이란 유아에게 제공되는 모든 외부적 돌봄을 의미하는 것으로 안아주기 환경은 외부의 돌봄을 통하여 중독자의 자아가 통합될 수 있도록 희망을 가지고 건강하게 나아가는 공간적 의미를 포함한다고 할 수 있다. 다만 안아주기 환경에서 나타나는 희망은 반드시 안전해야 한다는 것이 중요하다는 점이다. 안전해야 중독자가 지지하고 의지하며 신뢰할 수 있는 자기라는 존재를 회복할 수 있기 때문이다.[33] 자아 발달은 다양한 경향에 의해 특징지어지는데 성숙과정의 주요 경향은 통합이라는 단어의 다양한 의미 안으로 모아질 수 있다. 이런 점에서 자아 성장의 세 가지 현상과 만나는 세 가지 돌봄의 측면을 견주는 것이 가능하다. 통합은 안아주기와 짝을 이루고, 인격화는 신체 달기와 짝을 이루며 대상관계는 대상제공과 짝을 이룬다.

이런 신앙적 돌봄과는 달리 우리는 공격성에 대하여 파괴적인 무기로만 생각하는 경향이 있다. 공격성이란 부정적인 반응이며 정서적인 감정이 낮은 자존감으로 비춰지기 때문이다. 수동적이고 수직적인 감정들은 능동적이며 수평적인 감정에 비해 매우 더디고 소통의 문제를 가져오는 이유 때문일 것이다. 이런 점에서 우리가 병리적 문제를 병리적 시각으로만 바라본다면 억압된 공격성은 심각한 인격의 문제를 야기시키는 이유가 되고 만다.

이런 관점에서 위니캇(D. W Winnicott)과 율라노프(Ann. Belford. Ulanov)는 건강한 신앙생활을 위해 필요한 것은 공격성의 수용이라고 말한다.[34] 공격성 수용이란 하나님 이미지를 파괴하는 것으로 우리를 하나님과의 더욱 가까운 관계로 이끌어 가는 동력이 되기 때문이다. 유아가 실제로 엄마

---

33 Ibid., 84-85.

34 Ann. Belford. Ulanov / 이재훈 역, 『영성과 심리치료』, 82-83.

를 파괴하고 공격하는 것이 아닌 것처럼 하나님 이미지의 파괴는 살아계신 하나님으로 우리를 안내하고 만나게 한다는 점에서이다. 이는 우리가 잘못 알고 느끼며 가지고 있는 기대를 파괴하는 것이다. 실제로 공간을 통해서 성장한 관계로 이끌고 나아가는 하나님과의 관계란 이론으로만 알고 있는 공간을 뛰어넘어 보다 성숙한 관계로 자기 앞에 다가선다.

이런 공격성은 우리에게 있는 불안과 두려움을 인정하고 표현할 수 있도록 회복하고 허락해 준다. 실제로 이러한 공격성의 공간을 성숙한 과정으로 이끌어 자기 본성을 회복하고 통합하는 이유가 여기에 있기 때문이다. 이런 회복의 관점에서 폴 틸리히(Paul Tillich)는『존재의 용기』(The Courage To Be)에서 하나님을 초월할 때에만 의심과 불안을 존재 안으로 이끌어 올 수 있다고 한다.

> 모든 형태의 용기는 그 경계선 안에서 유신론의 신위에 계신 신의 힘을 통하여 회복된다. 존재의 용기는 의심의 불안 속에서 신이 사라져 버린 때에 나타나신 신 안에 뿌리내리고 있다.[35]

이는 자기 존재와 관련하여 이런 공격성에 대해 우리는 한 가지를 더 생각해야 한다. 그것은 결핍으로 생겨난 공격성이 변형되어 유기적 관계를 창조해낸다는 것은 자기와 타자와의 관계 안에서 행위의 능력으로 회복될 수 있다는 점이다. 이러한 관계는 존재와 행위라는 능력 안에서 우리라는 독립된 존재로서 타인을 향해 나아가는 본능적 에너지가 지각되는 것이다. 이런 점에서 위니캇은『인간의 파괴성과 그 변형』(Transformation of Human Destructiveness)에서 공격성은 개인과 타인과의 관계 안에서 맺어야 하는 과

---

35 Paul Tillich, *The Courage to Be,* 186-190.

정이라고 있다. 공격성은 우리가 사랑할 때나, 사랑받고자 할 때, 어떤 대상과의 관계를 유지하고자 할 때 자연스럽게 나타나는 과정이기 때문이다.[36]

반면에 공격성은 우리 안에 있는 동물적인 충동이기도 해서 무의식 안에서 자라고 의식으로 나타나는 것을 일부 경험한다. 그 한 예로서 공격성의 위험을 알리는 이야기를 들어 보겠다. "플로리다로 휴가를 떠났던 사람들이 공항에서 기념으로 작은 악어들을 사 가지고 뉴욕으로 돌아왔다. 그런데 문제는 그 악어들이 자꾸 자란다는 것이었다. 그래서 많은 사람들이 그 악어 새끼들을 화장실에 버렸다. 그러나 그 악어들은 마치 뉴욕 사람들의 집단 무의식과 같은 뉴욕의 하수도 안에 살면서 점점 더 커졌고, 마침내 바깥으로 나오기 위해 떼거리를 형성했다." 억압된 공격성은 이와 같다. 그것은 무의식 안에서 자라나 집단 무의식에 의해 제한받지 않은 채 자라난다. 그것이 종교적 신앙으로 스며들어올 때 믿음을 엄청나게 팽창시켜 무서운 하나님의 이미지를 만들어 내는 것이다. 다시 말해서 사랑을 필요로 하는 공격의 과정은 때로는 분노일 때도 슬픔일 때도 있다는 점이다. 그것은 공격성이 가지고 있는 긍정적 에너지를 표현하게 할 때 자기 본성이 회복된다는 점에서 치유가 될 것이다.

Ⅳ. 안아주기와 자기 본성의 회복

안아주기는 자기 본성의 회복과 밀접한 관련이 있다. 안아주기는 사랑본능과 공격본능을 통합할 수 있는 기능을 가지고 있기 때문이다. 위니캇은 본능에는 사랑본능(Eros)과 공격본능 즉, 죽음본능(Thanatos)이라는 두 본능이 융합하여 전체를 이루어가는 통합의 과정이라고 한다.[37]그런데 두 본능이 서

36 Ann. Belford. Ulanov / 이재훈 역, 『영성과 심리치료』, 42-43.

37 Ann. Belford. Ulanov / 이재훈 역, 『일반상담과 목회상담: 위니캇과 영성』, 509.

로 융합되지 못할 때 고립과 분열로 인하여 언제든지 돌진할 수 있는 힘을 가지고 역행하여 불안을 초래한다는 것이다. 자라면서 아이에게서 나오는 무자비한 공격적 노출이 해소되지 못할 때 아이는 더욱 본능에 충실하여 공격적인 열정을 뿜어내게 될 것이다. 이 점은 다음의 몇 가지로 구분하여 종교중독자들에게 자기 본성의 회복을 시도할 수 있다.

첫째로 안아주기를 통한 자기멸절의 해소이다. 자기멸절은 종교중독자의 공격적인 본능이 발현될 때 초기 단계에서 느끼는 감정이다. 이 감정은 불안이라는 자기멸절의 위협을 초래하여 유아의 공격적 본능이 발현될 때 부모-유아의 초기적 단계에서 느끼는 감정이며, 불안이라는 자기멸절의 위협을 가져온다. 이런 현상은 초기에 엄마로부터 따뜻한 애정을 받는 환경에 놓인 유아는 타고난 잠재력을 생성하여 존재라는 연속성을 부여받는데 그렇지 못할 경우는 존재를 무력화시키고 자기를 멸절시키는 반동이라는 반응(reacting)을 받게 된다는 것이다. 결국 유아는 존재와 자기멸절 중의 하나를 선택하여 기능할 수밖에 없다는 것이다. 이러한 점에서 파괴성의 변형에서 우선시되는 것은 안아주는 환경적 요소로부터 침범을 최소로 줄이는 전능감의 영역으로의 자기 본성을 회복할 수 있다.[38]

환경적 영향에 노출된 유아발달에 있어서 정서적 영향은 엄마와 유아 사이에 대면하는 거울전이를 생각해 볼 수 있다. 유아의 정서발달에 영향을 미치는 초기 단계에서는 엄마와 유아 사이에 공존하는 환경적 공간이 있다. 초기 단계에서 등장하는 환경적 공간에서는 유아는 아직 '나' 라는 주체를 지각하지 못한다. 다만 환경적 영향에 의해 점진적으로 발달해 나간다. 단 유아가 환경적 조건에 따라 개별적으로 다양하게 분리된다는 사실이다. 결국 엄마의 기능을 어떻게 누가 해 주느냐에 따라 유아가 가지고 나아가는 발달과제의 속도

---

38 D. W. Winnicott / 이재훈 역, 『성숙과정과 촉진적 환경』, 66.

와 변화에서 자기 본성의 회복은 엄청나다는 것이다. 우선 환경적 기능에 대한 내용을 위니캇(D. W. Winnicott)은 다음과 같이 말하고 있다.[39]

그것은 안아주기, 아기 다루기, 대상제공 등 환경적 제공에 따라 유아는 개인적 성숙의 발달단계 과정을 이루어 나간다는 것이다. 이 단계에서 유아에게 미치는 성숙이란 정신적 신체적 관계 안에서의 상호 연결과 함께 통합이라는 지각을 서서히 이루어 간다는 점에서 볼 수 있다. 통합이란 아기를 잘 안아주고, 만족스럽게 다루어 주며, 아기의 적당한 전능 경험이 침해되지 않는 방식으로 대상이 제공될 때에 어느 지점에 이르러 아기는 주변을 살피며 자기 자신을 바라보는 것이다. 여기에서 자기 자신이란 엄마가 아기를 바라볼 때 아기가 엄마와의 모습에서 무엇을 보는가 하는 것이다. 즉, 엄마가 아기에게 자신의 기분이나 감정을 투영할 때 아기는 곧바로 방어적 기제를 드러낸다. 이런 점은 아기가 엄마에 대한 두려움으로 인해 엄마를 대면하지만 정작 자신을 보지는 못한다는 점을 뜻한다.

여기에서 아기는 자기 본성의 실패를 서서히 나타내어 어떻게 하면 엄마의 마음을 돌려놓을 수 있을까 하는 환경의 제한을 위해 노력하게 된다. 시각적으로 자신의 욕구를 표현하지 못하고 받아들여지지 못한 부분에 대해 유아는 다른 감각을 통하여 반영하고자 하는 욕구를 표현하게 된다는 것이 자기 본성의 실패라는 점이다. 이때 바라보는 엄마와의 대면은 결코 거울전이가 아닌 지각을 통한 통각적 느낌으로 알 수 있다는 점에서 유아는 모성의 돌봄에 대한 상대적 실패에 자극되어 다양한 엄마의 얼굴을 발견함과 동시에 자발적이고 자율적인 자신이 후퇴하는 퇴행의 지배를 받게 된다는 것이다. 이러한 상대적 모성실패에 대해 위니캇은 아기가 엄마의 마음을 미리 아는 법을 배우게 된다는 경우이다.

---

39 D. W. Winnicott, *Playing and Reality* , 150-151.

"지금 이 순간은 엄마의 기분을 잊어버리고 자발적이 될 수가 있지만, 다음 한 순간에 엄마의 얼굴이 굳어지고, 엄마의 기분이 지배적이 된다면 나의 개인적인 욕구는 후퇴해야지 그렇지 않으면 나의 중심적 자기가 모욕을 받게 된다."[40]

여기에서 나타나는 아기의 심적 변화는 환경적 변화에 따른 스트레스의 변화를 받아들여 스스로 하나의 방어기제를 사용하는데 그것은 철수(withdrawal)하려는 스스로의 마음을 퇴행시키는 것이다. 유아가 이러한 경험을 반복함으로 아기는 거울에서 전이된 마음에 혼돈이 자리잡아 가게 된다. 따라서 아기의 요구에 대해 엄마의 얼굴이 충분히 반영되지 못할 때 아기는 거울로 보여지는 물리적 환경에만 적응되어져서 내면의 충만으로는 작용하지 못하여 본성의 실패를 가져온다는 것이다. 정상적인 발달단계에서 거울전이는 거울을 통하여 자신을 인정해 주고 받아들여 주고 칭찬해 줄 때 내면이 자신감을 가지고 앞으로 나아갈 수 있다는 것이다. 이러한 예는 엄마상이 거울을 통하여 그 안에서 볼 수 있으며 엄마가 자신과 친밀한 상태에 있음을 확인시켜 주고 있기 때문이다.

둘째로 안아주기를 통한 인격분열의 해소이다. 이와 관련하여 멜라니 클라인(Melanie Klein)은 사랑의 본능과 죽음의 본능으로 말미암아 공격 본능이 어떠한 대상에게 투사되어 나타날 때 통합하지 아니하고 분열시킨다면 편집-분열적 자리(paranoid-schizoid position))에 머물러 좋은 것과 나쁜 것을 구분하여 자신 안에서 고립된 상태로 살아간다고 말한다. 그것은 종교 행위 이면에 숨겨진 공격적 무의식으로써 파괴성을 살려 내지 못할 때 나쁜 것들을 향해 "신은 나 또는 우리만을 스스로 선하다고 인정한다" 는 신앙을 갖는다는 것

---

40 D. W. Winnicott, *Playing and Reality,*, 151-152.

이다. 이러한 집단과의 관계 안에서 박해와 편견으로 개인의 이미지를 더욱 부각시킨다는 점이다.[41]

그런 점에서 인간은 본능적으로 대상(유아는 환경과 엄마의 돌봄)과의 관계를 통해서 희로애락(喜怒哀樂)을 맛보며 행복해하고 즐거워하며 관계를 통하여 분노와 미움, 슬픔, 우울의 감정을 느낀다. 대상과의 관계(나와 너, 우리와 그들, 안과 밖, 의식과 무의식의 대극)를 통해서 얻어지는 우리의 감정은 때로는 결함과 손상을 가져와 인격에 큰 외상(trauma)을 만들어 낸다. 이러한 관계는 우리가 가지고 있는 가장 기본적인 정서적 요인인 사랑과 미움이다. 인간은 누군가에게 사랑을 받을 때 원색적 표현도, 도덕적인 법에 저촉하는 행위도 하지 않는다는 사실을 누구나 다 알고 있다. 그러나 사랑에 실패하거나 사랑이 받아들여지지 않을 때 인간은 놀라운 파괴력과 함께 엄청난 공격을 자행한다는 것이다. 그것은 사랑이 받아들여지고 인정받을 때의 개인의 감정은 존재와의 관계에서 이해되고 생각하기 때문이다. 개인의 감정이 수용되고 다른 사람에 의해 존중되어질 때 사람은 본능적으로 살아 있는 자신을 발견한다는 것이다.[42]

셋째로 안아주기를 통한 외상의 치유이다. 인간의 본능은 그것(존재인식)을 언제나 확인하고자 한다. 본능의 발현은 아주 자연스러운 것으로 태어나는 영아기부터 청소년의 시기를 거쳐 성인이 될 때까지 인간은 본능적으로 대상과의 관계를 지속하고자 한다는 것을 알 수 있기 때문이다. 정신분석가들은 말하기를 어렸을 적 돌봄이 충분치 않을 때 유아의 본능적 만족이 채워지지 않을 때 본능적 원형은 숨어서 무의식 저 수면 아래 감추어진 채 언제든 돌발적 관계를 재생하려고 한다는 것이다. 그러나 무엇보다 중요한 것은 본능을 억압

---

41 Ibid., 42-43.

42 Nancy Mc Williams, *Psychoanalytic Diagnosis: Understanding Personality Structure in the Clinical Perspective* (New York: The Guilford Press, 1994), 123-125.

하게 될 때 본능은 병이 들어 존재라는 힘과 함께 연결되고 싶어 하는 욕구로 전치된다는 점에서다. 본능이 지닌 에너지는 궁극적인 방향을 향해 흐를 수 있도록 통로를 열어두어야 하는 요인이기 때문이다.

특히 외상이 발현되는 증상이나 경험은 문화적 영향을 토대로 충돌된다고 볼 수 있는데 그 이유는 문화 안에서 본능은 언제나 충동을 가지고 접근하기 때문이다. 그래서 개인의 차이에 따라 이상 심리학적 증상들이 나타나기도 하며 중독적인 증후를 발견하게 된다는 사실이다.[43] 기독교 전통은 인간 이해에 있어서 많은 말을 한다. 그중에 하나가 인간의 죄성이다. 성경에서 가인과 아벨의 이야기를 종종 접한다. 형 가인이 동생 아벨을 돌로 쳐 죽인 사건을 알고 있다. 제사를 통해 하나님께 인정받고 싶은 두 아들 중 하나님께서는 가인의 제사는 받지 않고 아벨의 제사만 받으신 것을 기억한다. 성경은 아쉽게도 그 이유에 대해서는 자세한 설명이 없다. 단 가인은 인정받은 아벨을 볼 때마다 좌절감이 앞서서 자신의 존재를 파괴로 이끌었다는 것이다. 가인은 다시는 제사를 드리지 않겠다고 한다. 하나님으로부터 거부당한 좌절, 자신의 존재를 기억하고 싶지 않기 때문이다. 정신분석은 인간의 파괴성(박해, 공격)에 대해 인간의 병리에 대해 구체적으로 설명하고 증명해 보이고 있다.

사실 외상적 사건들은 개인이 가지고 있는 관계적인 믿음체계 즉, 심취, 몰입, 집착, 결핍, 욕구라는 본능적 충동 발현 양태가 서서히 그 모습을 드러내어 놀라운 파괴력을 자행하는 공격성을 가지고 접근하기 때문이다. 종교중독이라는 병리적 문제로 발전하는 인간과의 관계에서 드러나는 이러한 외상들은 중독이라는 병증을 만들어내며 또한 약물 중독, 도박 중독, 성 중독, 등 그 외에 숨겨진 대상에까지 매달린다. 대상과의 관계 없이는 살아 있는 자기 자신의 실존의 모습을 확인할 수 없기 때문에 더욱 매달리게 되는 것이다. 대상과의

---

43 Paul Tillich, *The Courage to Be* (New Harven: Yale University, 1952), 35; 김정선, 『외상, 심리치료 그리고 목회신학』(서울: 한국 심리치료 연구소, 2006), 165-168.

참여 없이는 자신이 생존한다는 사실을 추구할 수 없음을 인정하기 때문이다.

이러한 대상과의 추구를 원하는 중독자에게 지구상에 완벽한 인간이란 존재하지 않으며 완벽한 그 어느 누구도 없다는 사실이 중요하다. 완벽할 수 없는 우리는 이러한 관계에서 실패할 때 무엇인가를 찾아 다니며 더욱 갈망하게 된다. 그것이 비록 학대를 가하는 파괴적이며 자극적 경험이라 할지라도 자기 본성에 대한 심리적 결핍을 가할 때 우리는 이러한 관계 안에서 파괴적인 공격성의 변형을 가져오게 되는 것이다.

V. 안아주기와 존재 변형의 회복

파괴적인 공격성은 우리의 심리적 공간 안에서 일어난다. 심리적 공간 안에서의 변형이란 우리와 신과의 관계 안에서 공간으로의 역할을 종교가 담당한다고 할 수 있다. 이러한 심리적 공간은 중독자에게 분열과 박해불안을 최소화하여 자신의 공격성을 이겨낼 수 있을 때 존재 변형의 회복을 시도할 수 있다. 이런 과정에서 자아는 분열된 본능을 통합하여 자기존재의 새로운 이미지를 형성해내기 때문이다. 그러기 위해서는 다음의 안아주는 환경의 전적인 돌봄에 대해서 몇 가지 기술할 수 있다.[44]

첫째, 안아주기를 통한 신과의 관계회복이다. 헤이넨(R. Heynen)은 중독은 타락한 인간이 뿌리내린 신과의 관계를 저버린 죄의 행위로 인한 병리적 인간성의 붕괴라고 지적한다.[45] 이런 점을 통하여 죄로 인한 타락한 인간의 본성은 약한 의지로 인해 악을 행하는데 그 의지는 중독이라는 굴레로 덮어진다는

---

44 이재훈,"우울증과 영성: 심층심리학의 관점에서 보는 우울증과 영성"「한국목회상담협회」(2008). 54-55.

45 W. Rooks and R. Heynen, "Sin and Sickness in Clinical Practice", in *counseling the Human Predicament* (ed. L. Aden and D. G. Benner; Grand Rapids: Baker Book House, 1989), 54.

것이다. 중독은 죄로 인한 증후의 결과로 병독이 개인의 통제력을 상실하고 낮은 자존감을 가져와 정신질환과 함께 우울과 강박 그리고 불안과 편집이라는 증상을 발생하여 역기능적인 가족 체계와 함께 사회적 결함을 낳게 되며 환경적 관계에 적응하지 못하여 심리적 왜곡을 갖게 된다는 것이다.[46]

프로이트(Sigmund Freud)는 인간의 현재의 문제는 과거, 특히 아동기의 부모님과의 관계에서 무의식속에 억압된 가정과 욕구로부터 기인한다고 한다. 구원받고 헌신한 그리스도인이라 할지라도 마음속의 상처가 치유되지 않으면 성격장애(Personality Disorder), 신경증(Neurosis), 정신병(Psychosis), 정신장애(Mental Disorder)를 일으키는 중요한 요인이 된다. 구원이나 헌신이 영적인 영역이라면 상처는 심리의 영역이므로 별개의 것이다. 목회상담에 있어서 돌봄은 영적 관계의 회복에 있어서 감정의 내적 치유가 이루어져야 한다는 것이다. 이처럼 중독이라는 병리적 요소는 대부분 인격의 구조 속에서 해결되지 않은 갈등에 대한 인식으로 무의식적으로 현실과 존재와의 관계에서 겪는 문제인 것이다. 이러한 점에서 신과의 관계회복은 자기긍정의 존재 수행능력의 부정성으로 바라볼 수 있는 병리적 상황이다. 자기긍정 존재의 부정이란 중독의 특성에서 나타나는 병리적 요소로 문제를 인식하지 않고 자기존재를 합리화하여 관계적 모순을 계속 발생시켜 정당화하는 방어기제 사고방식을 행하는 것을 말한다.

둘째, 안아주기를 통한 비존재의 회복이다. 폴 틸리히(Paul Tillich)는 인간의 존재 속에는 항상 비존재가 부정적인 측면을 촉발하여 실존적 불안을 가져온다고 지적한다. 이것은 중독적 체계의 원인이자 심리 사회적 불안의 뿌리가 되면서 서로를 더욱 밀착시켜 만족감을 얻는다.[47] 폴 틸리히는 모든 종교

---

46 김정일, 『아하, 프로이트』(서울: 푸른숲, 1977), 22-23. David A Seamands, 『상한 감정의 치유』(서울: 두란노서원, 1981), 18.

47 P. Tillich, *The Meaning of Health: Essay in Existentialism, Psychoanalysis and Religion,* ed.

의 목표인 구원이란 궁극적으로 치유를 의미한다고 주장한다. 왜냐하면 구원(salvation)이라는 단어는 치료하다, 건강하게 하다라는 의미를 가진 라틴어 salvus에서 나온 말이기 때문이다. 결국 구원의 본래적인 의미는 '완전하게 하다, 튼튼하게 하다' 라는 말인데 틸리히에 의하면 과거에는 같은 의미로 썼으나, 근래에는 구원을 영적인 의미로, 치유를 육체적인 의미로 쓰게 되었다는 것이다. 그러므로 목회자들의 치유적 목회는 구원을 위하여 성도들의 영혼과 몸까지도 관심을 기울여 돌봐야 한다는 것이다.

중독자가 이러한 강화로 만족감을 느낄 때 심리적 불안때문에 자신의 존재를 무기력한 상태로 고립시키며 소외감을 낳게 되는 이유이다. 이러한 비존재는 인간 전체를 위협하며 존재론적 자기긍정은 물론 정신적인 자기 긍정까지도 위협한다. 정신적 자기긍정은 인간이 여러 영역에서 창조적으로 살아가는 순간에 발생한다. 여기에서 말하는 창조적이라는 표현은 천재들이 발휘하는 독창적인 창조성을 의미하는 것이 아닌, 우리의 생활 전체에서 드러나는 일상적인 생활에 반응하며 살아가는 것을 의미한다. 일상적인 생활자체에서의 참여는 우리에게 자발적이며 상호적인 자기긍정을 토대로 변화시키며 정신적인 생활에 참여하고 그 속에 담겨진 내용을 사랑하면서 자기 자신을 사랑하기 때문이다.

> 비존재는 상대적으로 운명에 의해서 절대적으로 죽음에 의해서 사람의 존재적 자기긍정을 위협한다. 그것은 상대적으로 덧없음(emptiness)에 의해서 절대적으로 무의미함에 의해서 사람이 영적 자기긍정을 위협한다.[48]

---

by Perry Le Fevre (Chicago: Exploration Press, 1984), 22.

48 Paul Tillich, *The Courage to Be* (New Harven: Yale University, 1952), 41.

여기에서 소외와 공허함으로 인한 존재는 의미를 상실하고 파괴적인 기능을 갖게 되는 것을 의미한다. 의미 상실에 대한 비존재에 대해 폴 틸리히는 사람이 갖는 실존적 불안이란 매일의 일상생활에서 현실에 대한 위협을 받는 것 자체를 말하는데 이것이 바로 비존재로서 중독에 반응하는 것이기 때문이다.[49] 이와 더불어 롤로 메이(Rollo May)도 인간에게 있어서의 불안은 우리의 삶 전반에 나타나지만 특히 중독적 현상에서는 그 특징이 구체적으로 나타난다고 말한다. 불안이란 우리 삶의 현장에서 일어나는 실존적 현상이기 때문이다. 실존적 불안은 종교적 불안으로 인간의 두 불안보다 훨씬 더 근본적인 위협을 가한다는 점에서그러하다.

이와 관련하여 하워드 클라인벨(H. Clinebell)은 중독에 대한 종교적 접근에 대해서 인간의 실존적 불안은 종교적 불안으로의 위협을 말하는 것으로 신경증적 불안과 역사적인 불안, 실존적 불안에 그 기준이 있다고 한다. 인간에게 실존하는 불안으로 인한 중독적 대치는 인간의 삶에서 나타나지만 중독이라는 심리적 현상에서 더욱 구체적으로 나타난다고 볼 수 있다.[50] 모든 중독이 죄성을 나타내는 것은 아니지만 중독의 역동적 관계 안에서 인간의 죄성이 밀접한 역동적 상관관계를 가지고 있기에 의미가 있는 것이다. 죄로 인한 결함, 즉 인간의 부적절성의 회유 이전에 중독으로 인한 왜곡된 정서는 죄로 인한 타락한 의지의 결과로서의 영향이기에 인간을 유혹하고 파괴하게 된다고 보는 것이다. 제랄드 메이(Gerald G. May)는 이런 의미에서 진정한 회복은 회개와 겸손함에서 오는 은혜로서의 존재 변형에 무게를 둔다.[51]

---

49 Paul Tillich, "Paul Tillich in Conversation on Psychology and Theology" in *The Meaning of Health* (Chicago: Exploration Press, 1984), 205.

50 Howard Clinebell, *Understanding and Counseling Persons with Alcohol, Drug, and Behavioral Addictions* (Nashville: Abingdon Press, 1989), 264-267; Rollo May, *The Meaning of Anxiety* (New York: W. W. Norton, 1977), 207.

51 Gerald G. May, "*The Nature of Addiction*", Thy Way, Vol. 40(4) (Oct, 2000), 304-305;

셋째, 안아주기를 통한 자존감의 회복이다. 제럴드 메이는 중독이란 신의 은혜 안에서 자비를 베풀 때 가능하다고 말하는데 이는 중독의 원인이 죄라고 말할 때 인식하기 힘든 부분이 있다고 한다. 중독이라는 결핍은 심리적 무기력과 통제 능력의 결함, 역기능적인 가족체계의 결함에서 오는 중독적 영적 속성이 있는데 이를 인정하지 않기 때문이다. 이러한 부분에서 중독은 인간의 정신적 측면을 손상시키는 심리적인 불안과 함께 두려움을 나타내고 자신의 자존감을 더욱 박탈하기에 영적인 측면과 관계가 있다고 보는 것이다. 영적인 관점에서 힐트너(Seward Hiltner)는 죄라는 속성은 결코 혼자서 고립된 행동들에 의하여 드러나지 않고 여러 형태들과 어우러져 준비되어 나타난다고 한다. 기질적 소양을 갖춘 죄의 속성은 처음에는 무척 친절하게, 그리고 관심의 여부를 가진 호기심으로 시작하여 점점 습관적 행동으로 나타나는 파괴력으로 중독의 속성을 드러내기 때문이다.[52] 그는 죄에 대한 가장 큰 요인은 고립과 소외(estrangement)이며 여기에 동반하는 관계성과 결핍에 무게를 둔다. 죄는 근본적으로 종교적 개념이지만 중독은 치료적 개념이라는 점에서 중독이 가지고 있는 본질적인 이해는 죄로 인한 관계의 파괴, 즉 고립을 이끌고 신과의 관계를 와해시키는 것이다. 인간과의 관계는 물론 신과의 관계에서도 신이 아닌 다른 물질을 더 우상화하고 절대시하는 심리가 작용한다는 점이다.

이때 인간과의 관계는 물론 신과의 관계에서도 신이 아닌 다른 물질을 더 우상화하고 절대시하는 심리가 작용한다는 점이 문제이다.[53] 이는 존재의 회복을 위해서 목회자와 상담자의 안아주기가 그들에게 시도되어야 할 이유이

Gerald G. May, *Addiction and Grace,* 119.

52 Comelius Plantinga, Jr, "Sin and Addiction", *in Limning the Psyche* (ed. R. C. Roberts and M. R. Talbor Grand Rapida: Eerdmans, 1997), 245; S. Hiltner, "Sin: Theological and Psychological Perspectives", *in Counseling and the Human Predicament*, 28.

53 Linda A. Mercadante, *Victims and Sinners* (Louisville: Westminster John Knox Press, 1966), 39.

다. 이런 시도에 어려움이 따르는 것은 그들이 갖고 있는 올바른 신관(神觀) 대신에 자신의 내면에 가지고 있는 애착의 대상들을 통하여 공허함을 충족시키려 하는 데에 있다. 이것이 그들에게 올바른 신앙생활이 요청되는 이유이다. 더욱이 그들에게 종교행위로 나타나는 실존적 불안은 자신의 상실을 의미하며, 이는 곧 그들의 심리적인 불안을 강화시키는 무의식의 힘을 작용시킨다. 그런 점에서 종교중독자에 대하여 목회자와 상담자는 안아주기를 시도하여 존재 회복에 바탕을 두고 노력해 나갈 때 긍정적으로 변화되는 치유를 경험하게 될 것이다.

이상에서 종교중독의 치유가 어려운 것은 하나님 대신 자기가 가지고 있는 애착의 대상들을 통하여 자신의 공허함을 충족시키려 하는 데에 있다. 인간은 신의 형상대로 지음 받은 존재이기에 종교중독에서 보여지는 신앙생활은 매우 중요하다. 실제로 종교 행위로 나타나는 실존적 불안은 자신의 상실을 의미하며 이는 곧 불안을 강화시키는 무의식적의 힘의 작용이다. 그런 점에서 종교중독은 존재 회복에 바탕을 두고 안아주는 돌봄을 통하여 존재 변형과 치유의 근본이 된다는 것이다.

제 15 장

중간대상의 경험을 통한 대치와 회피의 회복

종교중독은 불안으로 인한 현실적 도피의 과정에서 나타나는 심리내면의 문제로 볼 수 있다. 그것은 무엇인가에 매달리거나 사로잡혀 심리적 에너지를 투입하여 영적 집착을 나타내는 대치와 회피로서 현상이 나타나기 때문이다. 이런 점에서 상담적인 대안으로 위니캇의 안아주는 다음 발달단계인 '중간대상과의 관계적 회복'이 중요시된다. 중간대상에서 제공받는 좋은 환경 경험의 발달은 자아의 기능에 힘을 주는 만족스런 적응 능력을 제공하기 때문이다. 이런 점을 고려하여 우리는 다음의 몇 가지 방법으로 종교 중독자의 대치와 회피의 문제를 해결하고자 한다.

I. 중간대상과 중간경험의 이론적 원리

종교중독에서 나타나는 대치와 회피는 어떠한 대상에 심취하여 활동하는 것으로 자신의 종교적 행위에 만족해하면서 그 속에 빠져드는 딜레마를 발견하지 못하는 경우이다. 종교중독에서 나타나는 문제는 항상성(Homeostasis)을 유지하고자 하는 중독자의 속성과 밀접한 관련이 있다.

항상성이란 유기체가 안정되고 평형인 상태를 유지하려는 성향을 말하는데, 유기체에 외부적인 물질의 침입이나 내부의 작용으로 균형 상태가 깨지면 유기체는 그 상태에 적응하지 못하고 위험신호를 보내며 최초의 균형 상태로 돌아가려고 한다. 그러나 그 상태가 일정기간 지속되면 유기체는 곧 적응하게 되고 이를 받아들여 그 상태가 지속되기를 바란다. 이러한 항상성은 중독의 주요한 특징이다. 중독이란 어떠한 대상에 사로잡혀 자신의 의지와는 별개로 특정 대상에 스스로 일정한 상태를 유지하려고 하기 때문이다.

이러한 점은 중독자가 어렸을 적 경험한 대상 상실에 따른 역기능적인 관계로 유추할 수 있다. 종교중독의 심리 내면은 드러나는 증상보다는 내면에 수용되지 못한 억압으로 정서적 감정에 매여 현실에서 도피하고자 하는 책임회피의 문제이다.[54] 중독자는 자신에게 정말로 문제가 있다는 사실을 잘 알고 있다. 단지 진실을 숨기는 데 실패할 뿐이다. 이들이 쓰는 방어기제들은 계속되며 자신에게 숨기는 것이 더 이상 소용이 없다는 사실을 알 때 다른 사람들에게도 숨기는 것이 중요해지면서 진실을 계속 회피한다.

이런 관점에서 볼 때 위니캇에게 중간대상(transitional object)이라는 개념은 내적이면서 환상, 상상력에 근거한 대상 이미지가 외적 세계와 어떻게 연결되어 있는지를 만들어 낸 대상이다.[55] 특히 중간경험에서 말하는 내면세계와 외부세계는 서로 분리되어 있으면서도 연관되어 있다는 점에서 이 영역은 어느 세계에 의해서도 도전받지 않는다. 다시 말하면 아직 분리되지 않은 내부와 외부를 유지해야 하는 인간의 휴식과, 안식의 공간이 된다는 점에서 내부에 있는 실재(reality)와 외부의 삶 모두에 기여하는 영역이다. 그러면 이 영역은 어머니와 유아 사이에 상호 작용하며 형성되기 시작하는 잠재적인 공간이기도 하다.[56]

위니캇은 잠재공간, 즉 심리적인 공간에 대하여 중요하게 생각하였는데, 이 심리적인 공간은 주관성과 객관성이 결합되는 과정, 즉 내부적인 것도 외부적인 것도 아닌 공간이다. 그리고 이러한 공간이 놀이를 통해서 가능해진다는 생각이었다. 내부 세계에서 일어나는 투사를 돕기 위해 외부의 대상을 사용한다는 점에서 놀이야말로 내부와 외부 사이에 심리적 공간을 만든다는 것이다.

이상 위니캇의 이론에서 우리는 잠재적인 공간, 즉 심리적인 공간의 충족의 중요성을 발견하게 된다. 잠재적인 공간이 심리적으로 충족되지 않으면 인격형성에 문제가 발생한다는 시각에서다. 그것이 바로 오늘날 종교중독자의 현

---

54 Gerald G. May, *Addiction & Grace,* 45-46.

55 Charles V. Gerkin / 안석모 역, 『살아있는 인간문서』, 105-106.

56 D. W. Winnicott, *Playing and Reality,* 89-97.

실 도피로 인한 대치와 회피로 나타나는 문제의 원인이기도 하다. 여기서 대치(displacement)는 자신이 받아들이기 어려운 감정이나 생각을 다른 곳으로 돌리는 과정이다. 가령 화가 나서 길을 가다 길가의 돌멩이를 걷어차서 화풀이를 하는 것도 자신의 화가 난 감정을 돌멩이에게 이동시킴으로서 자신의 심리적 안정을 유지하려는 것이다. 우리 속담에 "종로에서 뺨 맞고 한강 가서 눈 흘긴다" 는 대치의 기제를 말한다. 회피(escape)는 위험한 상황이나 대상으로부터 안전한 거리를 유지하는 것이다.[57] 이 중간대상에 대한 경험이 긍정적일 때 중독자는 정신에너지를 축적하여 중독자의 현실에 적응하지만, 부정적일 경우 그에 대한 정신에너지는 고갈되고 적응력이 떨어지는 경우를 볼 수 있다. 이것은 중간대상에 대한 경험의 원리는 중독자의 부정적인 정서의 해소를 통하여 적응력을 높이려는 데에 있다. 정신분석 영역 안에서 수용되는 공격적 욕동은 파괴되지 않고 살아남아 사용할 수 있는 대상관계의 성숙한 발달단계를 의미하기 때문이다. 중독자의 적응력을 높이는 문제는 결과적으로 그들의 자존감을 향상시켜 보다 나은 사회적인 능력을 발휘하는 것과 관련된다.

종교중독자의 이런 문제는 공교롭게도 위니캇의 중간 대상과 중간 경험의 원리와 맥을 같이한다.[58] 여기에 위니캇의 중간 현상은 소리-유아의 옹알이나 잠들 때 흥얼거리기 또는 전적으로 외부 현실에 속하는 것으로 인식되지 않은 물건들을 포함한다. 원애정 대상으로부터 리비도가 전치됨으로써 이런 소리나 물건들은 이후 삶에서 과잉 집중되고 과잉 상징화된 어머니의 대리물로써 기능한다. 이것들은 자기 충족성의 느낌을 제공해주고 대상 상실에 대한 불안과 유기 불안을 막아 준다. 이것은 사랑과 위로와 안정을 주는 어머니의 환상을 보존함으로써 대상관계의 딜레마를 해결하려는 자아의 시도를 가리킨다.

---

57 대한신경정신의학회 『신경정신의학』, 75.

58 미국정신분석학회 편 / 이재훈 외 역, 『정신분석 용어사전』, 319-326.

중간현상이라는 개념은 내적이면서 환상과 상상력에 근거한 대상 이미지가 외적 세계와 어떻게 연결되어 있는지를 만들어 낸 것이 바로 중간대상이다.[59] 유아에게 최적의 편안함과 위안을 주는 엄마는 안아주는 환경을 제공해준다. 또한 좋은 엄마의 영향력은 차츰 감소하면서 아동 스스로 전능감을 상실하지만 그 대신 모험심을 얻게 되고 대상 세계에 대해 분화된 공격성을 사용하는 능력을 획득하는 것이다. 그런 점에서 중간대상은 내면세계와 외부세계 사이의 매개체의 역할을 하는 대상이라고 할 수 있다. 이런 것은 발달적 맥락에서 중독자들에게 중요한 경험이며, 중독자들이 삶을 살아가는 왜곡된 의지나 생각의 경험 등을 변화하게 해주는 측면과도 관련이 있다.

이를 종합하면 위니캇의 중간대상에 대한 경험은 결국 사회성 문제와 관련되는 것을 볼 수 있다. 이와 관련하여 우리는 종교중독자의 상호작용의 문제를 간과할 수 없다. 인간관계의 형성은 사회성 발달과 함께 중독자의 인식, 정서, 사고, 생각에 중요한 영향을 끼치기 때문이다. 다시 말하면 그들 스스로를 먼저 수용하고 타인으로부터 인정을 받는 데 결정적 역할을 하게 만드는 측면도 있다는 것이다. 이로 인해서 종교중독자들은 타인과의 관계를 맺는 데 있어 자율적인 의사결정과 함께 견고한 탄력성을 얻게 될 것이다.

II. 중간대상과 중간경험에서 목회신학의 적용성

위니캇의 중간대상(transitional object) 개념은 내적으로 환상, 상상력에 근거한 대상 이미지가 외적 세계와 어떻게 연결되어 있는지를 만들어 낸 것이 바로 중간대상이라고 했다.[60] 중간대상은 내면 세계와 외부 세계 사이의 매개체

59 Ibid., 328.

60 Charles V. Gerkin / 안석모 역, 『살아있는 인간문서』, 105-106.

의 역할을 하는 대상이라고 할 수 있다. 유아는 이런 중간대상의 경험을 통하여 인격을 원만하게 형성해 나간다고 보는 것이다.

종교중독자의 경우 어린 시절에 심리적인 결핍이 발생한 것은 이런 중간대상의 경험에서 그 원인을 찾는다. 중간대상에 대한 경험이 반드시 충족되어야만 치료가 가능하다는 것이 위니캇의 입장이다. 이런 점에서 우리는 중간대상의 경험을 위해 목회적인 돌봄을 그들에게 시도할 수 있다. 목회적인 돌봄은 목회자가 영적인 모성애를 발휘하는 특성이 있기 때문이다. 목회적 돌봄은 온전한 할 수 있도록 돕는 기능의 역할로 상처받은 인간들을 치료하는 내용을 포함하기 때문이다. 목회라는 말은 가르치고 먹이는 목양의 관계를 생각할 수 있으며 목자나 목회자가 하는 일을 목회적이라고 표현할 수 있다. 목회적이라는 말은 희랍말의 '포이멘'(poimen)에서 나온 말로 어원은 양떼를 먹이고 입히고 돌본다는 동사(動詞)에서 유래한 말임을 알 수 있다.[61] 목회적 돌봄은 공감에 근거하여 잘 듣고 받아 주는 경청에 그 가치를 둔다고 할 수 있다. 돌봄에 있어서 배려하고 받아 주는(intake) 것은 타인의 자아를 이해하고 그 사람의 공통점과 차이점을 탐색하는 능력이 중요하기 때문이다. 정신분석에서는 과거의 어떤 부분이 억압되었는지에 대해 잘 듣고 기억하여 아픔과 직면할 때 회복의 기능을 발휘할 수 있다.

그런 의미에서 목회적 돌봄에 있어서 두 가지 견해로는 첫 번째로는 근심(anxiety)의 개념을 가지고 있으며 두 번째로는 배려(solicitude)라는 개념을 포함한다.[62] 돌본다는 것은 걱정하고 근심하고 슬퍼하는 것으로 자기 자신보다는 남을 위하는 입장에서 걱정하고 배려하고 사랑하는 것이다. 삶 그 자체로 상대를 이해하고 인정해야 한다고 한 하이데거(Martin Heideger)는 돌봄의 의

---

61 Seward Hiltner / 민경배 역, 『목회신학원론』, 13-14.

62 John Patton / 장성식 역,『목회적 돌봄과 상황』, 33.

미를 우리의 일상적 생활에서 느끼는 근심으로서 타인을 위하여 힘을 쓰는 심적 배려가 동반된 돌봄이라고 한다.[63] 즉 돌봄이란 인간이 현존하는 실존에 있어서의 해석이라는 것이다. 그것은 인간을 인간으로서 발전하게 하는 인간성을 의미한다. 폴 틸리히도 돌봄이란 존재 안에 표현되는 무의식이라고 했다. 돌봄은 인간관계에 있어서 신학적으로 철학적으로 윤리학적 관점에서 인간이 되는 과정과 중요한 관련을 가지고 있다는 점이다. 존 패튼(John Patton)은 인간 생활에 있어서 돌봄의 중요성은 아무리 강조해도 지나치지 않다고 지적한다. 돌봄이란 우리의 인생에서 경험한 최초의 느낌으로 중요한 사람이 우리를 돌봐 주는가의 여부와 관련이 있다.

이와 같이 돌봄이란 기억함을 의미한다. 다시 말하면 상대방을 마음속에 간직하는 것이다. 기억(memory)이라는 단어는 돌봄, 배려, 근심, 슬픔을 뜻하는 희랍어 merimna와 같은 어원을 갖는다는 사실로서 받아들인다. 기억함은 우리가 기억하고 있는 것을 다시 강화하고 기념함으로 돌보는(caring) 것이다.[64] 기억하고 돌보는 공동체의 사역은 그것을 충분한 관계로 이끌어 가는 기억에 있다는 것이다. 기억은 과거의 것을 기억하는 것만이 아니라 현재 속에서 활동하는 것을 보여줌(re-presenting)으로써 종교중독자의 과거와 현재 미래를 하나로 만들어 가는 중간경험이 되기 때문이다. 공동체적 상황에서 중요한 것은 목회적 돌봄의 개별적 행위자가 아니라 공동체에 의해 돌봄이라는 사실에 능력이 있다는 것이다.

이런 맥락에서 시워드 힐트너(Seward Hiltner)는 목회적 차원에서 돌봄을 어떤 방향이나 스케줄에 있어서 손상을 입었던 기능적인 완전성을 다시 치료

---

63 Martin Heidegger, *Being and Time* trans. John Macquarrie and Edward Robinson (New York: Harper, 1967), 78.

64 Edward S. Casey, Remembering: A Phenomenological Study (Bloomington, Ind: Indiana University Press, 1987), 273-274; John Patton/장성식 역,『목회적 돌봄과 상황』, 59-60.

로써회복하는 것이라고 한다. 그는 치료를 재생성의 의미로 말하고 있으며 이는 원래의 상태가 왜곡 와해되었을 때 다시 회복되는 것으로, 원상에로의 복귀는 어려우나 기능의 상태가 작용한다는 점에서 온전한 회복을 의미한다.[65] 힐트너는 치료라는 말은 생성(生成)이 결국 재생성과 같다는 뜻을 내포하고 있다고 한다. 신체기능이 온전하다는 것은 우선 전체적으로 기능을 발휘하는 유기체의 견지에서 관찰하는 것으로 전체 유기체를 원만하게 작용할 수 있도록 하는 원칙에서의 출발한다. 치료에 있어서의 원상복귀는 실질상의 비유(본다느니 못 본다느니 하는)가 아닌 원상복귀를 어떤 방향으로 설정할 것인가에 대한 모델로 세상을 보게 하는 결정적인 과정이 어떻게 생겨났는지 밝힌다는 의미에서 치료를 생각해 야 한다고 말한다(가령 전에 있었던 무엇을 생각하지 말고 그 맹목을 유지시켜 온 결정적인 과정이 무엇인가 하는 것을 살펴보자는 말이다). 유기체적 기능에서 바라볼 때 전체 몸의 기능적 역할은 회복이란 관점으로 바라볼 수 있다는 것이다.

중독자는 목회적 돌봄을 통하여 대상과의 직, 간접적인 효과를 경험할 수 있다.[66] 중간대상은 유아가 갖는 최초의 소유물로서, 스트레스 상황이나 잠자러 갈 때 또는 일차적 애정 대상으로부터 감정적으로 분리해 가는 과정에서 사용하는 부드러운 담요나 장난감 등의 물건을 가리킨다. 중간대상은 종종 어머니를 생각나게 하는 고유한 냄새와 느낌을 갖는다. 이것은 엄마가 옆에 없을 때 위로해주고 달래 주는 엄마에 대한 환각을 유지시켜 준다. 또한 이것은 걸음마 아동에게 더 큰 자율성을 준다. 엄마는 자신의 통제 아래 있지 않지만 중간대상은 자신의 통제 아래 있기 때문이다. 이런 목회적인 돌봄에서도 이들에게 전제로 나타나는 것을 간과하지 말아야 하는 것은 물론이다. 종교중독

---

65 Seward Hiltner / 민경배 역, 『목회신학원론』(서울: 대한기독교서회, 1992), 117-120.

66 미국정신분석학회 편 / 이재훈 외 역, 『정신분석 용어사전』, 325.

은 현실에서 이루지 못한 성공욕구, 인정욕구, 행복욕구를 자신의 존재와 신념이라는 공식 위에 올려놓고 이것이 진짜인 것처럼 행동하는 신과의 망상적 발로의 면이 있기 때문이다. 이것은 그들이 자신의 종교적 행위나 노력을 가장 우상시하는 위치를 차지하는 점에서 위험하다.[67]

이로 인해 그들은 현실의 도피와 회피를 시도하는 것이다. 이런 점에서 우리는 특히 중독자의 현실도피에 관심을 기울여야 한다. 현실도피는 종교중독자에게 사회적인 책임과 고통을 회피하고 기분을 전환하려는 편향적 고립감을 가져오며 종교라는 대상을 예속시켜 대치하는 경험을 가져오기 때문이다. 종교중독의 핵심은 '삶의 고통으로부터 회피'에 있다고 말한다. 이들이 '회피하고자 하는 대상이란 삶의 고통과 견디기 힘든 정서다' 라고 말한다. 결국 종교중독자들은 과거, 현재, 미래와 직면하는 것을 공포로 여겨 도피처를 찾는 것으로 어떠한 진실에서 탈출하려는 것이다. 무엇보다도 중독자 스스로 고통스런 현실과 감정을 회피하려고 할 때 탈출의 수단으로 종교를 대치함으로써 중독자에게 궁핍을 보상해 주는 정신적 또는 정서적 이미지를 제공하는 측면이 있다.[68]

이런 시각에서 목회적인 돌봄으로 중독자의 존재 가치회복과 하나님과의 관계증진에 변화를 일으키는 심리적 공간의 경험이 중요하다. 그것은 목회적인 돌봄을 통하여 중독자의 아픈 마음을 들어 주고 분별하는 인식이 가능하기 때문이다. 실제로 종교중독은 관계현상이라는 영역의 중심적인 문제들이고, 또한 이러한 문제들은 과거 어린 시절에 도움받았던 돌봄의 관계를 통해서 투사되는 특징들이기도 하다. 이런 것은 목회적 돌봄 과정에서의 중독자의 고

---

67 Mark Lasser, *Faithful & True* (Grand Rapids: Zondervan, 1996)), 166.

68 Patricia Anne. Vanderheyden, "Religious Addiction: The Subtle Destruction of the Soul," *Pastoral Psychology* Vol. 47(1999), 296-297; Father Leo. Booth, *When God Becomes a Drug: Understanding Religious Addiction & Religious Abuse,* 26-27.

립감을 회복하는 부분이며 영적 특징을 식별하는 돌봄의 적용을 가능하게 만든다.[69] 충분히 좋지 않은 돌봄으로 인해 중간대상이 강제성을 띠게 될 때 그것은 주물(fetishistic)의 특질을 갖는다. 이때 중간대상은 더 이상 건강과 발달을 촉진하지 못하며 자아, 자기, 또는 신체 이미지에 덧붙여진 "누더기 조각"이 된다. 이것은 다른 것이 아니라 목회적인 돌봄의 경험을 통하여 그들이 중간대상의 경험을 올바로 하여 결여된 부분을 충족하는 것이다.

III. 중간대상과 중간경험을 통한 대인관계의 적응력 향상

우리는 종교중독자들에게서 나타나는 사회성 문제에 대해서 전술했다. 그들에게서 나타나는 문제들 중에서도 대치와 회피가 결국은 사회성 문제에 기인된다는 점을 고찰한 것이다. 이는 그들에게서 대인관계의 향상이 중요시됨을 의미한다. 중독이 파괴적인 것은 인격의 소멸로 타인들과의 올바른 관계와 의사소통을 맺지 못하고 사회에 제대로 적응하지 못하여 삶 전체가 무기력하게 된다는데 있다.[70]

그렇다면 우리는 어떻게 해야 종교중독자들의 대인관계 적응력을 높일 수 있는가에 대해서 집중해야 한다. 위니캇은 엄마와의 초기 관계에서 어려움을 겪었던 환자를 대상으로 주로 유아 발달 이론을 발전시켰다. 그는 분석적 치료가 발생하기 전에 해석보다는 안정된 정서적 "안아주기"를 필요로 했다. 이것은 초기 아동 발달에서 실제 어머니가 갖는 중요성에 대한 그의 신념을 강화시켜 엄마의 마음 상태로부터 시작했다. 아동의 전능 환상을 처음에는 어머니가 완벽하게 적응해 준 후에 차츰 조금씩 실패해 주는 과정을 강조하는 단

69 미국정신분석학회 편 / 이재훈 외 역, 『정신분석 용어사전』, 326-327;

70 김성민, 『생명의 의미와 새로운 그리스도』, 229.

계이다. 이는 어려움이 있기는 하지만, 그다지 부정적이지는 않다고 보아야 한다. 대인관계를 통하여 충분한 돌봄을 받으면 그들의 문제적인 정서는 상당히 변화될 수 있기 때문이다. 실제로 종교중독자는 대인관계 안에서 밀접한 연관성을 가지고 대상과의 좋은 경험을 통해 향상될 수 있는데, 이는 종교생활을 통해 만남이 가능해진 종교중독자의 장점이기도 하다. 더욱이 그것은 단순한 만남을 통한 관계형성뿐 아니라 목회적인 돌봄을 통한 환경적 제공이 돌봄의 효과를 발휘할 수 있기 때문이다. 이런 돌봄은 중독자에게 여러 가지 자질을 전제로 하고 있다.

일반적으로 종교중독자들은 어린 시절 부모와의 관계를 통하여 충돌을 일으킨 경험을 갖고 있다. 이런 점을 고려하여 종교 중독은 그들 관계에 대한 적응력을 향상시키기 위해 의식적인 행위와 교리에 몰두하여 정신적 만남을 회피하는 관계적 내용을 다루어야 한다. 이런 과정에서 특히 그들의 대인관계에 대한 적응력의 향상은 삶의 고통으로부터의 회피라는 점에서 바라보아야 한다. 중독자들이 회피하고자 하는 대상은 삶의 고통과 정서라는 무게가 그 요인이 되기 때문이다. 그들은 대상에게 표현하지 못한 경험으로 인하여 다른 대상, 즉 종교라는 대상으로 대치하여 자신의 감정을 회피하기 위해 종교에 탐닉하는 경우다. 위니캇은 종교중독자가 겪는 아픔과 고통, 사랑받지 못하고 인정받지 못한 대상, 상실의 부재를 중간대상으로 변형하고, 중간경험은 중독자가 현실로부터의 고립이라는 의미에서 위니캇의 중간현상으로 접근할 수 있다고 본다. 왜냐하면 중독자의 어린 시절 모성결핍으로 인한 욕구와 억압이 결국은 대상 경험에 실패로서, 개인의 적응능력이란 본능의 만족과 욕동의 중립의 억압을 그 원인으로 보기 때문이다.

또한 신과의 교제를 통해 일어날 일들을 무척 두려워한다는 점에서 이들의 행위가 자신들의 고통을 경감시키고 사라지게 하는 왜곡된 신념으로서의 도피적 욕구를 탐색해야 한다. 왜곡된 신조로 자리 잡은 감정적 에너지는 도피 행위로 그 대가를 치르는 결과를 가져오는데 이는 무의식 안에 감추어 두었던 감정이 표면으로 드러나 고통과 혼란을 두려움의 감정으로 대치할 수 있기 때문이다. 이러한 중독 행위는 더 은밀해져서 사람들로부터 고립되어 가고 자기 소외감을 느껴 의식적으로 숨기게 된다.[71] 중독자가 감정의 속임수를 극복하겠다고 결심하는 순간 극심한 공포와 수치심이 엄습하기 때문이다.

실제로 정신분석학에서는 대상 추구 본능을 가지고 있는 존재 기능에 대한 긍정적 수용이 필요함을 강조한다. 인간의 욕구가 파괴되고 좌절될 때 인간의 심층 심리 내면에 존재하는 병리적 요소들의 병인은 무의식 안에 공격성으로 가득차서 무서운 파괴력을 갖게 되기 때문이다. 이러한 파괴력은 단순히 외적으로 사람의 소유를 빼앗거나 공격한다는 정도가 아니라 사람의 존재를 파괴시킨다는 맥락에서 보아야 한다. 종교중독으로 인해 파괴되는 관계 적응력을 향상시키는 관계적 내용을 다루어야 하는 것이다.[72]

그러나 그들에게 나타나는 공격성은 전적으로 파괴적이고 이기적인 행위임을 의미하지는 않는다. 그 이유는 절망이나 분노가 부정적인 태도가 아니라 긍정적으로 수용되고 받아들여질 때 인간 본래의 선함을 되찾을 수 있기 때문이다.[73] 신의 형상을 입은 우리는 선함에 대한 갈망으로 인해 좌절과 공허함을 맛보면서 신에게 인정받고자 하는 사랑의 마음을 가지고 있다는 의미에서 이다. 좌절감은 모든 이들이 다 선한 것을 가지고 있는데 자기만 없는 것으로 느끼는 감정이다. 저자는 좌절의 감정을 사랑의 에너지로 보고, 사랑에 대한

---

71 Gerald G. May, *Addiction and Grace,* 45-47.

72 Father Leo. Booth, *When God Becomes a Drug: Understanding Religious Addiction & Religious Abuse,* 152-153.

73 Ann. Belford. Ulanov / 이재훈 역, 『일반상담과 목회상담: 위니캇과 영성』, 500-503; Ann. Belford. Ulanov / 이재훈 역, 『신데렐라와 그 자매들: 인간의 시기심』(서울: 한국심리치료연구소, 1999), 30; Ann. Belford. Ulanov / 이재훈 역, 『일반상담과 목회상담: 위니캇과 영성』, 501.

존재 인정이 박탈될 때 사랑에 대한 상실감은 파괴적인 공격성으로, 타인에게 상처를 준 죄책감으로, 죄책감은 회복하고자 하는 영혼의 치유의 바탕이 될 수 있다고 본다. 사랑에 대한 거절은 수치심과 분노로 이어져 자신을 회복하고자 하는 어떤 대상에로의 관계를 시작하려고 하는 것이 정신분석학에서 바라보는 관점이기 때문이다.

이처럼 우리는 위니캇의 중간대상과 중간경험의 원리를 목회 신학적으로 적용하여 종교 중독에 있어서 대치와 회피의 문제를 회복하고자 시도했다. 목회 신학 돌봄이라는 특성을 통해 종교중독자에게 중간대상과 중간경험의 적용은 가능하다. 중독자의 대인관계 적응력 향상을 통하여 대치와 회피를 회복하는 결과가 되었기 때문이다. 위니캇이 말하는 심리적 공간 안에서 발생하는 공간적 개념은 앞으로 나아갈 수 있도록 돕는 긍정적 수용에 강조점을 두고 있다. 이는 그들이 정상적인 종교생활을 통하여 사회생활에서 문제로 나타난 대인관계 능력이 향상되도록 만드는 것이다.

제 16 장

건강한 참자기를 통한 포장과 가식의 해소

종교중독자에게 건강한 자기(自己, Self)의 형성과정은 종교중독에서 나타나는 포장과 가식에 관련된 문제로 볼 수 있다. 그것은 건강하고 균형 있는 자기존재를 이루어 가는 내적인 관계상실로서 포장과 가식의 문제로 나타나기 때문이다. 이런 점을 기초로 우리는 위니캇의 이론이 갖는 참자기로서의 건강한 자기의 형성과정이 중요하다는 것을 알 수 있다. 실제로 건강한 자기는 다른 사람과의 상호관계를 통하여 자신의 감정과 생각을 가지고 진정한 삶을 살 수 있으며 온전한 자기로서 기능하기 때문이다. 우리는 위니캇의 건강한 자기존재 형성의 이론으로 종교중독의 포장과 가식의 문제를 해소하고자 한다.

I. 건강한 참자기의 향상을 통한 포장과 가식의 해소

종교중독자의 자기는 종교중독의 문제와 밀접한 연관성이 있다고 보아야 한다. 종교중독자의 자기가 지니는 특성은 본래의 나로서 존재하기보다는 다른 사람에게 보이려는 나를 더 부각시키기 때문이다. 내가 아닌 다른 사람의 위치와 특성에 맞추는 생활은 외부생활에 적응하기 위한 수단으로도 볼 수 있다. 이런 적응에서의 문제는 그들의 정서의 재료가 되는 공포와 수치심이 불안으로 엄습하는 데 있다.[74]

자기의 향상은 위니캇(D. W. Winnicott)의 참자기에 관한 이론의 적용으로 종교중독자의 포장과 가식의 해소가 가능해진다. 물론 종교중독자에게 자기의 향상은 그리 쉬운 것은 아니다. 중독자가 개별화된 존재로 향상되어가는 과정은 상당한 인격의 통합을 지향하기 때문이다. 이런 점에서 위니캇의 참 자기로서의 삶은 험난하나, 이런 과정을 통해서 자신의 포장과 가식이 해소되고 종교중독자의 부정적인 결핍이 해소될 때 건강한 자기를 형성할 수 있기 때문

74 Father Leo. Booth, *When God Becomes a Drug: Understanding Religious Addiction & Religious Abuse,* 150-152.

이다. 이것이 건강한 참자기의 형성이 중요한 이유이다.

그러면 건강한 참자기의 형성은 어떻게 가능한가? 위니캇에 의하면 다음의 몇 가지 요소가 포함된다.[75] 그것은 개인이 말하기를 인간은 누구나 태어날 때 참 자기의 요소를 가지고 태어난다고 한다. 그것은 누구도 흉내낼 수 없는 자신만의 고유한 창조성을 특징으로 갖고 있으며 잠재력의 형태로 존재한다는 것이다. 이런 점은 종교중독자의 왜곡적 부정성의 문제를 일상생활에 적용할 때 포장과 가식이 해소된다는 것을 의미하는 것이기도 하다.

이와 관련하여 종교중독자의 포장과 가식의 문제는 일상생활을 하면서 만나게 되는 여러 환경을 충분히 좋은 환경으로 변화시키거나 수용해야 한다는 것이다. 일상생활에서 충분히 좋은 환경은 종교중독자에게 인격 안에 존재의 자리를 잡게 해주며 내면에 폐쇄된 마음과 의심을 버리게 하기 때문이다.

II. 긍정적인 신앙을 통한 포장과 가식의 해소

종교중독자에게 건강한 참자기는 중독자의 존재 형성에 긍정적으로 작용할 것을 기대할 수 있다. 건강하고 창조적인 참자기는 긍정적인 신앙생활의 향상을 가져올 수 있기 때문이다. 이런 경우에 긍정적인 신앙은 종교중독자의 정서에서 긍정적인 자기로서의 존재를 인식하고 수용할 때 포장과 가식의 문제를 다룰 수 있다. 이것이 가능하기 위해서는 중독자의 부정적인 가치를 버리고 긍정적인 자기존중을 학습해야 한다.

에릭슨(Erik H Erikson)은 종교가 가지는 부정적 요소란 개인의 주 기능인 본능 에너지가 승화하지 못한 데에 있다고 한다. 다시 말해서 독립적인 자기로서의 중심의 핵을 개별화된 존재로 통합해 내지 못한 성숙의 과정으로 본

75 이재훈, "우울증과 영성: 심층심리학의 관점에서 보는 우울증과 영성," 「한국목회상담협회」(2008). 59.

다는 것이다.[76] 여기에서 타인이란 존재는 엄마와 아이가 경험하게 되는 첫 번째 중요한 의미를 지닌 타인(significant other)이다. 아기는 엄마를 통하여 인간관계를 처음으로 경험하게 된다. 아기는 엄마를 통하여 따스한 느낌과 배부를 때의 포만감, 자장가 소리를 통한 안락감 등을 경험하면서 자신이 속한 환경에 대한 믿음을 가짐으로 세상은 참 살기 좋은 괜찮은 곳이구나 하는 기본적인 신뢰감을 가지게 된다. 이 능력은 인간이 한 개인으로서 자신을 포함한 타인들과 환경과 친밀한 관계를 맺을 수 있는 가장 중요한 감각이 된다. 이러한 점에서 중독자가 자신을 발견한다는 것은 신을 만나는 대상과의 사건으로 자기와 타인으로 관계 맺는 절대적 타자되신 하나님(신)에 대한 신앙적 유비(analogia fidei)로 이해할 때 부정성이 약화되어 포장과 가식을 해소할 수 있다는 것이다. 인간 성장 주기의 첫째 단계인 영아기(0-2세)에 어머니의 품에서 젖을 빨면서 느끼는 따뜻한 어머니의 손길은 아이가 인격적으로 배양하게 되는 중요한 종교적 토양이 된다. 반대로 표현하자면 젖을 떼면서 아기가 '구강기의 낙원(the paradise of orality)'을 잃었던 경험을 보상받기 위하여 인간은 종교를 추구하게 된다. 치아가 자라게 되면서 아이는 이 낙원을 상실하게 된다. 새로 난 치아로 어머니의 젖꼭지를 물어뜯는 단계를 겪게 된다.[77] 엄마에게서 충분한 사랑과 영양이 제공되지 않으면 아이는 젖꼭지를 물어뜯으며 불만을 표출한다. 이 단계에서 어머니의 책임은 충분한 공급자가 되는 것에 있다. 공급자로서의 어머니의 역할은 성인이 된 후에 신앙의 대상자인 신의 공급하는 초월적인 능력과 대비가 된다. 절대자의 도움이 엄마의 돌봄과 유비적 관련성을 가진다고 보는 이유는 이와 같다.

---

76 김진영, 『일반상담과 목회상담: 에릭슨의 종교적 인간을 중심으로 본 자기 정체성과 종교적 성숙』(서울: 예영커뮤니케이션, 2003), 340; Erik H Erikson, Childhood and Society (New York: W. W. Norton, 1950), 150.

77 Ibid., 325-341.

이런 의미에서 성숙한 인간이 된다는 것은 상호적인 관계를 통하여 자기를 조화시키는 실천적 상관관계로 갈 수 있는 긍정적인 신앙생활이다. 주변의 환경과 사물의 객관성을 자기의 주관적 행동으로 직접 실천하고 실재할 때 긍정적인 신앙생활과 함께 성도관계가 향상될 수 있다. 이런 점에서 주관적인 행동의 실재란 주관적으로 경험되는 자기로서의 삶에 실현시키는 적용에 있기 때문이다. 그런 상황에서 진실이란 객관적인 실제를 의미하지만 객관적인 실제가 자기라는 개인의 추상적 미명 아래 의식되지 않은 무의식으로 작용할 때 그것은 포장과 가식이라는 페르조나(Persona)를 낳게 된다. 알고 보면 진실이란 개인이든 집단이든 진실 그 자체를 행동으로 옮기고 실천할 때 실재하기 때문이다.[78]

특히 종교중독자의 주관적 감정으로 나타나는 적대감의 부적응 현상에서 볼 수 있는 자기 도식적 표상은 자기 이미지와 자기 개념의 정체성을 가져와 인지구조를 형성해서 부정적 측면의 관점을 생성한다. 이처럼 긍정적인 신앙이란 자기라는 존재감을 인정받고 의식할 때 또는 사랑받고 서로를 사랑할 때 살아 있는 실재적인 안정감을 갖게 되고 그로 인하여 타자를 이해하고 받아들이게 되기 때문이다. 결국 종교중독자에게 현상적으로 일어나는 이러한 외적인 현상은 무엇보다도 돌봄이라는 관심과 애정과 배려를 필요로 한다. 긍정적인 신앙 성숙의 지름길은 한 개인이 자신의 성장과정에서 일어나는 퇴행을 다시 전진하여 발전시킬 때 주위의 의미 있는 타자들과의 관계를 넘어서게 된다. 신앙을 가지게 되는 인생의 전 과정을 통하여 이루어지는 자기통합에서 포장과 가식을 해소할 수 있다.[79]

---

78 George A. Lindbeck, *The Lature of Doctrine: Religion and Theology in a Postliberal Age* (Philadelphia: Westminster, 1984), 34-35.

79 미국정신분석학회 편 / 이재훈 외 역, 『정신분석 용어사전』, 373.

III. 성도관계의 향상을 통한 포장과 가식의 해소

건강한 자기는 존재형성에 긍정적으로 작용한다고 했다. 이와 관련하여 우리는 건강한 자기와 더불어 건강한 자기애(narcicism)를 생각해야 한다. 자기애는 특성상 자기만을 사랑하는 것으로 그 수준이 너무 높거나 낮으면 병리적이 되지만, 적절한 수준에서는 건강한 것이 된다.[80] 건강한 자기애의 형성을 위해서는 그들이 교회 안에서 성도관계를 원만하게 갖는 것이 중요하다. 그것은 그들이 성도관계를 향상시킴으로써 정신에서 긍정성을 높임으로 참된 존재가 되어 결과적으로 포장과 가식이 해소되기 때문이다.

종교중독자의 포장과 가식에 관련된 문제인 신앙의 왜곡적 현상이란 정상적인 신앙생활을 하지 않음으로 인해 중독에 빠져드는 현상을 말한다. 이러한 현상은 중독자가 때로는 그릇된 기분과 신념들 속에 감추어진 두려움을 계속 유지하고자 영적인 활동에 자신의 고통을 숨기고 특정인의 권위에 순종함으로 자신을 주체로 하여 규칙에 순종하려는 의식적인 적응현상이다. 내적으로는 매우 의존적이어서 내적인 압력과 저항에 맞서지 못하는 현상을 초래하기 때문이다.[81]

이러한 의례적 행위의 문제는 자기의 기능과 역할을 하나의 집단 속에서 또는 개인의 삶속에서 몇 개의 포장과 가식으로 살아가려고 하는 데에 있다. 종교중독자에게 볼 수 있는 외적인 행동에서의 신앙의 왜곡은 포장과 가식에 관련된 문제이므로, 융의 페르조나 이론을 통해 접근해 보고자 한다. 융이 말하는 페르조나(가면, persona)는 본래의 나(self)로서 존재하기보다는 다른 사람들에게 '보이는 나' 를 더 크게 생각하는 특징이 있다. 이것은 진정한 자신의 모

---

80 Frank. L. Summers / 이재훈 역, 『대상관계이론과 정신병리학』, 203.

81 미국정신분석학회 편 / 이재훈 외 역, 『정신분석 용어사전』, 216.

습과는 다르다.[82] 주위의 일반적 기대에 맞추는 태도이며 외부세계와의 적응에서 편의상 생긴 기능이다.

페르조나란 개인과 사회가 그 사람에게 요구하는 사회적 기능에 대해 타협하여 적용함으로써 나타난 결과라 할 수 있다. 그러면 페르조나가 문제가 된다고 하여 아주 없애야 하는가? 대답은 그렇지 않다. 페르조나는 외부세계와의 관계기능의 역할을 한다. 페르조나가 제대로 형성됨이 없이 자란 사람은 외부세계와 관계 상실 상태에 빠지게 될 가능성이 높기 때문이다. 그렇게 되면 무의식적인 충동에 사로잡혀 타인과 사회에 대하여 아무 고려 없이 오직 자기의 기분에 따라 행동하는 완고하고 무지비한 인격을 드러내게 될 것이다. 이부영은 페르조나에 대한 바람직한 태도는 자신이 갖고 있는 페르조나를 없애기보다는 구별되어야 한다고 한다. 내가 갖고 있는 페르조나는 나의 진짜 모습이 아니라는 자각이 필요하다. 개인이 중요시하는 페르조나는 자아의 궁극적 목적이 아니라 사회생활에서 필요한 수단이라고 보고 거기에 절대적인 중요성을 부여하지 않는 자세가 필요하다.

결국 포장과 가식의 해소에서 성도관계의 향상은 다른 사람에 대한 방어나 공격 없이 자기 존재의 분화과정에서 무엇인가를 얻고 보존하는 것이다.[83] 그것은 자기로서의 역할을 감당하는 것으로 사람들과의 '탈중심화 된 자기'로서의 관계이다. 이런 점을 고려하면 중독자에게 참자기의 향상과 긍정적인 신앙을 통한 포장과 가식을 구별하는 것은 그리 쉬운 일이 아니다. 그것은 개인이 개별화된 존재로 되어가는 과정에서 상당한 통합을 지향해야 하고 겉포장을 중시하는 포장과 가식 밑에는 통각의 기능보다는 지각의 기능이 자리하기 때

---

82 권명수, 『일반상담과 목회상담: 융의 심리분석적 접근과 목회상담』(서울: 예영커뮤니케이션, 2003), 356-356; 이부영, 『분석심리학: C. G. Jung의 인간 심성론』(서울: 일 조각, 1998), 85-86; Grant Martin, *When Good Things Become Addictions,* 219.

83 Michle E, and Murray Bowen/남순현. 전영주. 황영훈 공역, *Family evaluation* 『보웬의 가족치료이론』(서울: 학지사, 2005), 60.

문이다.[84] 위니캇이 말하는 거짓 자기 인격은 존재의 중심과 깊이로부터 도피하여 현실세계 안에 둥지를 틀고 피상적으로 거짓된 삶을 살아가는 사람들을 일컫는다. 얼핏 보기에 이들은 현실에 잘 적응하고 아무 문제 없이 잘 사는 것처럼 보이나 그것은 위장에 지나지 않으며, 자신의 진정한 잠재력과 창조성을 사용하지 못하고 환경에 순응하고 동조하는 삶만을 살아간다. 그들은 자신의 삶이 생생하게 느껴지지 않는 느낌, 허망하다는 느낌, 다 가짜라는 느낌에 시달리게 되고, 결국 위장이 효력을 잃게 될 때 존재가치를 상실하는 모습을 보인다.

그러면 성도관계의 향상을 위해 자기라는 주체적인 인격으로 승화하려면 무엇이 통합되어야 하는가? 그것은 종교중독자가 가지고 있는 하나님 이미지상을 상징적 이미지로서 다시 재통합하는 일이 이루어져야 한다는 것이다. 그것은 개인이 인격의 통합과 분리를 동시에 성취함에 있어서 자신의 페르조나를 정직하게 들여다 볼 때 가능하다. 아동이 어머니의 돌봄 안에서 자신을 잃지 않고 스스로를 발견하며 모성적 자원들을 유지하면서 자신을 분리시키는 것처럼 중독자 개인이 자신들을 고립시키지 않은 채로 자신의 인격의 핵을 유지할 수 있는 건강한 자기가 발견되어야 한다는 점이다. 신 표상, 신 형상은 사회문화적인 영향력만 지니고 있는 것이 아니다. 이것은 개인의 심리 내면세계에 영향을 주고 개인의 심리적 발달과정에서 여러 기능을 하게 된다. 지그문트 프로이트(Sigmund Freud)는 종교를 부모의 권위에 대한 유아적 무력감에서 발생한다고 말한다. 부모는 유아에게 전능한 존재이다. 성장하면서 이러한 감정은 조금씩 사라지지만 인간은 신이라는 새로운 부모를 찾게 된다고 한다. 유아가 부모를 숭배하듯이 인간이 부모의 대체물인 신을 숭배하는 것은 신이

---

84 안석모, "우울증과 영성: 삶의 로뎀나무 밑에서," 「한국목회상담협회」(2008). 23-32; 이재훈, "우울증과 영성: 심층심리학의 관점에서 보는 우울증과 영성," 「한국목회상담협회」(2008). 59.

가지고 있다고 생각하는 힘 때문이라는 것이다.[85]

이는 종교중독자가 신앙생활에 적응할 때 중요하게 작용한다는 것을 의미하기도 한다. 신학적인 관점에서 자기 존재감에 안정감을 갖게 되면 의식하지 못한 일상생활 가운데에서도 쉽게 자율성을 획득하여 타자와의 건전한 신앙생활을 하게 된다. 신 개념은 사회문화적인 영향력과 개인의 심리적 내면세계에도 영향을 주고 개인의 심리적 발달과정에서 여러 기능을 하게 된다. 개인이 위기에 처했을 때 위안을 줄 수 있고 어려운 상황에 굴하지 않고 목표를 추구하는 강한 동기를 제공하기도 한다. 이처럼 신 개념과 표상은 개인의 성장을 촉진하기도 하는데 반대로 개인의 성장을 억압하기도 한다.[86] 개인의 신 표상의 기능에 대해 지그문트 프로이트(Sigmund Freud)는 종교를 부모의 권위에 대한 유아적 무력감에서 찾고 있다. 부모는 유아에 대하여 전능한 존재인데 성장하면서 이러한 감정은 점차 사라지지만 인간은 신이라는 새로운 부모를 갖는다. 유아가 부모를 숭배하듯이 인간이 부모의 대체물인 신을 숭배하는 것은 신이 가지고 있는 힘 때문이다. 조금씩 겉껍질을 벗기는, 포장이라는 굴레에서 일어나 스스로 정직한 삶으로 가는 가식을 해소하게 된다. 덮여진 포장을 의식적으로 의식화하여 해소하는 것이 아니라 감추어진 감정과 정서, 사고 인식에 이르는 무의식의 껍질을 하나씩 벗기고 그 안에서 새로운 자기만의 창조 세계를 확장해 갈 때 건강한 신앙을 통한 관계를 이루기 때문이다.

---

85 C. G. Jung / 이은봉 역, 『심리학과 종교』(서울: 안, 2001), 163-172; 양유성, “목회상담에서 우상숭배의 의미와 대처방안.” 「신학과 실천」31(2012), 261-265.

86 권진숙, “도널드 위니캇의 안아주기 환경 개념의 여성 목회신학적 재고와 목회적 돌봄,” 「신학과 실천」, 265; 김예식, 『일반상담과 목회상담: 표적증상을 통해 본 교회 내 우울증 환자의 인지치료적 대처방법』, 82-84.

제 17 장

자기 정체성 회복을 통한 심취의 해소

종교중독자에게 자기 정체성 회복이란 자아와 자기의 발달을 의미한다. 이것은 중독자에게서 볼 수 있는 인격의 초기 모습인 자아, 원본능 및 자아의 방어에 대한 전체적인 회복과정을 포괄하는 것으로 볼 수 있다. 이들에게 정체성 회복은 심취를 해소함으로써 자기 정체성을 회복할 수 있게 한다. 이런 과정은 자기 정체성을 회복하는 과정과 관련된다고 보아야 한다. 이것이 자기 정체성을 회복하는 과정으로서 심취의 해소를 다루려는 이유이다.

1. 자기 정체성과 심취의 접촉점

자기 정체성 회복은 치료에 있어서 일차적인 문제로 볼 수 있다. 이 회복은 사실상 중독에 빠져드는 것과도 비례되는 측면이 있기 때문이다. 자기란 정신과 신체를 포함하는 전체 인격으로서 자신을 가리키는 점에서다. 이는 자기 개념, 이미지, 도식의 정신 과정들로서 정체성을 가리키는 인격의 구조이다. 이러한 인격의 구조과정 중 자기도식은 자기 표상에 기초한 것으로 외부에 대한 방어적 기능들을 제공하며, 자기 개념은 개인의 내적 표상으로 구성된 복합적인 정서를 형성하는 이미지이다.[87] 특히 현실에서 왜곡된 것에 이르는 자아체계를 구성하는 자기도식에 대해 미국정신분석학회는 다음과 같이 정의한다. "자기도식은 능동적으로 정신 과정들을 조직하고 개인이 의식적으로 또 무의식적으로 자신을 어떻게 지각하는지를 결정하는 비교적 내적 구성을 지닌 인지구조를 지칭한다."[88]

실제로 이런 인격의 구조가 종교중독자에게 내적 자기 구조의 불완전한 기능을 말하는 것은 아니다. 불완전한 내적 구조를 가진 중독자가 현실에 대한

87 Lichtenberg, J. D. & Kaplan, S. *Reflections on Self Psychology Hillsdale* (N. J: Analytic Press, 1983), 301.

88 미국정신분석학회 편 / 이재훈 외 역, 『정신분석 용어사전』, 372.

도피적 성향으로서 편향된 고립감을 가지고 종교적 심취에 몰입하는 정서적 구조로서의 문제를 의미한다. 자기 도식적 정서의 구조를 가진 종교 중독자들이 심취와 접촉됨으로 정체성이 상실되는 점을 보면, 종교중독이란 사실상 자기 정체성을 상실한 문제에 직면한 것으로 보아야 한다.[89]

이런 점에서 자기 정체성의 회복은 종교중독의 본질에서 이해할 수 있다. 사실 종교중독이란 자기 정체성을 상실한 것임을 정확하게 이해하는 데서부터 시작된다. 자기 정체성 회복은 신과 인간의 관계의 본질을 이해하는 것에서 시작되어야 한다. 우리는 피조물로서 부족하고 불완전한 존재임을 깨닫고 신과의 관계를 통해 나의 존재와 신의 현존을 체험하며 나아갈 때 빈 공간을 채울 수 있다. 이런 의미에서 룩스(W. Rooks)와 헤이넨(R. Heynen)은 기독교적 관점에서 중독에 심취된 자기 정체성 회복을 다음과 같이 가리키고 있다. "기독교적 관점에서 심취는 타락한 인간이 뿌리내린 본성 즉, 신과의 관계를 저버린 등돌림(turning) 또는 타락한 본성으로 인한 죄의 행위로써 병리적 인간성을 가리킨다."[90]

이런 시각에서 종교중독은 신과의 관계보다는 어떤 사람이 안전한 기지를 향해 무언가에 지나치게 빠져들거나 몰두하거나 습관적인 탐닉을 추구할 때 병리적인 강한 애착이 종교중독으로 변하는 측면이 있다는 점을 중요하게 생각해야 한다. 대개 종교중독자들은 불완전한 자기 정체감을 외적 구조로 채우는 강박적인 완벽주의 기능에 몰입하게 되고, 감정 변화를 위해 종교에 집착하고 맹목적으로 숭배하는 데에서 심취의 문제를 찾을 수 있기 때문이다.

이러한 신앙적 특성은 사회문화적 관계에서 자신의 무가치함을 완벽한 신앙으로 대체하여 다른 대상으로의 현실적 도피에 심취한다는 것이다. 이러한 자

---

89 김충렬, 『알코올중독과 목회상담적 치료』, 300-301.

90 W. Rooks and R. Heynen, "Sin and Sickness in Clinical Practice," in *Counseling the Human Predicament*, ed. L. Aden and D. G. Bennner (Grand Rapids: Baker Book House, 1989), 54.

기 정체성 중심성에서 벗어나지 못하는 성향을 가진 심취의 문제를 폴 틸리히(Paul Tillich)는 인간 의지의 노예성이 강박성과 연관되어 있다고 말한다. "인간의 강박 현상은 그 밑바닥에서부터 바꾸는 힘이 아니면 통제할 수 없다. 이 심리학적 진리는 하나의 종교적인 진리이기도 하고, 의지의 노예성의 진리이기도 하다."[91]

심취의 옷을 입은 중독이라는 병리적 요소는 이러한 인격의 구조 속에 해결되지 않은 갈등으로 무의식, 현실, 존재와의 관계에서 겪는 문제이다. 자기 정체성 회복에 있어서 가장 큰 특징은 자기긍정의 존재 수행능력의 부정이다. 중독의 특성에서 나타나는 병리적 요소인 문제를 인식하지 않고 자기존재를 합리화하여 관계적 모순을 계속 발생시켜 정당화하는 방어기제를 자기긍정 존재의 부정으로 볼 수 있다. 이런 문제에 대해서 심취와 관련된 문제로써 감정 변화를 위한 기분전환에 몰입하게 되고, 이를 일으키는 행동에 몰두하게 되는 것으로 설명이 가능하다. 이처럼 누군가를 절대적으로 의지하려는 심리는 공통적으로 나타나는 문제이다. 자기를 보호하려는 관심을 일시적으로 포기한 것이 심취의 상태에 이른 것으로 볼 수 있다.

롤로 메이(Rollo May)는 심취란 인간의 삶에서 나타나 심리적 현상에서 더욱 구체적으로 나타난다고 말하며, 인간에게 불안은 삶 전반에 나타나지만 특히 심취라는 현상에서는 그 특징이 구체적으로 나타난다고 말한다. 심취란 불안을 해소하기 위한 방편으로 어떤 것에 몰입하는 것으로 우리 삶의 일상적인 생활에서 나타나기 때문이다. 폴 틸리히(Paul Tillich)는 인간의 존재 속에는 항상 비존재가 부정적인 측면을 촉발하여 실존적 불안을 가져와 중독적 체계의 원인을 제공하게 된다고 말한다. 이는 심리 사회적 불안의 뿌리가 되어 심취로 발전하여 더욱 밀착하게 되면서 만족감을 획득한다고 한다. 폴 틸리히는 모든

---

91 Paul Tillich / 김정수 역, 『조직신학 Ⅱ』(서울: 성광문화사, 1978), 96.

종교의 궁극적인 목표는 구원이라는 치유를 의미한다고 주장한다. 왜냐하면 구원(salvation)이라는 단어는 '치료하다, 건강하게 하다' 라는 의미를 가진 라틴어 'salvus' 에서 나온 말이기 때문이다. 결국 구원의 본래적인 의미는 '완전하게 하다, 튼튼하게 하다' 라는 말인데 틸리히에 의하면 과거에는 같은 의미로 썼는데, 근래에는 구원을 영적인 의미로, 치유를 육체적인 의미로 쓰게 되었다는 것이다. 그러므로 질병으로 인한 치유적 목회는 구원을 위해서 목회자들은 영혼과 몸까지도 돌봄을 가지고 관심을 기울여야 한다는 것이다.[92]

그러나 이러한 강화로 인한 만족감을 느낄 때 심취에 빠져든 중독자는 심리적 불안을 낳게 되어 자신의 존재를 무기력한 상태로 고립시키며 자기 정체성의 소외감을 낳는다. 비존재는 인간을 전체적으로 위협하며 존재론적 자기긍정은 물론 정신적인 자기긍정도 위협한다. 정신적인 자기긍정은 인간이 여러 영역에서 창조적으로 살아가는 순간에 발생한다. 여기에서 말하는 창조적이라는 표현은 천재들이 발휘하는 독창적인 창조성을 의미하는 것이 아니라 우리의 생활 전체에서 드러나는 일상에 반응하며 살아가는 것을 의미한다. 일상적인 생활 자체에서의 변화는 우리에게 자발적이며 상호적인 자기긍정을 토대로 변화시키며 정신적인 생활에 참여하고 그 속에 담겨진 내용과 자기 자신을 사랑하기 때문이다.[93]

이처럼 종교중독자들에게 나타나는 또 다른 자기 정체성의 상실은 감정적 황홀감으로서 자기애의 몰입으로 이어지는 특성이 있다. 그들은 일시적으로 또는 장기적으로 종교에 깊이 심취함으로써 세상적인 현실을 잊고자 하는 심리가 작용하는 것이다. 이런 행동은 그들이 특정한 황홀감을 경험하고자 하

---

92 Rollo May, *Meaning of Anxiety* (New York: W. W. Norton, 1977), 207; P. Tillich, *The Meaning of Health: Essay in Existentialism, Psychoanalysis and Religion,* ed. by Perry Le Fevre (Chicago: Exploration Press, 1984), 22.

93 Paul Tillich, *The Courage to Be*, 46-51.

는 데서 찾을 수 있다. 실제로 그들은 종교적인 행위에서 나타나는 또 하나의 행동양식으로서 황홀경에 빠지는 무아지경의 신적인 체험을 추구한다.

기독교인의 경우 공동체 안에서 기도, 은사, 방언, 성령 체험을 지나치게 추구하는 것과 같다. 이런 과정에서 그들은 신에 대한 의존성이 증가되기도 한다. 그러면서도 이들에게는 열광적인 기도, 특별한 신유은사와 방언을 통하여 몰핀과 같은 역할을 종교적인 신비한 체험이라는 명목 아래에서 무분별하게 행한다. 이들의 행동은 매우 주관적이며 항상 빠르게 행동하며 감정적인 반응을 보인다.[94] 그것은 눈물, 죄책감, 수치심, 슬픔 등 다른 감정에 쉽게 동화되어 종교적인 의식에 의해 사로잡히게 된다. 그런 이유로 이들에게서 나타나는 주관적 감정적 종교적인 지나친 심취의 문제는 영과 진리로 예배하며 경배하는 것과는 구분되어야 한다. 이것은 종교중독의 치료에서 다루어야 되는 심취의 해소로서 자기 정체성의 회복이 중요한 이유이다.

II. 자기 정체성과 인식의 전환

자기의 정체성과 관련하여 인식의 전환은 치료의 일환이다.[95] 그것은 올바른 정체성의 회복을 위해서는 인식의 전환이 필요하고, 인식의 전환이 이루게 되면 자기 정체성의 회복이 가능하기 때문이다. 이런 것은 성격적으로 서로 맞물려 있으나 다만 여기서는 인식의 전환을 더 중요하게 다루고자 한다.

인식의 전환에 대해 김성민은 자기 정체성의 깨달음과 함께 인식의 결단이

---

94 Stephen Arterburn & Jack Felton, *Toxic Faith: Understanding and Overcoming Religious Addiction*, 83-99.

95 L. Covi, C. D. Baker & J. M. Hess, An *Intergrated Interpersonal Cognitive-Behavioral Counseling Approach to Cocaine Abuse, Unpublished: Treatment Manual*, (Baltimore, MD: National Institute on Drug Abuse, Addiction Research Center, 1990), 111-113.

필요하다고 한다.[96] 중독자들은 하나님을 향해 나아가고 사랑을 향해서 나아가야 하는데 자기 자신에게 매어 있고 자기의 향락만 충족시키려고 하기 때문이다. 이미 중독된 뇌는 사실과 가짜를 구분하지 못하고 중독 상태에 살려는 욕망이 있다. 이런 의미에서 인식의 전환은 사랑에 대한 욕구로 신과 연합하는 것을 거부하고 다른 대상에 집착하는 사실을 깨닫고 인정하는 것이다. 인식의 전환을 시도하지 않고서는 자기 정체성의 회복이 불가능하기 때문이다.

종교중독의 근원에 대한 인식 전환을 말한 코헛(Heinz Kohut)은 중독이 가진 파괴적인 힘의 속성에는 두려움이라는 감정이 불안을 자극하기 때문에 그 근원을 살펴 접근하여 대면할 때 인식의 전환을 가져올 수 있다고 말하고 있다.

> 중독자는 무엇을 섭취하거나 성적인 행동에 의해서 자아 안에 있는 구조적인 공허함을 채우려 한다. 그러나 그 공간은 무엇을 섭취하거나 중독행위에 의해서 충족될 수 없다. 중독된 사람은 중독 행위에 의해서 반영되지 않는 자아가 지닌 자부심의 결여 자아의 실존에 대한 불확실성 자아의 분열에 대한 무서운 두려움을 없애려 한다.[97]

이와 같이 중독의 치유가 어려운 것은 신 대신 자기가 가지고 있는 애착의 대상들을 통하여 자신의 공허함을 충족시키려 하는 데에 있다.[98] 인간은 신의 형상대로 지음 받은 존재이기에 종교중독에서 보여지는 신앙생활은 매우 중요한 요소라 할 수 있다. 특별히 종교 행위로 나타나는 실존적 불안은 자신의 상실을 의미하며 이는 곧 불안을 강화하는 무의식의 힘이 작용하고 있음을 알

96 김성민, 『생명의 의미와 그리스도』, 245.

97 Hinz Kohut, *The Restoration of the Self* (New York: International Universities Press, 1977), 197.

98 Gerald G. May, *Addiction and Grace*, 140.

수 있다. 자아분열로 인한 중독자의 반동현상은 불안을 감소시키기 위한 타협 형성의 대상이 되며, 결국 파괴적인 행동에 의지하여 종교 행위 뒤에 타협하는 존재의 부재임을 알 수 있다.

이런 인식의 전환을 심리학에서는 넓은 의미에서 '인지치료' 라고 부르지만, 종교중독자들이 인식을 전환하는 일은 그리 쉬운 일이 아니다. 그들은 자신이 가진 인식의 틀로 오랜 기간 동안 지내왔으며, 그것은 또한 자기 삶을 이루어 온 바탕으로 굳어졌기 때문이다. 인식이란 사고 안에서 우리가 알고 있는 것을 깨닫는 것이다. 이런 점을 기초로 그들이 가지고 있는 생각과 스스로 의롭다는 느낌이나 무엇에 대해 옳다고 생각하는 것에 따라오는 느낌에 심취하는 것이다.

아론 백(A. T. Beck)은 근본적인 치료를 위한 인식은 왜곡된 사고와 이미 굳어진 신념이 지각을 통해 자동적인 사고로 인식되기에 그들의 기분과 행동에 영향을 미친다고 한다. 이러한 도식은 종교생활 속에서 작용하는 것이기에 아무 저항 없이 중독자들의 생각이 되기도 한다. 치료에서 중독자들의 인식이 행동변화에 얼마나 중요하게 작용하는지를 일깨우는 것이기도 하다.[99]

그들의 인식전환은 처음부터 어려움에 봉착하는데, 이는 그들이 변화를 원하면서도 내적으로는 원치 않는 이중적인 측면도 함께 작용하기 때문이다. 그런 점에서 이들이 가지고 있는 사고와 생각의 왜곡을 먼저 객관화시킴으로써 치료를 위한 인식의 전환을 가져올 수 있다. 인지적 출발은 생각을 바꿈으로써 치료가 시작되기 때문이다. 왜곡된 정서는 비정상적인 정서의 결과로 나타난 것이다. 이것에 대해서는 학파의 시각에 따라 다양하게 표현할 수 있다. 기

---

99 A. T. Beck, A. Rush, B. Shaw & G. Emery, *Cognitive Therapy of Depression* (New York: Guilford Press, 1979), 27; H. D. Werner,"Social Work Treatment locking Theoretical Approaches" in Cognitive Theory, ed, F J. Turner (New York: The Free Press, 1986), 91-129.

독교의 경우 이런 왜곡된 정서는 죄로 인한 타락한 의지의 결과이기에 인간을 유혹하고 파괴하게 된다는 것이다.

이와 관련하여 제랄드 메이(Gerald G. May)는 죄로 인한 중독성의 회복은 진정한 회개와 겸손함에서 오는 은혜 안에서만 가능하다고 말한다. 중독이라는 대상 자체도 살아서 존재하는 것이기 때문이다. 메이는 『중독과 은혜』에서 중독이란 신의 은혜 안에서 자비를 베풀 때 가능하다고 말한다.[100] 이런 의미에서 중독의 원인이 죄라고 말할 때 인식하기 힘든 부분이 있다고 할 수 있다. 중독이라는 결핍은 심리적 무기력과 통제 능력의 결함, 역기능적인 가족체계의 결함에서 오는 중독적 영적 속성을 무시하기 때문이다. 중독은 인간의 정신적 측면을 더욱 손상시키는 심리적인 불안과 함께 두려움을 나타내고 자신의 자존감을 박탈하기에 영적인 측면과 관계가 있다고 보는 것이다.[101]

실제로 기독교인의 경우 그들의 이중적인 태도는 이를 경험하게 한다. 예를 들어 그들의 이중성은 기도, 경배, 찬양, 감정적인 절망감 무언가 홍미진진한 것의 일부에 참여했다는 느낌, 무엇인가 거대한 것에 소속되었다는 느낌을 통하여 어떤 특별한 권위적인 인물에 영향력을 행사하는 점에서 나타난다. 그들이 특별한 권위자를 선택하는 이유는 자신의 행위에 호감을 갖고 인정을 기대하는 심리적인 욕구도 포함된 것으로 볼 수 있다. 이것이 가능하다면 그들은 종교의 본질적인 행위보다 부차적인 것에 이끌려 종교에 심취하는 것이 된다.

이것은 본질적인 것을 구분하지 않고 자신의 판단을 보류하는 일종의 맹신이다. 이러한 맹신의 문제는 상황 파악의 진리를 분별하지 못하는 현상으로서 그들의 심리에는 늘 영적 지식의 원천인 신과의 연대감을 갖고 싶은 심리에 기

---

100 Gerald G. May, "*The Nature of Addiction*," Thy Way, Vol. 40(4) (Oct, 2000), 304-305; Gerald G. May, *Addiction and Grace*, 119.

101 Comelius Plantinga, Jr, "Sin and Addiction," in *Limning the Psyche* ed. R. C. Roberts and M. R. Talbor (Grand Rapids: Eerdmans, 1997), 245.

초해 있다. 권위적인 인물에 지나친 태도를 보이는 경우에 대해서 그들이 간과하고 있는 문제가 하나 있다. 그것은 종교의 일을 주도적으로 수행하는 전문가, 즉 목사나 교역자는 신의 진리를 전달하는 도구이며 대리자이며 대언자이지 전능한 신이 아니라는 것이다.[102] 이런 시각은 그들이 자신의 약점과 고통과 상처를 감추는데 도움을 주는 손쉬운 해결책과 행동을 모색하는 것과는 다른 새로운 인식이다.

이런 인식의 전환은 이제 그들에게 종교인으로서 자기 정체성을 회복하는 결과를 가져온다. 그리하여 우리는 그에 따른 변화를 기대하게 된다. 인식의 전환으로 올바른 정체성을 회복하게 됨은 물론 진정한 종교인이 될 것을 기대하는 것이다. 이제 그들은 겉으로 보이는 거룩성을 찾기 위하여 건강, 부, 번영에 대한 맹신의 문제를 지양하게 될 것이다. 그뿐 아니라 그들은 진정한 헌신과 희생적 봉사의 손길을 공동체 안에서뿐 아니라 가정, 모든 관계에서 긍정적인 영향을 미치게 될 것이다. 이것은 그들이 맹목적으로 종교에 매달리는 강박적인 신앙에 물든 병리적 병폐와는 거리가 먼 행동이다. 그들이 자기 정체성과 관련하여 인식의 전환을 해야 할 이유가 여기에 있다.

III. 촉진적 과정으로의 삶의 방법 전환

촉진적 과정은 자기 정체성 회복을 통한 심리적 해소와 분리되지 않는다. 그것은 종교 중독의 회복과정인 절대적 의존에서 독립을 향한 상대적 의존으로의 방향 전환을 위한 여정으로 보기 때문이다.[103] 이와 관련하여 우리는 위니캇의 정체성 회복의 문제를 고찰해 보아야 한다. 위니캇의 핵심이론인 아이

---

102 Stephen Arterburn & Jack Felton, *Toxic Faith: Understanding and Overcoming Religious Addiction,* 98; Grant Martin, *When Good Things Become Addictions,* 220.

103 D. W. Winnicott / 이재훈 역, 『성숙과정과 촉진적 환경』, 118-121.

의 발달과정 가운데 환경의 역할은 중요하게 작용한다. 환경의 지속적이고 적절한 반응이 참자기 실현을 향한 정체성 회복을 만들어 주는 것이다.[104]

위니캇이 말하는 촉진적 과정에서의 삶의 전환은 좋은 환경 안에서 좋은 엄마(good enough mother)가 돌봄으로써 자아와 자기가 융합해 본능이 회복되는 것을 의미한다. 좋은 환경은 안전한 공간으로의 자기 정체성의 기능을 확보한다는 의미이다. 위니캇은 안전한 환경으로의 회복은 신학이라는 몸으로서의 출발점을 시작으로 존재를 안아주는 공동체의 돌봄으로 다가갈 때 가능하다고 한다. 이런 과정을 통해 중독적 심취가 해소되고 본능의 회복과 함께 전체성의 변형으로서 탄력과 견고함을 가지고 존재적 자율성으로 전환되기 때문이다. 중독의 치유는 중독자의 존재 중심에서 일어나는 존재론적 변형이라는 삶의 방식에서 찾을 수 있다.

> 개인이 하나님의 현존을 인정할 것을 요구하는 종교는 중독이라는 본질에서 찾을 수 있다. 그것은 종교 중독자가 진심으로 자신보다 더 위대한 능력의 현존을 수용한다면 그들의 깊은 내적 구조를 변형시킬 수 있다.[105]

중독자의 내적 구조를 바꾸고 중독자의 무의식에서 일어나는 심리적 영적 질병에 각성이 일어날 때 치명적인 중독을 치유하는 하나님의 능력이 일어난다. 중독을 치유하는 핵심은 정서적이고 인지적이고 행동적인 역동성을 가진 촉진적 과정을 통한 삶의 전환이다. 하나님을 인정하고 그의 은혜를 수용하는 힘이 가능해지기 때문이다. 그런 의미에서 티보우트(H. M. Tiebout)는 중

---

104 D. W. Winnicott, *Playing and Reality*, 19.

105 Harry M. Tiebout, "Therapeutic Mechanisms," 468-469.

독자가 먼저 하나님의 현존과 그를 인정할 것을 요구한다.[106] 이런 삶의 전환은 영적이기보다는 오히려 신체적인 것임을 의미한다고 볼 수 있다.

이와 더불어 울라노프(Ann Belford Ulanov)는 『Finding Space』 (공간 찾기)라는 저서에서 몸으로 나아가는 삶의 방법을 요구한다.[107] 그는 인간은 몸으로 존재하는 통합적 인격체이며, 육체에서 벗어날 수 없으므로 관음증에 빠져서는 안 된다고 말한다. 몸은 우리가 종교체험을 체득하는 공간이기 때문이다. 십자가 사건이나 부활 사건으로 이어지는 성육신은 몸으로 말하는 공간이며 인간이 거주하는 공간이라는 사실이다. 신학에 있어서의 분별은 무엇보다도 이원론적인 사고를 자처하는 플라톤이나 데카르트적 사유에서 벗어나는 것이다. 이원론적 오류를 범할 때 중독의 범주에 빠질 수 있다는 것이다. 이원론적인 플라톤의 후예들처럼 외적인 몸에 고집스럽게 집착하는 것은 온전한 인간, 이상적 인간을 만들어 내려는 고집스런 모순인 것이다. 몸은 기독교에서 성전이며 성찬의 의미로 가지고 나아가는 것이다. 기독교 신학에서의 몸의 신학이란 몸으로 느껴지는 경험, 수용, 정서 등을 통하여 직접 우리에게 다가온다. 종교중독이 가지고 있는 위험을 덮으려는 심취는 몸이 기독교 신학의 핵심적 주제라는 부분에서 그 전환점을 찾을 수 있다. 이처럼 몸의 회복은 공동체 안에서 이루어지는 상호적 돌봄으로의 촉진적 환경에 있으며 위니캇은 몸을 보듬는 환경으로서의 돌봄적 과정을 강조한다.[108]

안아주기 단계에서 가장 중요한 것은 지능의 시작이며, 정신(Psyche)과 별개

---

106 Paul Tillich, *The Shaking of the Foundations* (New York: Charles Scribner's sons, 1948), 157; Harry M. Tiebout,"Therapeutic Mechanisms," 469.

107 Ann. Belford. Ulanov, *Finding Space: Winnicott, God, and Psychic Reality* (Louisville: Westminster John Knox Press, 2001), 43.

108 이종록 지음 『성서로 읽는 디지털 시대의 몸 이야기』(서울: 책 세상 2004), 188-191; Cheryl Zerbe. Taylor, "Religious Addiction: Obsession with Spirituality," *Pastoral Psychology* Vol 50(2002/4), 297; D. W. Winnicott/이재훈 역, 『성숙과정과 촉진적 환경』, 62-63.

로서의 생각이 시작된다는 것이다. 그 다음에는 이차과정과 상징기능의 꿈이 형성되어 나오며, 살아 있는 관계의 기초를 형성하는 개인 심리와 관련된 것들이 뒤따라온다. 동시에 유아에게 있는 충동적 행동의 두 가지 뿌리가 하나로 결합되기 시작한다. 운동과 근육성애(muscle erotism)에 속하는 산만한 요소들이 성감대의 절정 기능과 융합되기 시작한다. 이 융합은 우리에게 탈융합(defusion)의 반대 개념으로, 어느 정도 융합이 이루어진 후에 성애적 경험으로부터 분리된 공격성에서 드러나는 복잡한 방어기제이다. 이 모든 발달은 안아주는 환경적 상황에서 발생하며, 만약 충분히 안아주기가 없다면 이런 단계는 성취되지 못한다. 일시적으로 성취된다 하더라도 확고한 것이 되지 못하거나 붕괴되고 만다. 그 다음에 이어지는 발달 내용은 대상관계의 능력이다. 여기서 유아의 대상관계는 주관적으로 인식된 대상과의 관계로부터 객관적으로 지각된 대상과의 관계로 변하여 어머니와의 융합 상태에서 분리 상태로의 변화가 일어난다. 또는 나의 확장으로서의 어머니와 관계 맺는 것이 아닌 나 아닌 사람으로서의 관계 맺는 것으로의 변화가 일어난다.

신학자 셀리 맥페게(Sallie McFague)도 자기 정체성에서 일어나는 자아의 불안이란 '인간이 가지고 있는 한계의 자극에서 나오는 몸의 부정' 이라고 한다. 제임스 넬슨(James Nelson)도 『Embodiment』라는 저서에서 몸이란 자기를 초월하는 공간이라고 한다. 셀리 맥페게나 제임스 넬슨이 우리에게 가르치는 몸의 자비 곧, 은혜는 몸을 통해서 삶으로써 실재에 참여하는 성숙된 과정이라는 것이다.[109] 그만큼 몸은 신선한 것이며 의식에서 나타나는 본능의 수용이 중요하다고 말한다. 이러한 본능은 중독자들의 부정적 감정의 도구로 사용되는 분노, 슬픔, 공격성, 고독 등의 소외됨이 신을 만나는 과정에서 회복되어

---

109 Sallie McFague, *The Body of God: An Ecological Theology* (Minneapolis: Fortress Press, 1993), 23; James B. Nelson, *Embodiment: An Approach to Sexuality and Christian Theology* (Minneapolis: Augsburg, 1978), 20-36.

야 한다. 신선한 감정으로의 인식과 수용을 통하여 진행되어야 하는 감정이라는 것이다. 이러한 감정도 신이 피조물에게 내려주는 창조적 선물이기 때문이다.

자아라는 공격적인 파괴는 결국 부정적 감정들이 아닌 우리가 본래 가지고 있는 본능의 감정임을 먼저 인식하고 수용함으로써 몸을 통하여 신과의 관계를 회복하고 만남이 이루어져야 한다. 신선한 감정의 정서라는 면에서 성숙과정으로 나아가는 삶의 전환은 이처럼 중요한 것이다. 몸으로서의 회복은 종교중독자들에게 역동적인 신앙생활을 함에 있어서 회복의 기초를 이룬다. 이러한 촉진적 환경은 삶의 방법에 있어서 출발을 전환시킬 수 있다는 것을 의미한다.

이것이 가능하다면 동일한 원리에서 우리는 종교중독자들의 삶의 방법도 달라질 수 있다는 생각을 할 수 있다. 환경이란 유아에게 제공되는 모든 외부적 돌봄을 의미하는 것으로 외부의 돌봄을 통하여 중독자의 자아가 통합되도록 희망을 가지고 건강하게 나아가는 공간적 의미를 포함하기 때문이다. 이와 같이 보듬는 환경에서 나타나는 희망은 반드시 안전해야 한다는 전제가 따른다. 안전해야 중독자가 지지하고 의지하며 신뢰하는 가운데 자기라는 존재를 회복할 수 있기 때문이다.[110]

위니캇은 이런 돌봄의 요인들이 모여서 유아의 인간발달 성장에 큰 영향을 끼친 것처럼 공동체 내에서 중독자를 안아주고 돌보아주는 모성적 돌봄의 회복을 할 때 중독자는 성숙 과정(maturational Process)의 통합적인 창조자로서 전환될 수 있다. 가족과 사회 등 돌봄의 모든 공동체의 지지에 힘을 얻어 자기로서의 가능성 있는 삶으로 관계하는 것이다. 또 다른 시각에서 촉진적 과정에서의 실천방법은 믿음이라는 공동체 안에서 몸의 돌봄을 나타내는 경험

---

110 Donald W. Winnicott, *Home is Where We Start From: Essay by a Psychoanalyst* (London and New York: W. W. Norton & Company, 1986), 23.

적 전환이다. 중독자의 아픈 마음을 들어주고 분별하여 직관적 과정(intuitive process)의 변형을 일으키는 이와 같은 인식은 매우 중요하다.[111] 변화된 인식에 가까이 가는 돌봄은 촉진적 과정에서 중독자의 관계적 사고가 중요한 것처럼 중요한 의미를 지닌다. 유아와 어머니의 관계는 자아를 이끌어주는 관계이기 때문이다. 자아와의 관계성은 원본능충동이 자아에 다가갈 때 의미를 갖는다고 할 수 있다. 원본능 충동은 때로는 자아를 파괴시키기도 하고 자아를 강화시키기도 한다.[112]

이런 촉진적 환경은 삶의 방법을 전환시킬 수 있다는 것을 의미한다. 이것이 가능하다면 동일한 원리에서 우리는 종교 중독자들의 삶의 방법도 달라질 수 있다는 생각을 할 수 있다. 물론 종교 중독자들의 삶은 상당한 기간 동안 정상적인 생활이 정지되어 왔기에 일반적인 삶과는 상당한 차이를 갖고 있다. 그들은 종교에 지나치게 집착하거나 심취하여 정상적인 사회생활이 이루어지지 못하여 주변 사람들의 염려를 초래했기 때문이다. 이는 종교와 전혀 상관이 없는 남자가 아내의 조금 열심인 종교생활을 보고 그로 인해 가정이 파괴되지 않을까를 염려하는 것이다. 이제는 그들이 정상적인 삶으로 돌아와야 한다는 것을 뜻한다.

실제로 그들의 일상적인 삶은 종교적인 맹신과 관련되어 지나치게 종교적인 심취의 상태에 있기 때문이다. 중독자의 심취된 사고는 기독교 공동체에서 영과 육에 대한 건강한 신학의 가르침이 필요하다. 그것은 삶으로 나아가는 몸으로 자기 정체성을 회복하는 것이다. 이런 점을 고려하여 우리는 그들에게서 보이는 심취의 문제를 삶의 방법으로 전환시키려는 시도를 하고자 한다.

---

111 Donald W. Winnicott, *The Maturational Process and The Facilitating Environment* (London and New York: Kamac, 1984), 58; D. W. Winnicott / 이재훈 역, 『성숙과정과 촉진적 환경』, 110-111.

112 Ibid., 46.

삶의 방법을 전환하는 문제는 물론 그들에게 촉진적 환경을 제공함으로써 가능하다. 촉진적 환경을 제공하여 그들이 돌봄을 받으면, 진정한 변화가 가능하다는 것이다. 촉진적인 환경을 제공한다고 해도 그들이 삶의 방법에 전환을 시도하는 일에 있어서 먼저 제거되어야 할 것이 있는데 그것은 바로 무조건적으로 믿는 맹신의 문제이다.[113] 이들의 맹신은 스스로를 좋은 신앙을 가진 사람으로 생각하게 만드는 작용을 한다. 이 맹신이 심각한 경우는 신앙이라는 맹신적 힘에 의지하여 모든 것을 치유할 수 있다는 잘못된 확신을 갖고 있다. 그리하여 그들은 극심한 고통 가운데에 있는 사람에게 그 고통을 잊게 한다는 것을 빌미로 신앙을 오도하여 큰 위험을 초래하기도 한다.[114]

이런 변화 또한 촉진적 환경을 통한 삶의 방법 전환이라는 것이다. 그들의 삶의 변화는 상담자로 하여금 지속적인 배려와 돌봄의 시도를 통해 촉진적인 환경을 제공한 결과이기 때문이다. 이런 지속적이며 촉진적인 환경으로 그들은 정상적인 신앙생활과 정상적인 사회생활이 가능해진다. 실제로 참된 신앙의 힘에 의지하는 종교인들은 심리적으로 편안하면서도 사회적으로 정상적인 생활의 영위가 가능하다. 이것은 그들이 극단적이고 도취적인 종교 행위에 심취하여 자신을 과신하는 것과는 거리가 멀기에 그 위험의 수위가 낮다. 역동적 신앙생활의 배경이 되는 기독교 공동체 공간에서 중독자를 안을 수 있는 가능성은 크다. 그것은 종교 중독자가 가졌던 왜곡된 신 이미지가 대화의 공간 안에서 변화될 수 있기 때문이다. 이것은 위니캇의 촉진적 환경이 삶의 방법을 전환하게 만든다는 것의 의미이다.[115]

---

113 Cheryl Zerbe Taylor,"Religious Addiction: Obsession with Spirituality," *Pastoral Psychology* Vol 50(2002/4), 297-312.

114 Patricia Anne, Vanderheyden,"Religious Addiction: The Subtle Destruction of the Soul," *Pastoral Psychology* Vol. 47(1999), 298-299.

115 Ann, Belford, Ulanov / 이재훈 역, 『영성과 심리치료』, 105-114.

이상에서 저자는 종교중독에서 위니캇 이론을 통한 목회상담적인 대안을 시도하였다. 목회상담적인 대안의 시도는 사실상 종교중독자를 치유하기 위한 방법론의 제시이면서 실험적인 성격을 갖는다. 이 대안의 시도는 모성적인 돌봄을 통한 심리적 결핍의 해소, 안아주기의 특성을 통한 종교중독의 치유, 중간대상과 중간경험을 통한 대치와 회피의 회복, 건강한 참자기를 통한 포장과 가식의 해소, 자기 정체성의 회복을 통한 심취의 해소 등으로 구분하여 이루어졌다.

이는 종교중독자들이 내면에서 갖지 못한 신앙의 진정성을 회복하기 위해서어린 시절 충족되지 못한 모성적인 결핍의 문제를 목회적인 돌봄으로 충족하고자 하는 것이었다. 여기에는 위니캇의 안아주기와 맥을 같이한다는 점에서 보완의 수단도 되었다. 그들이 정상적으로 대상을 관계하지 못한 점을 감안하여 중간대상의 경험을 갖도록 하려는 의도도 있었다. 이들의 심리적인 상태는 중독의 특성상 심리적인 결핍이 그 바탕에 있으므로 이를 중심으로 치유를 시도해야 하기 때문이다.

다시 말하면 그들이 거짓된 자기에서 참자기의 존재로 회복될 때 건강한 존재가 되어 참다운 신앙생활이 가능할 뿐 아니라, 내면에 충만감을 경험하는 건강한 존재가 된다는 것이다.

참고문헌

1. 국문 단행본

김충렬. 『알코올중독과 목회상담적 치료』. 한들출판사, 2011.

김성민. 『생명의 의미와 새로운 그리스도』. 다산 글방, 2004.

김정선. 『외상, 심리치료 그리고 목회신학』. 한국심리치료연구소, 2006.

권준수. 『강박증의 통합적 이해』. 학지사, 2010.

김정일. 『아하, 프로이트』. 푸른숲, 1977.

김진영. 『일반상담과 목회상담: 에릭슨의 종교적 인간을 중심으로 본 자기 정체성과 종교적 성숙』. 예영커뮤니케이션, 2003.

강경호. 『중독의 위기와 상담』. 한사랑가족상담연구소, 2002.

고병인. 『중독자 가정의 가족치료』. 학지사, 2008.

김예식. 『일반상담과 목회상담: 표적증상을 통해 본 교회 내 우울증 환자의 인지치료적 대처방법』. 예영커뮤니티케이션, 2003.

김병오 『중독을 치유하는 영성』. 대서, 2009.

권명수. 『일반상담과 목회상담: 융의 심리분석적 접근과 목회상담』. (예영커뮤니케이션, 2003. 대한신경정신의학회. 『신경정신의학』. 하나의학사, 1997.

박원호. 『신앙의 발달과 기독교교육』. 장로회신학대학교, 1999.

박성수. 『분노』. 두란노, 1992.

사미자. 『종교심리학 』. 장로회신학학교출판부, 2007).

하재성. 『강박적인 그리스도인』. 이레서원, 2009.

이정무. 『불교성전』. 도서출판 반야회, 1985.

이정무. 『비교종교론』. 대한기독교서회, 1973.

오성춘. 『목회상담학』. 한국장로교출판사, 1993.

오제은. 『일반상담과 목회상담: 내면아이 치료와 목회상담』. 예영커뮤니케이션, 2003.

이부영. 『분석심리학: C. G. Jung의 인간 심성론』. 일조각, 1998.

2. 영문 단행본

Arterburn, Stephen & Felton, Jack. *Toxic Faith*. Colorado: Water Brock Press, 1991.

Booth, Father Leo. *When God Becomes a Drug: Understanding Religious Addiction & Religious Abuse*. Long Beach: SCP Limited, 1998.

Bibring, E. The mechanism of Depression, in *Affective Disorders*, ed. P. Greenacre. New York: International Universities Press, 1953.

Beattie, Melody. *Codependent No More*. New York: Harper & Row, 1987.

Beck, A. T. Rush, A. Shaw, B. & Emery, G. Cognitive Therapy of Depression. New York: Guilford Press, 1979.

Clinebell, Howard. *Understanding and Counseling Persons with Alcohol, Drug, and Behavioral Addictions*. Nashville: Abingdon Press, 1989.

Clinebell, Howard. Basic Types of Pastoral Care & Counseling. Nashville: Abingdon Press, 2011.

Costa, P. T.& Widiger, T. A. Introduction. In Costa & Widiger, eds., *Personality Disorders and the five Factor Model of Personality*. Washington, D.C: American Psychological Association, 1994.

Caplan, Gerald. *Principles of Preventive Psychiatry*. New York: Basic Books, 1964.

Conn, Walter E. *The Desiring Self: Rooting Pastoral Counseling and Spiritual Direction in Self Transcendence*. New York/Mahwah, NJ : Paulist Press, 1988.

Casey, Edward S. Remembering: *A Phenomenological Study*. Bloomington, Ind: Indiana University Press, 1987.

Covi, L. Baker C. D. & Hess, J. M. An *Intergrated Interpersonal Cognitive-Behavioral counseling Approach to Cocaine Abuse. Unpublished: Treatment Manual*. Baltimore, MD: National Institute on Drug Abuse, Addiction Research Center, 1990.

Diagnostic and Statistical Manual of Mental Disorder, Fourth Edition. Washington: American Psychiatric Association, 1994.

Ellis, A. *Reason and Emotion in Psychotherapy*. New York: Lyle Stuart, 1962.

Erikson, Erik H. *Childhood and Society*. New York: W. W. Norton, 1950.

Foster, Richard. *Money, Sex & Power*. San Francisco: Harper & Row, 1985.

Freud, Sigmund. *Mourning and Melancholia*. London: Hogath Press, 1917.

Fenichel, O. *The Psychoanalytic Theory of Neurosis*. New York: norton, 1945.

Gardner, E. *Brain Reward Mechanism, in Substance Abuse, A Comprehensive Textbook* by J. H. Lowinson et al., 2nd ed. Baltimore Williams and Willkins, 1992.

Greenson, R. "On Gambling." *American Imago* 4(1987), 61-77, Cited by T. Galski(1987), *Handbook of Pathological Gambling*. Springfield, Illinois: Charles C. Thomas Publisher, 1947.

Glasse, W. Reality therapy, In R. Corsini(Ed.), *Corrent Psychotherapies*, 3rd ed. Istaca, IL: F. E. Peacock, 1984.

Galski, T. *Handbook of Pathological Gambling*. Springfield, Illinois: Charles C. Thomas Publisher, 1947.

Hiltner, S. "Sin: Theological and Psychological Perspectives", *in Counseling and the Human Predicament*, 28.

Hunter, Rodney J. *Dictionary Pasoral Care and Counsling*. Nashville: Abingdon Press, 1990.

Hendricks, Gay. *Learning To Love Yourself*. New York: Prentice Hall, 1982.

Hildebrandt, A. *Upanishaden*. Duesseldorf: Moderne industrie, 1977.

Hatter, Lawrence J. *The Pleasure Addicts*. New York: A. S. Barnes & Co., 1980.

Heidegger, Martin. *Being and Time* trans. John Macquarrie and Edward Robinson. New York: Harper, 1967.

Johnson, Vernon E. *Everything You Need to Know about Chemical Depence, Vernos Johnsons's Complete Guide for Families*. New York: Jason Aronson, 1990.

Jung, C. G. *Psychogeneseder Geisteskrankheiten*, G.W. Bd.3, 4Auf. Olten: Walter-Verlag, 1990.

Kemberg, F. O. *Severe Personality Disorders. New* Haven: Yale University Press, 1984.

Kohut, Heinz. *The Restoration of the Self*. New York: International Universities Press, 1977.

Kolb, L, C. *Modern Clinical Psychiatry*, 9th ed. Philadelphia/London/Toronto: W. B. Saunders, 1977.

Kaplan, I. H. & Sadock, B. J. Comprehensive *Textbook of Psychiatry*. Baltimore: Williams & Willkins 1989.

Kemp, H. Vande. "Dynamic Psychology." *Dictionary of Pastoral Care and Counseling*. Nashville: Abingdon Press, 1990.

Ladouceur R. & Walker, R"A Cognitive Perspective on Gambling" in P. M. Salkoskis (ed), *Trends in Cognitive and Behavioral Therapies*. New York: John Wiley & Sons Ltd, 1992.

Lsieur, H. R. "Cumpulsive gambling," Society, 29(1992), 43-50, Cited by R. Ladouceur & R. Walker, "A Cognitive Perspective on Gambling." in P. M. Salkoskis (ed), *Trends in Cognitive and Behavioral Therapies*. New York: John Wiley & Sons Ltd, 1992.

Lindbeck, George A. *The Lature of Doctrine: Religion and Theology in a Postliberal Age*. Philadelphia: Westminster, 1984.

Lichtenberg, J. D. & Kaplan, S. *Reflections on Self Psychology Hillsdale*. N.J: Analytic Press, 1983.

Lasser, Mark. *Faithful & True*. Grand Rapids: Zondervan, 1996.

May, Rollo. *The Meaning of Anxiety*. New York: W. W. Norton, 1977.

Meissner, W. W. *The Paranoid Process*. New York: Jason Aronson, 1978.

May, Gerald G. *Addiction & Grace*. New York: Harper Collins Publishers, 1991.

Milkman, Harvey and Wirth, Stanley Sunder. *Craving for Ecstasy. The Consciousness & Chemistry of Escape*. Lemington, Mississippi: D. C. Heath, 1987.

Martin, Grant. *When Good Things Become Addictions*. Washington: Word of Life Press, 1994.

Mendel, John. *Concepts of Depression*. New York: John Wiley Press, 1970.

Mercadante, *Linda A. Victims and Sinners*. Louisville: Westminster John Knox Press, 1966.

McFague, Sallie. *The Body of God*: An Ecological Theology. Minneapolis: Fortress Press, 1993.

Nelson, James B. *Embodiment: An Approach to Sexuality and Christian Theology*. Minneapolis: Augsburg, 1978.

Parrot III, *Les. Helping the Struggling Adolescent*. Grand Rapids: Zondervan, 1993.

Plantinga, Jr. Comelius Sin and Addiction." in *Limning the Psyche* ed. R. C. Roberts and M. R.

Talbor. Grand Rapids: Eerdmans, 1997.

Rosenthal, D. *Genetic Theory and Abnormal Behaviors*. New York: Mc Graw-Hill, 1970.

Jacobson, E. *Depression*. New York: Int. Univ. Press, 1971.

Jacobson, E. *Contribution to the metapsychology of cyclothymic depression*. In *Affective Disorders*, ed P Greenacre. New York: Int. Univ. Press, 1953.

Johnson, Vernon E. *Everything you Need to Know about Chemical Depence, Vernos Johnsons's Complete Guide Families*. New York: Jason Aronson, 1990.

Rogers, C. R. *On Becoming a Person*. Boston: Houghton Mifflin, 1943.

Rooks, W. and Heynen, R. "Sin and Sickness in Clinical Practice." in *counseling the Human Predicament,* ed. L. Aden and D. G. Benner. Grand Rapids: Baker Book House, 1989.

Seligman, Martin E. *Helplessness*. San Francisco: W. H. Freeman & Co., 1975.

Stein, D. H. Hoollander, D. H. E, M. R. *Neurobiolgy of Impulsivity and Impulse Control Disorder,* 1993.

Sunderwirth, and Stanley. Harvey Milkman. *Craving for Ecstasy. The Consciousness & Chemistry of Escape*. Lemingtom, Mississippi: D.C. Heath, 1987.

Salkoskis (ed), P. M. *Trends in Cognitive and Behavioral Therapies*. New York: John Wiley & Sons Ltd, 1992.

Srrburger, Francis F. *Addiction and Responsibility*. NY: Crossroad, 1993.

Schaef, Anne Wilson. *When Society Becomes An Addict*. San Francisco: Harper & Row, 1987.

Silva, P. De & Rachman, S. *Obsessive-Compulsie Disorder, The Facts*, 2nd ed. London: Oxford University Press, 1998.

Sall, Millard J. *The Emotions of God's People: Helping those Who are Hurting*. Grand Rapids: Zondervan, 1978.

Schuyler, D. & Katz, M. M. *The Depressive II Inesses: A Major Public Health Problem*. Washington, D. C.: U. S. Goverment PrintingOffice, 1973.

Schuyler, D. *The Depression Spectrum*. New York: Jason Aronson, 1975.

Tayler, F. G. *Cognitive and Behavioral Approaches to the Modification of Depression*.

Kingston: Queen's University, 1974.

Tillich, Paul. *The Courage to Be*. California: Yale University Press, 2000.

Tillich, Paul. *The Meaning of Health*: Essay in Existentialism, Psychoanalysis and Religion, ed. by Perry Le Fevre. Chicago: Exploration Press, 1984.

Tillich, Paul. "Paul Tillich in Conversation on Psychology and Theology." *in The Meaning of Health*. Chicago: Exploration Press, 1984.

Tillich, Paul. *The Shaking of the Foundations*. New York: Charles Scribner's Sons, 1948. Ulanov, Ann Belford. *Finding Space: Winnicott, God, and Psychic Reality*. Louisville: Westminster John Knox Press, 2001. Ann and Barry Ulanov. Cinderella And Her Sisters.. Philadelphia: Westminster Press, 1983.

Vaillant, G. E. Alcoholism and drug *dependence, in the Harvard Guide to Modern Psychiatry*, A. M. Nicholi, Jr. editor. Cambridge, Mass.: Harvard University Press, 1978.

Williams, Nancy Mc. *Psychoanalytic Diagnosis: Understanding Personality Structure in theClinical Process*. New York: Guilford Press, 1994.

Wilson, Bill. Alcoholics Anonymous, *Pass It On: The Story of Bill Wilson and How the A Message Reached the World*. New York: Alcoholics Anonymous World Servics, Inc., 1984.

Wimberly, Edward P. *Using Scripture in Pastoral Counseling*. Nashiville: Abingdon Press, 1994.

Werner, H. D. "Social Work Treatment locking Theoretical Approaches." in Cognitive Theory, ed, F J. Turner. New York: The Free Press, 1986.

Winnicott, Donald W. *Home is Where We Start From: Essay by a Psychoanalyst*. London and New York: W. W. Norton & Company, 1986.

Winnicott, Donald W. *Playing and Reality*. New York: Tavistock Publications, 1971.

Winnicott, Donald W. *Maturational Process and The Facilitating Environment*. London and New York: Kamac, 1984.

3. 번역서

Bowen, Murray and E, Michle. / 남순현. 전영주. 황영훈 공역, Family evaluation 『보웬의 가족치료이론』. 학지사, 2005.

Gerkin Charles V. / 안석모 역. 『살아있는 인간문서』. 한국심리치료연구소, 1998.

Clinebell, Howard J./박근원 역. 『목회상담 신론』. 대한예수교총회출판국, 1987.

Carter, Les & Minirt, Frank. / 이승재 역. 『분노』. 은혜출판사, 1996.

Freud, Sigmund / 이윤기 역. "강박 행동과 종교 행위," 『종교의 기원: 프로이트 전집 12』. 열린책들, 2003.

Freud, Sigmund / 윤희기 역. "나르시시즘의 서론" 『정신분석학의 근본개념: 프로이트 전집11권 』. 열린책들, 2011.

Freud, Sigmund / 김명희 역,"편집증 환자 슈레버," 『늑대인간: 프로이트 전집 9』. 열린책들, 174.-175.

Freud, Sigmund / 황보석 역, "억압, 증상 그리고 불안," 『정신병리학의 문제들: 프로이트전집 10』, 열린책들, 221-259.

Freud, Sigmund / 임홍빈, 홍혜경 역, "불안과 본능의 삶," 『새로운 정신분석 강의: 프로이트 전집 2권』, 열린책들, 123.

Freud, Sigmund / 윤희기 역, "나르시시즘의 서론" 『정신분석학의 근본개념: 프로이트 전집 11권 』, 열린책들, 2011.

Hunsinger, Deborah Van Deusen. / 이재훈. 신현복 역. 『신학과 목회상담』. 한국심리치료연구소, 2000.

Hart, Ardhibald D. / 윤귀남 역. 『숨겨진 중독』. 참 미디어, 1997.

Hiltner, Seward. / 민경배 역. 『목회신학원론』. 대한기독교서회, 1996.

Hiltner, Seward. / 마경일 역. 『목회상담론』. 대한기독교서회, 1976.

장 미셀 키노도즈. / PIP 정신분석연구소 역. 『리딩프로이트』. Nun, 2011.

Jung, C. G. / 이은봉 역. 『심리학과 종교』. 창, 2001.

Martin, Grant. / 임금선 역. 『좋은 것도 중독이 될 수 있다』. 생명의 말씀사, 1994.

May, Gerald G. / 이지영 역. 『중독과 은혜』. 한국기독학생회출판부, 2005.

Oates, Wayne E. / 정태기 역. 『신앙이 병들 때』. 대한기독교출판사, 1987.

Oates, Wayne E. /장성식 역. 『가면의 삶』. 도서출판, 1996.

Patton, John. / 장성식 역. 『목회적 돌봄과 상황』. 은성, 2004.

Ryan Dale / 정동섭 역. 『중독 그리고 회복』. 예찬사, 2005.

Summers, Frank. L / 이재훈 역. 『대상관계이론과 정신병리학』. 한국심리치료연구소, 2004.

Siegel Allen M / 권명수 역. 『하인즈 코헛과 자기심리학』. 한국심리치료연구소, 2002.

Tillich, Paul. / 김정수 역. 『조직신학 II』. 성광문화사, 1978.

Tillich, Paul. /차성구 역. 『존재의 용기』. 예영커뮤니케이션, 2004.

The American Psychoanalytic Association / 이재훈 외 역. 『정신분석용어사전』. 한국심리치료연구소, 2002.

Ulanov, Ann Belford. / 이재훈 역. 『영성과 심리치료』. 한국심리치료연구소, 2005.

Ulanov, Ann Belford. / 이재훈 역. 『일반상담과 목회상담: 위니캇과 영성』. 예영커뮤니케이션, 2003.

Ulanov, Ann Belford./ 이재훈 역, 『신데렐라와 그 자매들: 인간의 시기심』 (한국심리치료연구소,

Winnicott, Donald W. / 이재훈 역. 『놀이와 현실』. 한국심리치료연구소, 1997.

Winnicott, Donald W. / 이재훈 역. 『성숙과정과 촉진적 환경』. 한국심리치료연구소, 2000.

4. 학술논문

권진숙. "도널드 위니캇의 안아주기 환경 개념의 여성목회신학적 재고와 목회적인 돌봄." 「신학과 실천」 35(2013), 249-252.

손성현. "프로테스탄트교육은 인권의 파트너가 될 수 있는가?" 「한국종교교육학회」 39(2012), 1-19.

이재훈. "우울증과 영성: 심층심리학의 관점에서 보는 우울증과 영성." 「한국목회상담협회」 2(2008), 59.

이만홍. "우울증, 정신과 영혼의 어둔 밤." 「한국목회상담협회」 2(2008), 8-14.

양유성. "목회상담에서 우상숭배의 의미와 대처방안." 「신학과 실천」 31(2012), 261-265.

정연득. "종교중독에 대한 목회신학적 대응: 정신분석학과 몸의 신학의 관점에서.
"「신학과 실천」 26(2011), 47.

정삼열. "건강한 크리스천 만들기: 종교적 중독에서 벗어나라,"「빈들의 소리 2(2005/2), 82-83.

Brenner, C. On the Nature and Development of Affects: A Unified Theory, *Psychoanalytic Quarterly*, 43(1974), 532-556.

Coyne, J. C. Toward an International Description, *Psychiatry*, 39(1976), 28-40.

Frosch, J. The Relationship Between Acting Out and Disorders of Impulse Control, *Psychiatry*, 40(1997), 123-125.

Greenson, R. "On Gambling," *American Imago*, 4(1987), 61-77,

Hopson, Janet. A Pleasurable Chemistry, *Psychology Today*, (July/August, 1988), 29-33.

Jaffe, J. H. "Addictions: What does Biology Have to Tell?" *Int Rev Psychiatry*, 1(1989), 51.

Kusyszyn, I. "Existence, Effectance, Esteem: From Gambling to a New Theory of Human Motivation," *International Journal of the Addiction*, 25(1990), 159-177.

Kusyszyn, D. I. "Existence, Effectance, Esteem: From Gambling to a New Theory of Human Motivation," *International Journal of the Addiction*, 25(1990), 159-177.

Kaam, Adrian Van. "Addiction: Counterfeit of Religious Addiction," *Studies in Formative Spirituality* 8(May, 1987), 243.

Ladouceur, R. and Mireault, C. "Gambling Behaviors among High School Students in the Quebec Area," *Journal Gambling Behavior*, 4(1998), 128.

Lsieur, H. R. "Cumpulsive gambling," *Society*, 29(1992), 43-50.

Roberts, R. E. Manifestation of depressive symptoms among adolescents: A comparison Mexican Americans with the majority and other minority populations, *Journal of Nervose and Mental Disease*, 180(1992), 627-633.

Stein, D. H. Hoollander, E. Libowitz, M. R. Neurobiolgy of impulsivity and impulse control disorder, J. *Neuropsychiatry*, 5(1993), 34-36.

Stein, D. H. Hoollander, E. Libowitz, M. R. Neurobiolgy of Impulsivity and Impulse Control Disorder, J. *Neuropsychiatry*, 5(1993): 34-36.

Stein, D. H. Hollander, E. Liowitz, M. R. "Neurobiology of Impulsivity and Impulse Control Disorder," J *Neuropsychiary* 5(1993), 9-15.

Taylor, Cheryl Zerbe "Religious addiction: Obsession with Spirituality." *Pastoral Psychology*, 50-4(2002), 291-312.

Tiebout, Harry M. "Therapeutic Mechanisms," 460-470.

Vanderheyden, Patricia Anne. "Religious Addiction: The Subtle Destruction of the Soul." *Pastoral Psychology*, 47(1999), 294-299.

종교중독의 이해

지은이 김선미
펴낸이 이남호
펴낸곳 전북대학교출판문화원

초판 1쇄 인쇄 2015년 8월 25일
초판 1쇄 발행 2015년 8월 31일

전북대학교출판문화원 전라북도 전주시 완산구 어진길 32 (풍남동2가)
기획 송덕호
디자인 이소형, 이진영
회계 · 행정 이진주
전화 (063) 219-5322
FAX (063) 219-5323
출판등록 2012년 8월 20일 제465-2012-000021호

값 16,000원

ISBN 978-89-98534-62-2

이 도서의 국립중앙도서관 출판예정도서목록(CIP)은 서지정보유통지원시스템 홈페이지(http://seoji.nl.go.kr)와 국가자료공동목록시스템(http://www.nl.go.kr/kolisnet)에서 이용하실 수 있습니다. (CIP제어번호 : CIP2015023129)